戦略的管理会計と統合報告

伊藤和憲・小西範幸 監訳

Strategic Management Accounting

Delivering Value in a Changing Business Environment Through Integrated Reporting

Sean Stein Smith

同文舘出版

Strategic Management Accounting: Delivering Value in a Changing
Business Environment Through Integrated Reporting
By Sean Stein Smith

Copyright © Business Expert Press, LLC, 2017.
Japanese edition copyright 2018 © DOBUNKAN SHUPPAN CO., LTD.

Japanese translation rights arranged with
Business Expert Press
through Japan UNI Agency, Inc., Tokyo

監訳者序

1 はじめに

　本書はスミス氏（Smith）が2017年に著した *Strategic Management Accounting* の翻訳書である。本書を読んでいただく前に，読者が抱くであろう3点の疑問について検討しておく。

　第1の疑問は，統合報告は戦略的管理会計とどんな形でかかわっているかである。本書の原著のタイトルは戦略的管理会計として統合報告について検討している。果たして統合報告は戦略的管理会計といえるのであろうか。言い換えれば，統合報告は管理会計にアプローチしたマネジメント・システムといえるのだろうかについて検討しておく必要がある。

　第2の疑問は，統合報告とは何かである。わが国にも統合報告を実践する企業は次第に増加しているが，統合報告とは何かを知ったうえで報告書を作成し，また利用することが重要である。スミス氏は統合報告とは何かを明らかにしていないため，統合報告とは何かを知りたい読者を置いてきぼりにしている。また，スミス氏は複数の資本モデルを強調しているが，本書を読むだけでは複数の資本モデルが統合報告とどのような係わりがあるのかがはっきりしない。そこで，国際統合報告評議会（International Integrated Reporting Council：IIRC）の統合報告フレームワークの基礎概念（fundamental concepts）を明らかにする必要がある。IIRCでは，複数の資本を価値創造プロセスと関連づけて，いわゆるオクトパス・モデルとして明らかにしている。

　第3の疑問は，著書に出てくるSASBとは何かである。アメリカではサステナビリティ情報の開示に関わる会計基準の設定機関として，サステナビリティ

会計基準審議会（Sustainability Accounting Standards Board：SASB）が2011年に設立された。SASBは，企業の期間比較や他社比較ができる業績指標を基準設定することを目的とした機関である。IIRCが統合報告書を作成するためのフレームワークを提示したのに対して，SASBは，サステナビリティ業績の評価指標を開発して，サステナビリティ会計の枠組みを構築している。著者のスミス氏はSASBのメンバーであり，このSASBについて紹介しておく必要がある。

2 統合報告は戦略的管理会計といえるのか

スミス氏は統合報告を戦略的管理会計と捉えている。なぜ統合報告が戦略的管理会計といえるのかについてスミス氏は明言していない。そこで本節では，統合報告とは何か，統合報告の管理会計上の意義，戦略的管理会計とは何かを検討した上で，統合報告は戦略的管理会計かどうかを明らかにする。

2.1 統合報告の意義

IIRCによれば，「統合報告書は企業の戦略，ガバナンス，業績および見通しが外部環境の下でどのように短期・中期・長期の企業価値の創造に導くかについての簡潔なコミュニケーションである」（IIRC, 2013, p.7）と定義している。また，統合報告書の報告対象は，「主として財務資本の提供者」（IIRC, 2013, p.7）としながらも，「従業員，顧客，サプライヤー，事業パートナー，地域社会，立法者，規制当局，それに政策立案者」（IIRC, 2013, p.7）といったステークホルダーにも有益であるとしている。

このような統合報告書を企業が情報開示する理由を明らかにする。これまで財務報告やサステナビリティレポートは関係性を持たずに報告されてきており，報告書間で一貫性がなく重要な開示ギャップがあった。また，企業の戦略，ガバナンス，財務と非財務の業績，将来見通しの相互関係が明らかにされていなかった。そのため，ステークホルダーの意思決定を誤らせる可能性があった。報告書を一貫させるとともに，情報を相互に結合させて，短期，中期，長期の企業価値を創造し維持する企業の能力にどのように影響を及ぼすのかを

説明する必要がある。要するに，ステークホルダーへの情報開示に一貫性を持たせるものとして統合報告が提案された。

統合報告書の主要な報告対象は投資家であるが，政府の政策立案者や規制当局および基準設定機関，その他のステークホルダーにとっても価値がある。投資家にとっての統合報告の意味は，財務報告とその他の報告で情報ギャップによる正しい意思決定の妨げを防ぐことにある。サプライヤーとしては，ユーザー・カンパニーの価値創造プロセスを理解することによって，自社の戦略策定にその情報を取り入れることができる。ユーザー・カンパニーにとっては，製品メーカーの価値創造プロセスは，製品メーカーと自社との関係性を構築するために必要な情報である。また従業員にとっては，自社の価値創造プロセスの情報は，自らの仕事や関係者の仕事の重要性を理解し，将来の方向を知ることで自らの立ち位置を決めることができる。

さらに，政策立案者や規制当局，基準設定機関にとっての統合報告の意味は，経済全体の効果的な資源配分と環境課題に対処した投資を奨励するためである。その他のステークホルダーである地域住民，独立監査人などの保証人にとってもそれぞれの関心事項が盛り込まれるという点で統合報告は意義がある。これらの報告は財務情報だけでは限界があり，非財務情報が求められるゆえんである。

2.2 統合報告の管理会計上の意義

統合報告は，ステークホルダーだけでなく，報告主体である企業にとっても重要な意味がある。経営管理者にとって統合報告の意味を検討することは，経営管理者への情報提供である管理会計への役立ちへと統合報告の機能を拡げることである。統合報告の役立ちは6点あると考えられる。

第1に，ステークホルダーのニーズに適合した情報提供によるステークホルダーとの信頼関係の樹立という役立ちがある。第2に，外部報告するという心理的圧力を伴うことによって，従業員に対してコスト削減や収益増大の意識を高め，そのための資源配分を行うことができる。これにより，経営管理の論理だけでなく，透明性という市場論理を導入することができる。第3に，トップレベルでしか知りえなかった価値創造プロセスを開示することは，すべての従

業員にも戦略情報の共有が図れるだけでなく，戦略を理解した従業員は部門間での協力体制の強化に向かうようになる。第4に，将来の価値創造に向けた事業活動を下支えできるように従業員のスキルアップにも寄与できる。第5には，将来の価値創造である事業機会が探索され，あるいはリスクマネジメントを適切に行えるような組織文化の形成が促されるようになる。これらの結果として，第6に，レピュテーション・リスクの低減と，戦略の策定と実行のマネジメントが強化され，企業価値の創造が行われる。

2.3 戦略的管理会計の本質

戦略とは環境との関係で企業のパターンを明らかにすることである。単に業務効率を向上するだけでは戦略とは言えない。外部環境の中で競争優位を構築しなければならない（Porter, 1996）。また，内部環境として，他社と違う競争優位を構築しなければならい（Barney, 1991）。さらに，環境が激変している中では，実現して始めてそれが戦略だとわかることもある（Mintzberg, 1987）。そして最近は，戦略を形成する実践としての戦略が重要だとして戦略化を説く研究者もいる（Wittington, 1996）。

このように多様な戦略がある中で，管理会計では，シモンズ（Simmonds, 1981）が，事業戦略を念頭に，競争業者のコストと操業度情報を取り入れた戦略的管理会計の必要性を訴えた。また，ブロムウィッチ（Bromwich, 1994）は戦略的意思決定のために属性原価計算が必要であり，戦略策定のために競争業者の原価構造を知る必要があると指摘した。その後，戦略的管理会計として，ABC（activity-based costing），原価企画，LCC（life cycle costing），BSC（balanced scorecard）などが考案されてきた。

ABCは製品戦略のコスト情報を提供するマネジメント・システムである。原価企画は，市場の顧客ニーズを取り込んだ新製品開発のコストマネジメントを行うマネジメント・システムである。LCCは，製品ライフサイクル全体のコストを最小化する製品戦略の情報を提供するマネジメント・システムである。BSCは，戦略を可視化し戦略の進捗度を測定し管理するマネジメント・システムである。これらのマネジメント・システムはいずれも，戦略策定と実行を支援することがその目的であり，ここに戦略的管理会計の役割がある。

2.4 統合報告と戦略的管理会計の関係

　統合報告が戦略的管理会計であれば，戦略の策定と実行を支援することを目的としたマネジメント・システムということになる。一方，スミス氏は本書の中で，これまで会計担当者の役割は簿記屋（record-keepers）でしかなかったが，今後はトップの戦略的計画を支援する戦略的管理会計担当者にならなければならないと何度も指摘している。言い換えれば，従来の会計担当者は財務報告書の作成に専心してきた。しかし今日，内部と外部の情報から統合報告書を作成し，内部的には戦略的意思決定を支援し，外部としてはステークホルダーとの対話を支援する戦略志向の会計担当者になる必要がある。

　会計担当者が戦略志向を持つとは，統合報告書を作成するだけでなく，統合報告書に基づいてステークホルダーと対話を行い，ステークホルダーに耳を傾けて，その情報を戦略策定に利用することである。このように，統合報告書を開示するだけでなく，ステークホルダーから戦略情報を収集してこれを戦略策定に利用することを，スミス氏は戦略的ヘッドセットと表現した。戦略について発信するマイクと戦略策定のために受信するイヤホーンの機能をもった戦略のヘッドセットという意味である。要するに，会計担当者は戦略志向を持った戦略的管理会計担当者に転換して，統合報告書を開示するとともに戦略情報を収集する戦略的ヘッドセットとしての機能を持つ必要があるという。

　スミス氏の戦略的ヘッドセットという概念は，伊藤・西原［2016］が，統合報告には情報開示と戦略策定への情報利用という2つの機能があると指摘したことと符合する。統合報告書に戦略や価値創造プロセスを記載して，ステークホルダーとエンゲージメントする。これが戦略や価値創造についての情報開示という機能である。他方，ステークホルダーとエンゲージメントした結果，戦略に関わる情報を取り入れて戦略策定の利用に資する。こちらは戦略策定への情報利用という機能である。これらの2つの機能を一言で表現したものが戦略的ヘッドセットである。

　情報開示と情報利用の両方を考慮に入れて統合報告書を作成することは，情報ギャップの解消，信頼性確保，戦略情報への利用という3つの利点がある（伊藤・西原，2016）。第1の利点は，情報ギャップの解消というメリットである。財務情報だけの情報開示ではステークホルダーが正しい意思決定ができな

い。その補完として非財務情報の開示はステークホルダーにとって有益である。第2の利点は，ステークホルダーからの信頼性確保である。価値創造プロセスや戦略など企業内部のESG（環境・社会・ガバナンス）情報をステークホルダーへ開示することによって，ステークホルダーからの企業への信頼性が向上する。アニュアルレポートとサステナビリティ報告書を結合するだけでなく，戦略や価値創造プロセスをベースに両報告書が密接に絡んだ報告書へと統合することが信頼性の確保を担保する。第3の利点は，戦略の策定と実行の改善である。情報を開示することでステークホルダーとのコミュニケーションを図り，ステークホルダーの考えを取り入れて，戦略的意思決定と戦略の策定と実行に活かすことができる。

統合報告は本来，ステークホルダーへの情報開示である。これをステークホルダー・エンゲージメントによって戦略的意思決定および戦略の策定と実行を支援することも可能である。また，統合報告を用いて戦略策定と実行を支援する情報インプットとして機能させることがいま求められている。要するに，統合報告それ自体は戦略的管理会計を目的としたマネジメント・システムではない。統合報告書は戦略的管理会計の機能を有するコミュニケーション・ツールとして活用すべきである。

3　IIRCの基本概念

IIRCに基づいて，IIRCの基本概念である価値創造，資本，価値創造プロセスを検討する。この検討によって，価値創造プロセスの可視化にそれ以外の概念が密接に関わっていることを明らかにする（IIRC, 2013, pp.10-14）。

3.1　価値創造

価値創造（value creation）とは，「企業の事業活動とアウトプットによって資本の増加，減少，変換をもたらすプロセス」(IIRC, 2013, p.38) であると定義している。工業化の時代には有形資産が価値創造に寄与していた。知識ベース型経済の今日，インタンジブルズが価値創造に大きく寄与している。

インタンジブルズの価値創造について，キャプランとノートン（Kaplan and Norton, 2004, pp.29-30）は4つの特徴を指摘している。①インタンジブルズは財務成果に対して直接的な効果を及ぼさない。例えば従業員がスキルアップしたとしても，それだけでは財務成果に直接影響しない。また，②インタンジブルズの価値は戦略に依存する。スキルアップをどのような戦略テーマと結びつけるかは，スキルそのものも違うが，スキルアップから創造される価値も大きく異なる。そして，③価値は潜在的である。スキルそのものが市場価値を生むわけではなく，価値創造の源泉としての潜在的価値があるだけである。さらに，④他の資産と結びついて価値が生まれる。スキルアップはそれを製品へと結びつけ，品質の向上した製品を生み出し，それが販売できて経済価値が生まれる。

IIRCでは，企業価値の6つの資本で，財務尺度と非財務尺度によるストックとしての価値を開示するように提案している。財務業績のような経済価値だけでは問題なのか，非財務業績の価値とはどのようなものかを検討する。

櫻井（2015, p.5）は，「企業の究極的な目的は，多元的な諸目的を勘案しながら企業価値を創造し，長期的に満足しうる適正利益を獲得することで，組織の持続的発展を図ることにある」と指摘している。このように企業価値の創造が企業の目的であることは間違いない。

この企業価値を，欧米の多くの経営者や研究者は経済価値と考えてきた（McKinsey & Company Inc., 2000, 訳書，p.17）。一方，ドラッカー（Drucker, 1954, p.34）は，事業の目的は顧客の創造であって，経済価値のような利益最大化は事業の目的ではなく，むしろ害さえ与えると指摘した。ドラッカーのこの概念は，顧客の満足を高め，そして顧客に信頼される企業を目指すという意味で，顧客価値を志向したものと捉えることができる。両者の主張は異なるが，企業が単一目的を志向すべきであるという意味では同類の主張である。

他方，複数目的の企業価値も存在する。たとえば，ポーターとクレイマー（Porter and Kramer, 2002）は共有価値（shared value）を提唱している。CSRを追求する企業は企業目的として社会価値を持っているが，社会価値は企業業績に何ら貢献していない。経済価値とCSRを共に重視する共有価値を目指すべきであると提案した。IIRCの価値は，企業自身のために創造される部分と，

企業以外のステークホルダーに対して創造される部分があることから、共有価値に近い概念である (IIRC, 2013, p.10)。

IIRCの価値の見解を6つの資本との関係で検討する。財務資本と製造資本は経済価値、人的資本と知的資本は主として組織価値、社会・関係資本には顧客価値と社会価値、これに自然資本が含まれる。このような企業価値は、「企業の目的は、経済価値の増大だけを図るだけではなく、組織価値、社会価値、および顧客価値を含む企業価値を高めることにある」(櫻井, 2015, p.41) という主張とかなり類似していると考えられる。なお、価値創造には、積極的な価値創造だけでなく、リスクマネジメントやコンプライアンスのように価値毀損を抑制することも含まれる (伊藤, 2014, pp.107-109)。

3.2 6つの資本

IIRCでは「資本は企業の活動とアウトプットにより増加、減少、変換される企業価値のストックである」(IIRC, 2013, p.12) と定義している。その資本とは、繰り返せば、財務資本、製造資本、知的資本、人的資本、社会・関係資本、自然資本という6つの資本である。スミス氏が複数の資本モデルと指摘しているものである。

財務資本と製造資本は、これまでも財務報告書で資産として開示してきたものである。他方、自然資本は、近年、自然資本会計においてコスト情報として開示する研究が進められている。化石エネルギーについて言えば、資源の枯渇リスクと同時に、その資源を使うことで地球温暖化のリスクが高まるという問題がある。とりわけエネルギー産業などでは自然資本の開示は重要なリスクの開示となる。

これらの資本に対して、知的資本、人的資本、社会・関係資本は、サステナビリティレポートのようなCSR関係の報告書で取り上げられてきた。サステナビリティ関係の資本を開示する理由は、資源ベースの視点（resource-based view: RBV）の論理から理解できる。RBVでは、競争優位となるのは外部の競争要因というよりも企業の内部資源にあり、それをインタンジブルズと呼称してきた。

Barney (1991) によれば、インタンジブルズは、「ある企業が、現在および

潜在的な競争相手によって同時には実行されないような価値創造する戦略を実行するとき，かつ他社がこうした戦略の便益を模倣することができないとき，企業は持続可能な競争優位を持つ」ものである。RBVでインタンジブルズかどうかの判断は，4つの属性を持っているかどうかで決まる。価値ある資源（valuable resources），希少な資源（rare resources），模倣困難な資源（imperfectly imitable resources），非代替性（substitutability）という属性である。つまり，外部環境で機会を探究し脅威を緩和するという意味で価値ある資源か，現在および潜在的な競争相手があまりない資源か，競争相手が簡単に模倣できない資源か，こうした資源を戦略的に代替することができない資源であるかである。内部資源でこのような4つの属性を持つものがインタンジブルズである。IIRCもインタンジブルズの開示を求めている。

3.3 価値創造プロセス

IIRCのディスカッションペーパー（IIRC, 2011）では，基本概念として価値創造プロセスではなく，ビジネスモデルを設定していた。ビジネスモデルでは戦略や価値創造プロセスが可視化されない可能性がある。このためビジネスモデルよりも戦略と密接な価値創造プロセスを基本概念にしたと考えられる。企業がインタンジブルズを戦略と結びつけて価値創造をどのように行うか，つまり価値創造プロセスの可視化は，ステークホルダーの知りたい情報と考えられる。

価値創造プロセスとは，現在の価値を将来の価値へと向上させるプロセスのことである。したがって，外部環境やミッション，バリュー，ビジョンの下で，経営者が策定する戦略を実行するプロセスを可視化する必要がある。これらの関係をIIRCでは，価値創造プロセス（通称，オクトパス・モデル）として明示している（図表序-1を参照）。

最後に，オクトパス・モデルを解説する。企業の事業活動は，これを取り巻く外部環境とミッションやビジョンを前提としている。また，事業活動を遂行するには，企業のガバナンスを利かせる必要がある。事業のリスクや機会を考えて戦略を策定し資源配分する。それは，現在の実績の下で，将来の見通しを達成するためである。このとき，現在の資本を事業活動にインプットして，こ

図表序-1　オクトパス・モデル

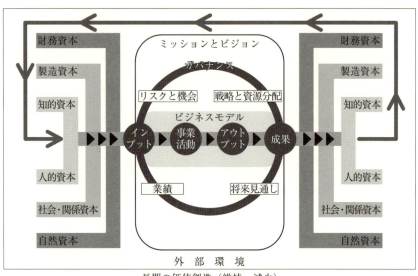

出典：IIRC [2013], p.13.

の結果であるアウトプットが産出される。アウトプットは企業価値との関係で目標がどの程度達成されたかというアウトカムへと変換され，最終的に企業価値へと導かれる。

4　サステナビリティ会計

サステナビリティ会計基準審議会（Sustainability Accounting Standards Board：SASB）が展開するサステナビリティ会計の特徴について，SASBが公表している概念フレームワークと会計基準を用いて明らかにする。サステナビリティ会計とは，長期的に価値を創造する能力を維持または強化する企業活動の測定，管理および報告である。

4.1 なぜ今，サステナビリティ会計が必要か

投資家は，サステナビリティ情報が企業のリスクと機会をコントロールし，長期的には財務諸表の数値に影響を与えることを徐々に認識してきている。投資家は，株式投資から得られるリターンを期待しているため，サステナビリティ業績が財務業績との関連性を有することを求めている。財務諸表だけでは，企業の持続可能な価値創造に係わる重要なリスクまたは機会を認識・測定しているとは言い難く，サステナビリティ情報が財務諸表の中に有効に取り込めているとも言えない。

SASB が開発した会計メトリックは，サステナビリティ業績を評価するための指標であり，次の役割を財務報告に新たに加える（SASB, 2017a, p.308）。

① 定性的なデータと定量的なデータを関連づけるようにする。
② 企業にとっての重要なサステナビリティに係わるトピックを公正な表現で業績を説明して，情報利用者が意思決定プロセスにおける情報のトータル・ミックスを確実に利用できるようにする。トータル・ミックスとは，一方で設定を変えると，もう一方にも連動するようになっていることをいう。
③ サステナビリティの影響と同様に，イノベーションの機会を説明する。

会計メトリックは，サステナビリティの課題および長期的な価値創造の可能性に関する企業の立場を特徴づけるものである。会計メトリックの開示によって，一定の戦略に基づき展開される企業の価値創造プロセスを，その結果である財務諸表の数値と結び付けることを可能にすることを通して，事業活動の実態への洞察力を深め，企業の将来を見通す手掛かりを与えることが可能となる。それは，レピュテーションの向上，従業員のロイヤルティの向上，長期的リスク管理の改善などの方法で，企業価値を高めることに貢献する。

4.2　SASB が目標とするものは何か

SASB は，米国内国歳入法第 501 条 c 項 3 号の規定に基づく政府から独立した私的な非営利団体として 2011 年に設立され，サンフランシスコに本部を置いている。SASB の設立の背景には，ハーバード大学の責任投資イニシアティ

ブ（Initiative for Responsible Investment）の研究成果があり，投資家および公共の利益のために，重要なサステナビリティの課題を開示する上で，アメリカでの上場企業が使用するためのサステナビリティ会計基準を提供することを目的として設立された。

SASB は，サステナビリティ会計基準を設定することに対して，米国規格協会（ANSI）によって認定を受けており，アメリカに上場する企業が証券取引委員会（SEC）向けに提出する Form10-K あるいは 20-F などの年次報告書において，重要なサステナビリティ情報の開示を行うことを目標としている。

SASB では，1987 年に国際連合に設置されたブルントラント委員会が発表した「地球の未来を守るために（Our Common Future）」の中で使われたサステナビリティの定義である「将来世代のニーズを満たす能力を損なうことなく，現代のニーズを満たす発展」を基盤にしている。重要性の定義は，米国最高裁判所によるものを採用していて，それは，合理的な投資家であるならば，省略された事実の開示は利用可能な情報のトータル・ミックスを大幅に変更させる相当な見込みがある場合には，その情報は重要である。

図表序-2 に示すように，SASB では，サステナビリティ会計基準の設定にあたって，組織の経済，社会および環境に影響を与える情報提供を目的としたグローバル・リポーティング・イニシアティブ（GRI）および組織の短期，中期，長期の価値創造要因の情報提供を目的とした IIRC の動向を踏まえている。SASB とは異なり，GRI と IIRC では営利企業に加えて非営利組織も対象としていて，当該報告書の開示は任意である。また，GRI は，利用者を投資家に限定していない。

SASB には，ニューヨーク市長を務めたこともあるブルームバーグ氏（Michael Bloomberg），元 FASB 議長のハーツ氏（Robert Herz），SEC 議長であったシャピロ氏（Mary Schapiro）など，資本市場に係わる様々な組織において実績を有しているために，啓発活動において大きな影響力のある人物が SASB 財団の理事に名前を連ねている。そして，フォード財団やロックフェラー財団といった米国を代表する資金団体からの支援を受けており，SASB の活発な活動の源となっている。

図表序-2　SASB，GRI および IIRC の比較

	SASB	GRI	IIRC
ガイダンスの種類	基準	基準	フレームワーク
適用対象	米国	国際	国際
適用範囲	業種別	一般	一般
対象となる開示	強制提出書類	任意の報告書	任意の報告書
対象となる報告者	米国の証券取引所で売買される公開会社	公的なおよび私的な会社	国際的な取引所で売買される公開会社
対象となる読み手	投資家	全てのステークホルダー	投資家など
組織の形態	国内歳入法第501条c項3号の規定に基づく非営利団体	非政府組織	非政府組織
重要性の定義	合理的な投資者であるならば，省略された事実の開示は利用可能な情報のトータル・ミックスを大幅に変更させる相当な見込みがある場合には，その情報は重要である（米国最高裁判所の定義）。	組織の経済，社会および環境に反映する場合，またはステークホルダーの意思決定に対して影響を及ぼす場合に，合理的に重要である可能性がある情報（GRI の定義）。	組織の短期，中期，長期の価値創造能力に関連した財務資本の提供者の評価に実質的な影響を及ぼしうると考えられる，そのような目的適合性および重要性が存在する場合に，その事象は重要である（IIRC の定義）。

4.3　サステナビリティ会計の概念フレームワーク

　概念フレームワークは2017年2月に公表されており，サステナビリティ会計基準を設定する過程において任命されたSASBのテクニカルメンバーを導くための基本的な概念，原則，定義および基本目的を定めて，テクニカルメンバーとその作業に対して方向性を提供する。

　図表序-3に示すように，概念フレームワークでは，(1)証拠ベースアプローチ，(2)市場情報に基づくアプローチ，(3)業種別アプローチの3つのアプローチから，3つの基本目的を達成しようとしており，その目的は，①重要性があること，②投資意思決定に有用であること，③費用対効果が高いことである。

図表序-3 サステナビリティ会計の概念フレームワーク

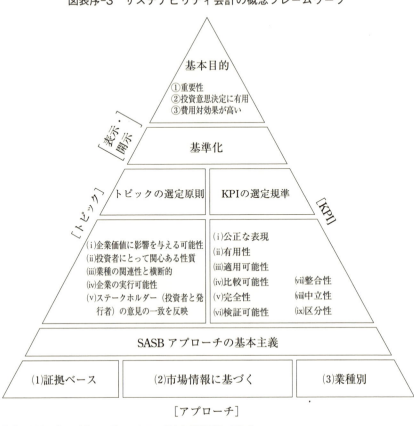

出典:SASB[2017b]p.1, Figure1 の一部を加筆修正して作成。

①重要性では,市場調査により得られた(a)投資家の関心があるという証拠と(b)財務的影響の可能性があるという証拠に基づいた評価がなされて,優先順位がつけられる((1)証拠ベースアプローチ)。その優先順位を基にトピックを洗いだし,このトピックに係わる業績指標として業績メトリックを選定し,最終的には,広範なステークホルダーによる審査結果を受けて最終的な会計メトリックが決定される((2)市場情報に基づくアプローチ)。この市場からの評価を通じて,基本目的である②投資意思決定への有用性と③高い費用対効果を達成することがより確実なものとなる。これらの会計メトリックの表示・開示のた

めの基準化のアプローチは，(3)業種別アプローチによってより有効なものとなる。

選定原則は，基本目的を達成するためのものであり，5つの選定原則によってトピックが洗いだされる。選定原則は，(i)企業価値に影響を与える可能性があること，(ii)投資家にとって関心ある性質をもつこと，(iii)業種に関連性があり横断していること，(iv)企業にとって実行可能であること，(v)投資家と発行者の意見の一致を反映していることである。

トピックに係わる会計メトリックは9つの選定規準によって決定され，それは同時に9つの質的特性を有することになる。選定規準によって，会計メトリックは，(i)業績の描写または業績の尺度であり（公正な表現），(ii)経営者が業績管理する際，および投資家が財務分析を行う際に有用で（有用性），(iii)同業種間の企業に適用可能でなければならず（適用可能性），(iv)定量情報と定性情報を与えて（比較可能性），(v)トピックすべてに関連する業績を理解，説明するための十分な情報を提供できなければならない（完全性）。そして，(vi)情報の検証と保証の目的のための有効な内部統制を裏づける能力を示せなければならず（検証可能性），(vii)既に使用されている会計メトリックに基づいているか，あるいは既に使用されている規準，定義および概念に由来していて（整合性），(viii)SASBの先入観および価値判断とは無関係で，客観的な業績をもたらすことができ（中立性），(ix)同業種内にある企業または業種を横断している情報から見分けられるように定めなければならない（区分性）。

4.4　サステナビリティの領域と課題

SASBの目的は，アメリカの会計基準（US-GAAP）に基づいた財務情報が比較可能なのと同様に，非財務情報が比較できるようにサステナビリティ会計基準を設定することであり，会計基準では同じ業種間で比較可能となる会計メトリックを定めている。SASBは，SECへの提出書類であるForm10-Kあるいは20-Fなどの「経営者による財政状態および経営成績の検討と分析（MD&A）」のセクションでの財政状態および経営成績に重要な影響を及ぼす可能性のある既知の傾向，事象，不確実性についての記載に会計メトリックが利用できると考えている。

図表序-4 サステナビリティの領域と課題

環境
- 温室効果ガス排出量
- 空気の非汚染度
- エネルギー管理
- 燃料管理
- 水および排水の管理
- 廃棄物および有害物質の管理
- 生物多様性への影響

リーダーシップとガバナンス
- システミックリスク管理
- 事故および安全管理
- 企業倫理および支払いの透明性
- 競争行動
- 規制の虜および政治的影響
- 資材調達
- サプライチェーン管理

社会資本
- 人権および地域社会の関係
- 利用方法と値ごろ感
- 顧客の福利
- データの機密保護および顧客の秘密保持
- 公正な情報開示および品質表示
- 公正なマーケティングおよび広告

人的資本
- 労使関係
- 公正な労働慣行
- 多様性と受容
- 従業員の健康、安全および福利
- 報酬と便益
- 募集、人材開発および定着

ビジネスモデル及びイノベーション
- 製品およびサービスのライフサイクルへの影響
- 資産および経営管理への環境の影響および社会的な影響
- 製品包装
- 製品の品質および安全性

出典：SASB［2017b］p.4, Figure2 の一部を加筆修正して作成。

会計基準は11セクター毎に公表される予定であり、その11セクターでは79業種に分けて会計メトリックが示される。SASBは、同業種では同様のビジネスモデルを持ち、同様の方法で資源を使用する傾向があるため、異業種よりも同様のサステナビリティリスクおよび機会を持つ可能性が高いと考えて、業種別の会計メトリックの開発を試みている。

サステナビリティ会計基準については、まず、2013年8月にヘルスケア・セクターの暫定基準が公表された。その後、金融、テクノロジーおよびコミュニケーション、非再生資源、輸送、サービス、資源加工、消費財Ⅰ、消費財Ⅱ、再生資源および代替エネルギー、インフラストラクチャーの10セクターの暫定基準が公表されている。その後、2017年10月には、11セクター全ての公開草案が公表されており、120日間のパブリックコメント受付期間を経て、2018年の第三四半期には会計基準が公表予定である。

サステナビリティの領域と課題を特定した上で、会計基準では、トピックに関連づけた会計メトリックが基準化されている。その領域は、図表序-4で示すように、(1)環境、(2)社会資本、(3)人的資本、(4)ビジネスモデルとイノベーション、(5)リーダーシップとガバナンスであり、5つの領域で30個の課題を設定している。

リーダーシップとガバナンス領域では、経営者のリーダーシップによって管理・統制されるガバナンスの課題が設定されており、それは、企業の方向づけと統制を行うシステムと捉えるコーポレート・ガバナンスの課題でもある。この領域では、7つの課題を設定していて、それは当該業種に固有のビジネスモデルあるいは慣行に係わる課題である。例えば、法令遵守とその影響、そして政策的影響があり、加えて、リスク管理、安全管理、サプライチェーン、ステークホルダー間の潜在的な利害対立、競争阻害行為、汚職・収賄行為がある。

4.5　企業経営のサステナビリティとサステナビリティ会計

「サステナビリティ」と同様に、「コーポレート・ガバナンス」という用語は、係る議論が急激に企業社会において浸透するようになってきた事情からかもしれないが、その意味する内容は多岐に亘っている。本書では、コーポレート・ガバナンスは、どのように企業が内外のステークホルダーと相互に対話す

るかを意味する用語と捉えている。そこでは，企業が外部のステークホルダーと相互に対話する方法に加えて，取締役会レベルでのコーポレート・ガバナンスには，企業の戦略思考および計画設定プロセスが含まれる。とくに，ガバナンスと経営戦略に責任のある取締役会は，スチュワードシップと企業業績との多様な結びつきを概念化して理解できなければならないと説明していることから，スミス氏の本書での基本的な思考が理解できよう。

スチュワードシップには，受託した資産を一定期間維持する責任に加えて，当該資産を適切に管理運用するという経営管理責任がある。近年においては，経営管理責任が重視されていることから，スミス氏はサステナビリティの観点からスチュワードシップを捉えることによって，統合報告と戦略的管理会計の関連づけた説明を可能にしている。2008年の金融危機以降では，サステナビリティとビジネスが密接にかかわるようになってきて，現在では，サステナビリティは企業が成功するのに重要な要因であると多くの企業とステークホルダーによって認識されるようになっている。

企業は，情報利用者に対して説明責任（accountability）を負っている。どのような種類のビジネスも外界と関わりなく営むことはできず，また経営者は，現在の経営成績と企業の長期的な目標について，財務諸表情報を必要とするステークホルダーにも，またサステナビリティ情報を必要とするステークホルダーにも明瞭化して説明できなければならない。そのためには，2つの情報を関連づけて説明することができる会計メトリックが有効となる。

企業経営のサステナビリティを判断するためには，企業の将来に亘る価値創造を評価し，将来キャッシュフローの持続可能性を予測できるようにするための会計ディスクロージャーの最適化が必要である。これには，サステナビリティに係わる課題の把握と共有を行う必要があり，企業の経営戦略および価値創造プロセスの開示を行う会計メトリックが不可欠となる。会計メトリックによって包括的な業績評価が図られて，透明度の高いコーポレート・ガバナンスが推進され，その結果，企業経営のサステナビリティにとって有効な改善策を助言・勧告する支援が組織の内外から得られることができるようになる。

サステナビリティ会計では，企業の財務状況，ガバナンスおよびリスクの評価指標である会計メトリックを示して，企業の包括的な業績評価にベンチマー

クを与える。会計メトリックは，経営者が業績管理するのに有用な情報，および投資家が財務分析を行うのに有用な情報でなければならず，データの検証と保証の目的のための有効な内部統制を裏づける能力を示せなければならない。そのため，会計メトリックには，企業の意思決定プロセスにおけるガバナンスの強化を支援するための方針と手続きの指標あるいは説明が含まれている。

《参考文献》

- Barney, J. [1991] "Firm Resources and Sustained Competitive Advantage," *Journal of Management*, Vol.17, No.1, pp.99-120.
- Bromwich, M. [1994] *Management Accounting: Pathways to Progress*, CIMA.（櫻井通晴監訳［1998］『現代の管理会計―革新と漸進―』同文舘出版。）
- Drucker, P. F. [1954] *The Practice of Management*, Harper & Row, Publishers, Inc.（上田惇生訳［2002］『現代の経営（上）』ダイヤモンド社。）
- IIRC [2011] *Towards Integrated Reporting: Communicating Value in the 21_{st} Century*, International Integrated Reporting Committee.
- IIRC [2013] *The International 〈IR〉 Framework*, International Integrated Reporting Council.
- Kaplan, R. S. and D. P. Norton [2004] *Strategy Maps*, Harvard Business School Press.（櫻井通晴・伊藤和憲・長谷川惠一訳［2005］『戦略マップ：バランスト・スコアカードの新・戦略実行フレームワーク』ランダムハウス講談社。）
- McKinsey & Company, Inc. [2000] *Valuation: Measuring and Managing the Value of Companies*, 3rd ed.（マッキンゼー・コーポレート・ファイナンス・グループ訳［2002］『企業価値評価―バリュエーション：価値創造の理論と実践―』ダイヤモンド社。）
- Mintzberg, H. [1987] "Crafting Strategy," *Harvard Business Review*, Vol.65, No.4, pp.66-75.（DHBR編集部訳［2003］「戦略クラフティング」『Diamondハーバード・ビジネス・レビュー』Vol.28, No.1, 72-85頁。）
- Porter, M. E. [1996] "What is Strategy," *Harvard Business Review*, Vol.74, No.6, pp.61-78.（中辻萬治訳［1997］「戦略の本質」『Diamondハーバード・ビジネス・レビュー』Vol.22, No.2, 6-31頁。）
- Porter, M. E. and R. Kramer [2002] "The Competitive Advantage of Corporate Philanthropy," *Harvard Business Review*, Vol.80, No.12, pp.56-68.（沢崎冬日訳［2003］「競争優位のフィランソロピー」『Diamondハーバード・ビジネス・レビュー』Vol.28, No.3, 24-43頁。）
- Simmonds, K. [1981] "Strategic Management Accounting," *Management Accounting*, Vol.59, No.4, pp.26-29.
- Smith, S. S. [2017] *Strategic Management Accounting: Delivering Value in a Changing Business Environment Through Integrated Reporting*, Business Expert Press.
- Sustainability Accounting Standards Board [2017a] SASB Industry Standards, *A Field Guide*.
- ——— [2017b] *SASB Conceptual Framework*.
- ——— [2017c] *Proposed Changes to Provisional Standards Basis for Conclusions Health Care Sector*.

Whittington, R. [1996] "Strategy as Practice," *Long Range Planning*, Vol.29, No.5, pp.731-735.
伊藤和憲 [2014]『BSC による戦略の策定と実行―事例で見るインタンジブルズのマネジメントと統合報告への管理会計の貢献―』同文舘出版。
伊藤和憲・西原利昭 [2016]「エーザイのステークホルダー・エンゲージメント」『産業経理』産業経理協会 Vol.76, No.2, 39-51 頁。
小西範幸 [2018]「サステナビリティ会計と統合報告のあり方」『会計・監査ジャーナル』日本公認会計士協会, 第 30 巻第 7 号, 108-117 頁。
櫻井通晴 [2015]『管理会計 (第六版)』同文舘出版。

目　　次

監訳者序 ──────────────────────── (1)
 1 はじめに ………………………………………………………… (1)
 2 統合報告は戦略的管理会計といえるのか ……………………… (2)
  2.1 統合報告の意義　(2)
  2.2 統合報告の管理会計上の意義　(3)
  2.3 戦略的管理会計の本質　(4)
  2.4 統合報告と戦略的管理会計の関係　(5)
 3 IIRCの基本概念 ………………………………………………… (6)
  3.1 価値創造　(6)
  3.2 6つの資本　(8)
  3.3 価値創造プロセス　(9)
 4 サステナビリティ会計 ………………………………………… (10)
  4.1 なぜ今，サステナビリティ会計が必要か　(11)
  4.2 SASBが目標とするものは何か　(11)
  4.3 サステナビリティ会計の概念フレームワーク　(13)
  4.4 サステナビリティの領域と課題　(15)
  4.5 企業経営のサステナビリティとサステナビリティ会計　(17)

概　　要 ──────────────────────── (29)
はじめに ──────────────────────── (30)
謝　　辞 ──────────────────────── (31)
重要な概念とテーマ ─────────────────── (32)
監訳者による重要な概念とテーマの追加 ─────────── (33)

第 1 章　戦略的管理会計とは何か ― 1

1　はじめに：戦略的管理会計の意義 ………………………………………… 1
2　ステークホルダーを取り巻く戦略的管理会計 …………………………… 2
　2.1　統合報告　5
　2.2　ステークホルダー報告　7
3　戦略的管理会計と統合報告 ………………………………………………… 9
　3.1　戦略的管理会計とガバナンス　12
　3.2　戦略的管理会計とサステナビリティ　14
4　掘り下げた議論：統合報告と戦略的管理会計 ………………………… 17
　4.1　統合報告の意味　18
　4.2　ガイドライン　21
　4.3　統合報告：複数の資本モデル　23
5　戦略的管理会計と統合報告の進化 ……………………………………… 24
　5.1　複数の資本モデルの利用　25
　5.2　定量的情報と定性的情報　26
　5.3　統合報告と戦略的ヘッドセット　28
　付録 1　企業報告書の 3 つの比較 ………………………………………… 31

第 2 章　コーポレート・ガバナンスとサステナビリティ ― 33

1　コーポレート・ガバナンス ……………………………………………… 33
　1.1　統合報告とコーポレート・ガバナンス　36
　1.2　ガバナンスによって得られる付加価値　38
　1.3　戦略的管理会計とサステナビリティ　41
　1.4　サステナビリティの標準化がもたらすこと　44
　1.5　戦略的サステナビリティによって得られる付加価値　46
　付録 2　ビジネスモデルにおけるコーポレート・ガバナンスと
　　　　　サステナビリティ ………………………………………………… 48

第3章　会計とアナリティクス ―――― 51

- 1　データに基づく意思決定 ……………………………………………… 51
  - 1.1　会計とアナリティクス　53
- 2　会計戦略とアナリティクス ……………………………………………… 55
  - 2.1　戦略的ヘッドセットの活用　56
  - 2.2　データエキスパート　58
  - 2.3　理論から実践へ　59
  - 2.4　組織の支援を得ること　62
- 付録3　アナリティクスによるGE式人材管理 ……………………………… 64

第4章　戦略的管理会計の将来の方向性 ―――― 65

- 1　はじめに ……………………………………………… 65
- 2　実践への道 ……………………………………………… 67
  - 2.1　理論から実践へ　68
  - 2.2　情報をレビューするためのステップ　70
  - 2.3　ガバナンスのリーダーシップ　71
- 3　優れた意思決定のためのデータ利用 ……………………………… 72
  - 3.1　透明性の向上　74
  - 3.2　戦略的管理会計担当者と戦略的ヘッドセット　75
- 付録4　積水ハウス株式会社の事例 ……………………………………… 78

第5章　財務報告2.0 ―――― 81

- 1　会計：報告以上のもの ……………………………………………… 82
  - 1.1　クリティカルパス　82
- 2　ビジネスプロセス・マネジメント ……………………………………… 84
- 3　ビジネスプロセス・マネジメントと戦略的管理会計 ………………… 86
  - 3.1　ビジネスプロセス・マネジメントのアプリケーション　87
  - 3.2　ビジネスプロセス・マネジメント，ガバナンス，統合報告　89
- 4　統合報告と財務報告2.0 ……………………………………………… 91

4.1　会計担当者に求められる役割　92
　　4.2　移　　　行　93
　　4.3　統合報告と戦略的管理会計に向けた行動　95
　　4.4　なぜ今なのか　96
　5　協力して橋を架ける ··· 99
　付録5　エーザイの複数の資本モデル ··································· 102

第6章　理論から実務へ ─────────────── 105
　1　戦略的管理会計のクリティカルパス ································· 109
　　1.1　クリティカルパス　109
　　1.2　アナリティクスと経営意思決定　111
　　1.3　予測的アナリティクス　113
　　1.4　予測の意義　114
　　1.5　アナリティクスの実践　115
　　1.6　関係の構築　116
　　1.7　実務への適用事例　117
　　1.8　報　　　告　118
　2　ビジネスプロセス・マネジメント ····································· 119
　　2.1　テンプレートの現状　120
　　2.2　テンプレートの提案　121
　3　現状：業務のための会計 ··· 121
　　3.1　現　　　状　121
　　3.2　提　　　案　122
　4　会計とIT ··· 122
　　4.1　現　　　状　122
　　4.2　提　　　案　123
　　4.3　考　　　察　123
　5　混乱した経営環境に応じたチームの構築 ······················· 125
　　5.1　事　　　例　126

6　複数の資本と機能横断的チーム ……………………………………… 128
    6.1　人的資源および戦略的管理会計　129
  7　アナリティクスとステークホルダーの意思決定 ……………………… 130
    7.1　KPQs　130
    7.2　定量的方法　131
    7.3　情報の視覚化　131
    7.4　印象の問題　132
  8　アナリティクスと戦略的管理会計 …………………………………… 133
  9　一緒にまとめる ………………………………………………………… 135
  付録6　理論から実務へ …………………………………………………… 137

第7章　市場の事例 ―――――――――――――――――――― 139

  1　サステナビリティ，ガバナンス，組織構造の重要性 ……………… 141
    1.1　サステナビリティ　142
    1.2　ガバナンス　143
    1.3　ヤフー　144
    1.4　ガバナンスはいかにヤフーに役立ったか　145
    1.5　ヤフーの会計とガバナンス　146
    1.6　プレゼンテーションの課題　148
    1.7　フォルクスワーゲン　149
    1.8　ガバナンスをどう活かすべきか　149
  2　重要なポイント ………………………………………………………… 152
  3　サステナビリティ ……………………………………………………… 152
    3.1　アディダス　154
  4　戦略的な賭けと戦略的管理会計 ……………………………………… 155
    4.1　コーポレート・ベンチャリング　156
    4.2　時限組織　157
    4.3　フレキシブルな工場　158
    4.4　戦略的な賭けと戦略的管理会計　159

4.5　戦略的情報の提供　160
　4.6　戦略的情報の提示　162
5　すべてを統合する ……………………………………………… 163
付録7　エーザイの統合報告書 ……………………………………… 165

第8章　統合報告と会計の将来 ─────────── 167
1　複数の資本モデルの実行 ……………………………………… 167
　1.1　資本とは何か　168
　1.2　製造資本　168
　1.3　知的資本　169
　1.4　人的資本　170
　1.5　社会・関係資本　170
　1.6　自然資本　171
　1.7　財務資本　172
2　複数の資本 …………………………………………………… 172
3　統合報告：戦略的管理会計に基づく実行 …………………… 173
　3.1　統合報告と複数の資本モデル　174
　3.2　思考様式　176
　3.3　指標と戦略的管理会計　176
　3.4　品質指標の構築　177
　3.5　指標の焦点　178
　3.6　サステナビリティに関する指標　179
　3.7　ガバナンスに関する指標　181
　3.8　社会・関係資本　183
　3.9　製造資本と人的資本　183
　3.10　知的資本に関する指標　185
　3.11　自然資本　186
　3.12　財務資本　187
付録8　本章の解説 ………………………………………………… 189

第9章　戦略的管理会計：展望 ———————————— 191

- 1　創造性と展望 ……………………………………………………………… 192
  - 1.1　まず変革を促し，次に変革を導く　　194
  - 1.2　変革のモデル　　196
  - 1.3　戦略的ヘッドセット　　196
- 2　結　語 ……………………………………………………………………… 198
- 付録9　管理会計担当者の役割とグローバル管理会計原則 ……………… 200

参考文献 ———————————————————————————— 201

訳注参考文献 ——————————————————————————— 205

索　引 ————————————————————————————— 207

概　　要

　本書では戦略的管理会計の概念，会計専門家として新たなパラダイムを身につけなければならない意味，それに全体としてのビジネスへの影響を批判的に分析する。戦略的管理会計の概念を取り扱った素晴らしい研究や出版物はあるが，その中にあって本書のアプローチはユニークで革新的である。本書は，戦略的管理会計の概念を統合報告フレームワークと結びつけるというユニークな方法を用いて研究する。元来，戦略的管理会計は多方面から支持を得る理論であるのに対して，統合報告のフレームワークと報告の仕組みは戦略的会計機能の進捗，コスト，効果を評価できるツールである。本書では，主として経営管理者のための原則に焦点を当てて，管理会計機能の役割を評価するために用いられる概念と技法の概要および要約を提供する。読者の皆さんが経営者，会計専門家，あるいは単に新たなビジネスのトレンドを把握したいという人であっても，本書はこうした期待に応える内容と即戦力のステップとなっている。

〈キーワード〉
　会計，財務，統合報告，複数の資本モデル，戦略，戦略的管理会計

はじめに

　会計は，同じ会計専門家の間で，また市場全体で会計専門家をどのように認識するかに直接関連する移行期にあり，パラダイムシフトを起こしている。こうした移行ないし専門家の本質の変化が実務家や研究者のなかで明らかになってきているが，残されている課題もたくさんある。新たなツールや技法が会計担当者と財務専門家の目的達成に向けて役立つだけでなく，会計担当者も財務専門家も専門家としての要件が増えていることにも歩調を合わせていかなければならない。実際のところ，事業環境を導いていくためには会計の新しい方法が必要であり，より戦略的な思考が求められる。

　戦略的管理会計は，新たな概念ではない。数十年間にもわたって，研究者の論文では取り上げられてきた。むしろ，ある業界で会計専門家の現在と将来の存在意義を考えたとき，この概念が重要であるという点が新しい。定量的情報へのニーズの高まりがいろいろな機会をもたらす。同時に，とくに，サステナビリティ，ガバナンス，それに人的資本とアナリティクスといった新たに重要となっている分野に関わっているので，戦略的管理会計すべてが挑戦課題となっている。データサイエンティストあるいはビッグデータやその他の専門家は，経営意思決定プロセスでそれぞれの影響力の及ぶ範囲が拡大することを求めている。

　会計担当者は会計専門家にもたらされる変化を十分に取り込むために，新たな技法を活用したり有効に利用したりしなければならない。実際のところ，会計は製品をどのように製造して，最終ユーザーに届けられるかについてのより戦略的で長期的な視点を取り込まなければならない。つまり，会計は概念上も実際上も戦略的にならなければならない。もちろん本書で指摘するアプローチは会計専門家にとって利用できる唯一の選択肢であるわけではないが，私見によれば，市場に関わる実務上の意味と最も密接なものの1つである。

謝　　辞

出版まで耐え忍び，支援を惜しまなかった家族に本書を捧ぐ。

重要な概念とテーマ

統合報告[1]：統合報告は，財務報告で正にパラダイムシフトを起こしているものである。サステナビリティ，コーポレート・ガバナンス，リスクマネジメントを財務報告プロセスに組み込んでいる点に，伝統的財務報告とこのモデルの違いがある。さらに，この報告モデルの継続的で将来志向という特質は，財務報告書のように，過去に生じた情報と事象に焦点を当てたものとは一線を画している。

コーポレート・ガバナンス：コーポレート・ガバナンスとは，本質的に，企業が内部と外部のパートナーやステークホルダーといかに影響しあうかということである。とくに，ガバナンスと戦略思考に責任がある取締役会は，企業情報の外部利用者に与えられた責任と企業業績とのいろいろな関係性を概念化して理解できなければならない。

サステナビリティ：サステナビリティの本質は，企業が環境に配慮した業務活動を行う考え方と直接結びつくわかりやすい概念である。ところで，2008年の金融危機によって，サステナビリティは事業活動と密接に関わるようになってきた。簡単に言えば，サステナビリティは報告要件ではないが，いまや企業が成功する上で重要であると多くの企業やステークホルダーが考えるようになっている。

ステークホルダー理論と報告：ステークホルダー理論は，企業が多様な企業および企業データの利用者に対して報告して説明しなければならないという現実を示している。いかなる企業も真空のなかでは存在することも活動をするこ

訳注1　本書で Integrated Financial Reporting は統合報告と訳出した。また，財務報告2.0という用語を用いたところもある。

ともできない。それゆえ経営者は財務と非財務に関心のあるステークホルダーに，現在の業務活動の結果と企業の長期目的とを明瞭に説明できなければならない。

 アナリティクス：アナリティクスはビッグデータと代替的に用いられることもある。しかし，ビッグデータとは違って，アナリティクスでは情報に焦点がおかれ，企業の経営意思決定と問題解決への分析の適用を志向している。戦略的管理会計との関係では，戦略的管理会計の機能を十分に果たしうるためには，アナリティクスとそのツールと手続きの適用が極めて重要な役割を果たしうる。

〈監訳者による重要な概念とテーマの追加〉

 戦略的管理会計：スミス氏に最初に問い合わせた言葉は，この戦略的管理会計だった。スミス氏との往信により，戦略的管理会計とは戦略的意思決定のことであることが判明した。米国では戦略的管理会計をスミス氏のように戦略的意思決定と解釈している可能性がある。そのため，アナリティクスを用いて意思決定に有用な情報提供することを想定している。ここに本書でアナリティクスを重視している意味がある。

 一方，戦略的管理会計という概念を最初に提案したのは英国のシモンズ（Simmonds）である。英国では，戦略的管理会計とは戦略策定を支援する管理会計を意味する。日本では戦略的管理会計のような用語の著書が多いが，すべて英国の戦略的管理会計を念頭に，戦略策定を支援する管理会計について表している。そのため，戦略的管理会計と統合報告の関係についてスミス氏に質問した。

 アナリティクス：著者のスミス氏によれば，戦略的意思決定のためにはアナリティクスが重要なツールだという。ダベンポート（Davenport, 2013）[2]に従っ

訳注2 アナリティクスについては，Davenport, T. H.（2013）Analytics 3.0, *Harvard Business Review*, pp.65-72 を参考にまとめた。

て，このアナリティクスを3段階で解説する。初期のアナリティクス1.0は，1950年代半ばの分析ツールのことである。経営者の意思決定に有用な生産工程や販売，顧客とのやり取り，その他に関するデータが初めて記録され，収集され，分析された。これは過去について報告する説明的アナリティクスである。その後2000年代半ばのビッグデータの時代となり，外部の情報源からもデータが供給されて，新たな収益獲得のチャンスを見つける分析ツールとなった。モデルを使った予測的アナリティクスであり，アナリティクス2.0と呼ぶことができる。

　現在では，説明的アナリティクスや予測的アナリティクスだけでなく，むしろ指示的アナリティクスがとくに重視されるようになっている。このアナリティクス3.0では，経営者は意思決定を改善するだけでなく，AI（人工知能）と結びつき価値の高い製品やサービスを指示するようになる。

戦略的管理会計と統合報告

第1章

戦略的管理会計とは何か

1　はじめに：戦略的管理会計の意義

　グローバリゼーション，デジタル化，競争の激化によって，市場環境の変化が早まり，事業の競争を煽り続けている。事実上，極めて多様な利害関係者がすべての産業の企業，とりわけその企業の経営陣に関心を寄せている。株主，アクティビスト，環境団体などの外部ステークホルダーは，企業業績を評価するために情報と定量的データを必要とする。こうした情報と定量的データの要件を満たすためには，経営者が適切な情報を評価し検討することが重要である。一部はグローバリゼーション，デジタル化，競争の激化といった外的要因に応じて，また別の一部は内的要因によって発生している移行に応じて，こうしたトレンドが進化した要件やニーズに対処するようにトレンドが1つの方向に収斂していく。

　統合報告は，伝統的財務報告書と重複する部分と伝統的報告書にはなかったいくつかのタイプの進化を反映して，企業レベルでのコーポレート・ガバナンス，サステナビリティ，リスクマネジメントを含めた財務情報と非財務情報の要素を取り込んでいる。統合報告の公式のテンプレートは，管理会計担当者が意思決定プロセスで積極的な役割を果たすプラットフォームやツールとなる。伝統的な報告よりも本質的により将来志向で，包括的に設計されるので，統合報告は包括的で全体的な財務業績の視点と，その企業の健全性を提供する。

　さらに，財務担当者と会計担当者にとって好ましいのは，戦略的管理会計を再び活性化することである。戦略的管理会計およびこの概念についての研究と

会話が最近増えてきているが，これは統合報告が関わっていて，伝統的にはなかった報告が登場したからである。企業が多様なステークホルダーに開示するには大量のデータが必要となるので，伝統的には扱ってこなかったいくつかの要因を経営意思決定プロセスに取り込まなければならない。しかし，長期にわたってこうした情報開示がうまく一貫してもたらされるには，企業レベルで行わなければならないステップがいくつかある。企業が管理会計担当者によって管理され分析されてきたデータに依存するという現状を管理会計担当者は見誤ってはいけない。いろいろな業界の経営陣をまごつかせ，また非常に複雑な報告とコンプライアンスを構築するという課題は，積極的で将来思考の管理会計担当者にとっては好機でもある。

第1のステップとして，情報は一貫性を持った標準化プロセスで定量化し収集されなければならない。このステップと標準化プロセスを推進する重要な意思決定ないし主観的判断は，困難ではあるが意思決定プロセスの重要な部分である。

第2のステップは，この情報を比較可能なものにすることである。また，既存の業務データと財務データとを統合することである。

第3のステップで，経営者は，エンドユーザーに提示し伝達した情報を分析し，議論し，説明する能力を持たなければならない。言い換えれば，業務活動から生成して分析された情報は，財務情報も含めて，財務以外の専門家でも理解できる形式で表されなければならない。会計専門家は企業のあらゆる部門に配置されており，技術と業務改善を支援するには負荷がかかり過ぎている。ところが，激変する市場でのこうした移行によって，会計専門家は，その変化を活用するユニークな位置にいる。財務報告の専門家から経営意思決定者へ移行することは，はっきり言って簡単な概念ではないが，移行をもくろむ専門家にとっては利用できる好機となっている。

2 ステークホルダーを取り巻く戦略的管理会計

エンロン（Enron），ワールドコム（WorldCom），およびLIBOR（ロンドン

銀行間取引金利）の固定金利のスキャンダル[1]，それに世界中を巻き込んだ金融危機はまさに，能力のない経営者，データ品質の悪さ，包括性の欠如がいかに企業にマイナスの影響を及ぼしたかの例である。こうしたいろいろな危機によってますます複雑化する企業環境の下で，企業経営と報告は進化していかなければならない。企業の重要な課題として，経営者は多様なステークホルダーの報告ニーズにどのように応えるのが最適なのかはいまだはっきりしていない。いろいろな言い方ができるが，新たな報告システムの下で訓練して実行するための投資額は不確定であり，その投資額を超えるだけの財務上の効果があるのかはわからない。財務業績が向上するかどうかわからずに統合報告の研究と実行に企業が投資することは問題である（Roth, 2014）。

1つの方向として，自社の価値創造プロセスをより完全に統合するために，伝統的な投資家の利益からすべてのステークホルダーの利益へ向かうということが考えられる（Garriga, 2014）。この新たなパラダイムはアクティビストを考慮した一例であるが，企業が内部資源と人材をいかに配分すべきかについて，新たな考え方とフレームワークが必要になる。企業がこうしたますます複雑化する環境に直面したとき，会計の役割を再構築することは，財務担当者と会計担当者に役立つ（Skærbæk and Tryggestad, 2010）。さらに，世界規模で経済が緩やかな回復をしているとき，問題解決にも役立つので，基準と指標をいかに設定すべきかが規制当局とステークホルダーの関心の的になっている（Leblanc, 2012）。

2015年に発生したフォルクスワーゲン（Volkswagen）の排出ガス試験違反のような事件があったために，情報，コミュニケーション，報告ツールの改善ニーズが求められ続けている。このためには，投資利益率（ROI）のような収益性指標と，財務結果を向上させる業務データの両方を用いることになる。管理会計担当者はすでに広範囲な意思決定に組み込まれており，積極的な役割を果たせるようにユニークに位置づけられている。コンプライアンスや業務情報は

訳注1　ロンドンのバークレーズ銀行による金利操作をめぐるスキャンダルのことである。同行が2008年の金融危機のなかで，より低利で資金調達を可能にするために，自行の保有する証券の価格下落を小さく見せかけてバランスシートを粉飾して，LIBORを実勢よりも低くなるように報告金利を操作した事件。

事実，財務上の最終損益に影響を及ぼす。ところが，たくさんの包括的な業務情報を報告制度や報告の方法論と関連づけることは簡単なことではない。そのために，会計システムを企業内のその他の情報システムと統合する必要がある。ステークホルダーの関心が高まっており，ステークホルダー志向の報告書も増加している。

さらに経営意思決定に伝統的にはなかった情報の重要性が高まっていることを理解することは，会計専門家にはチャンスである。最高財務責任者（CFO）は財務報告と企業業績だけでなく，同社が多様なステークホルダーに業務の結果をどのように報告すべきかについての責任も高まっている。ハサン（Hasan, 2015）によれば，いまやCFOは次の5つの主要な領域に対して報告責任があるという。すなわち，①正確で役立つデータの提供，②スピーディで効率的なアナリティクス・プロセス，③（とくにクラウドのような）技術の利用，④予測プロセスの向上，さらに⑤企業のデータセキュリティの管理とリスクマネジメントである。

CFOが直接責任を負う報告書だけでなく，市場ニーズと現実に対応して，CFOの役割が進化し移行し続けていることは明らかである。会計専門家は会計規制の改正に合わせていくだけでなく，新たな分野のチャンスをつかむために，技術を習得し磨きをかけなければならない。各社で働く会計以外の専門家だけでなく，戦略的ビジネス・パートナーと同様の役割を持つ会計専門家もその道を究めることが，現在の移行という状況である。ところが，ビジネス上の業務の仕方が相当変化するだけでなく，企業間はもとより，企業とエンドユーザーの結ぶ契約が変わるときにも会計の役割が変化する。

会計担当者と財務担当者が会社にもたらすことができる唯一の真の価値とは，優れた情報の価値，すなわち，優れた経営意思決定のために活用し役立てることができる情報の価値であると主張することができる。そうした意思決定のために業務データを財務情報へ変換することは，事業計画と戦略的計画の主要な役割である。また，会計専門家と財務専門家は，多様なステークホルダー・グループのために適切な情報を収集して公表しなければならない。営利企業か非営利企業かにかかわらず，特定業界の企業は既存業務を継続するときに達成しなければならない2つの主要な機能がある。

第1に，企業が業務で資源を消費する以上に，業務から多くの資源を創造することである。
　第2に，経営陣が利用できる既存の資源を効果的に配分することである。
　ビジネスとは商品やサービスを単に販売するだけのことではない。ビジネスは内部と外部のステークホルダーにかなり影響を及ぼすだけでなく，経済学でいう外部性の概念と関わりがある。外部性というやや抽象的な概念をもっと具体的に例示すれば，ヒラー（Hiller, 2013）が指摘するように，企業がいま強いられている圧力だけでなく，内部と外部の包括的な業績情報へのニーズを満すためにも，ビジネスと経営の革新性を高めるニーズがある。実際のところ，この外部性では，どのようなビジネスも21世紀の事業環境のなかでは不十分であるとして，市場からシグナルが出されている。
　アカウンタビリティ，リアルタイム・データとマネジメントツール，それにビジネスの柔軟性というニーズが高まっており，ビジネスの専門家はこうした現状の課題に直面している。実業界は伝統的な財務に関心のあるステークホルダーをいかに満足させているのか，彼らが必要とする情報を伝統的には想定してこなかったステークホルダーにどのように提供できるのか，そしてまた，このことすべてをどのように市場とコミュニケートできるのか。統合報告をするようになれば，既存の文献の発見事項と分析から，複雑な環境に対処するのと同じモデルを使えることがわかってきた。コーポレート・ガバナンスを経営意思決定および財務報告と結びつけることは，報告フレームワークの統合的側面であり，それによって戦略的意思決定のレベルを高度化する道でもあるし，また，フレームワークともなる（Starbuck, 2014）。

2.1　統合報告

　国際統合報告評議会（International Integrated Reporting Council: IIRC）が構築し実践している統合報告は，現在世界中で展開され促進され，実施されており，ビジネス上のジレンマに対して包括的な解決ができている。統合報告の利用を費用対効果の高いコミュニケーション・プロセスとする重要なステップは，統合報告を財務報告プロセス上で構築し，採用し，進化することである（Monterio, 2014）。国際会計士連盟（International Federation of Accountant），世界

の規制当局，業界団体，投資家グループ，実務家全般にわたって，事業業績のすべてをこのワン・レポートに統合する。報告書，研究調査，実践を通じて，IIRC は統合報告の定義を確立しようとしている。この分析の下でさらなる調査とデータ収集が追加され，統合報告がステークホルダーにとって重要な財務データと非財務データの両方を総合・分析すべきであると提案されている (Abeysekera, 2013)。

環境への影響，社会への影響，それにコーポレート・ガバナンスという伝統的には扱われてこなかった指標が財務業績に及ぼす影響を定量化して報告する。また，財務資本とその他の 5 種類の資本を設定することで，伝統的には脚注でしか開示してこなかった内容を統合報告で定量化する。会計担当者は，このようにしてその主張を 6 つの資本に収める。すなわち，企業は，統合報告の仕組みを用いて，その効果をすべて実現するための戦略的な方法で，公認会計士とともに社内の会計担当者と財務担当者を利用しなければならない (Hughen, Lulseged, and Upton, 2014)。

コーポレート・ガバナンスが財務業績に及ぼす影響なども含めて，企業情報として定量的な関係性を確立することは，統合報告書を作成する上で重要である。統合報告を掘り下げていくと，企業業績をより包括的で全体的な視点で表していることがわかる。しかし，こうしたフレームワークの効果を完全につかむためには，論理的で一貫性を持った方法で定性的情報が示されなければならない。ところが，財務データと非財務データの両方の要素を結合することは，統合報告書の作成者にもその利用者にも機会であるが課題ともなっている。当然，コーポレート・ガバナンスのような標準化されない情報を定量化して報告するには，多方面からの努力が求められる。

一般に，管理会計担当者にも企業にも，統合報告は重要な課題として提起されているので，企業が必要とする情報と統合報告の概念は容易に関係づけられるようになる。もっと詳細にその概念を検討したいと思う企業と統合報告の支持者にとって，報告要件それ自体を超えて活動し，統合報告フレームワークを理解する必要がある。実際のところ，統合報告を超えて活動し，そしてこの概念の意味を把握するためには，その理論を支える財務資本，製造資本，自然資本，知的資本，人的資本，社会・関係資本からなる 6 つの資本を理解する必要

がある（Jhunjhunwala, 2014）。本書を通じてより詳細に分析するが，複数の資本モデルは，経営陣が理解して，経営意思決定に役立て，戦略的計画プロセスに適用するのに重要な概念である。

既存の報告フレームワークの下で複数の資本を取り込んで構築する能力こそが，実質的には戦略的管理会計の意味する基本的視点である。伝統的ビジネス領域の外部要因によって相当影響を受ける事業環境の下では，複数の視点で情報を報告し分析して，またこうしたいろいろなタイプの情報がまさに企業業績を向上させる方法を理解することは必須の課題である。伝統的には扱ってこなかった情報である定性的データを取り込んで，意思決定プロセスにこの情報を組み込むことはそう簡単な仕事ではない。そうした仕事は，変化の激しい事業環境の下でうまく乗り越えることが成功するには必要である。ところで，統合報告のどのような議論や分析にも，また統合報告を採用すべきか否かという課題にも，統合報告の複数の資本を含める必要がある。

会計専門家は，多様な情報を定量化して報告するのに必要なスキルと能力をすでに持っているので，統合報告は新たな市場要件を満たすために既存のスキルと才能を拡張することでしかない。全く新しいスキルと能力を構築するのではなく，専門家が直面しているすぐに取り掛からなければならない仕事は，市場ニーズに合わせて既存のスキルに磨きをかけることでしかない。同時に，伝統的にはなかった統合報告の利用が高まるにつれて，会計専門家は戦略パートナーのような役割へと進化し続けなければならない。会計専門家が既存の能力を市場ニーズに合わせたとしても，研究者も実務家も互いに関係があるとは認識していない。多方面から企業に焦点を当てて精査していくと，より良く，そしてより多くの一貫した情報が必要であることが比較的すぐにわかってくる。企業情報を生成して開示することを直接担当する会計専門家は，いまや自らの貢献を適宜向上する好位置にいる。話が横道にそれてしまったが，戦略的管理会計の概念を再び取り上げる。

2.2 ステークホルダー報告

最近拡張されたステークホルダー報告は，統合報告と戦略的管理会計から理論的に支持されたものである。ステークホルダー志向の報告には，共通理解と

して，金融危機以後の事業環境で求められてきた多様なアプローチがある。財務情報と非財務情報の両方によって相当影響を受ける環境の下では，統合報告書を作成する多くの会計チームは意思決定規準を満たす必要がある。企業経営と企業業績をいずれも正確に評価して判断するには，エンドユーザーが財務データにアクセスできるだけでなく，財務結果に導く情報にもアクセスできることが肝要である。簡潔に言えば，ステークホルダー報告は，理論的には，サステナビリティ，コーポレート・ガバナンスの指標，および戦略的意思決定でリスクマネジメントをいかに果たすかに関わる報告の概念を明らかにすることで，戦術的に利用する上でも役立つ。高度化する情報のデジタル化に，今日の企業と顧客／ステークホルダーとの間に存在する結合性を組み合わせると，その意味は一層深まる。多様な領域に焦点を当てた大量の情報を求める事業環境で成功し発展するには，企業は，タイムリーに情報を生成し伝達できなければならない。

　ビジネスが，ますます複雑でスピーディになり続けているこうした傾向は，会計専門家に直接的な影響を及ぼしている。絶え間なく情報が発信され，そして経営意思決定が行われており，その影響が世界中にさざ波のように広がっている。市場のステークホルダー志向を採用する1つの主要な例として，現在，企業，政府，NGO（非政府組織）と契約する国際的な航空会社のボーイング（Boeing）がある。カーロン氏とダウンズ氏（Carlon and Downs, 2014）の分析によれば，ボーイングは重要性，すなわち財務上重要な効果があるとして，財務報告プロセスにステークホルダー報告と評価の概念を統合させたという。ステークホルダー志向のデータを生成し支援するのに必要な変更を加えるために，ボーイングは，研究開発，顧客維持，それに環境上のコンプライアンスに関わる費用と収益が同社にどのような影響を及ぼすかについて透明性と洞察力を高めた。企業業績を向上する要因がたくさんあるなかで，僅かではあるが企業を最もよく管理し価値を創造する項目を，分析して理解する必要性がある。

　ステークホルダー報告は新たな概念でも考えでもないが，企業に対する報告ニーズないし報告要件が急増しているために，ステークホルダー概念が再認識されるようになってきた。ビジネスにも企業にも，また財務面でも非財務面でも厳しい基準が求められるので，企業は多様な源泉からもたらされる情報を定

量化して報告し分析できなければならず，また多数のユーザーに公表も行わなければならない。情報，とくに定量的データは，経営意思決定と計画の基礎となるが，そのデータは定性的なフレームワークのなかで整理され提示されなければならない。とくに非財務に関心のあるステークホルダーは不祥事が発生するとすぐに多くの情報を受け取るので，定性的情報と定量的情報とを互いに関連づける必要がある。

　ステークホルダー志向およびステークホルダー報告の真髄は，事業環境が変化しており，財務データと業務データが複数の利用者モデルを志向してきたという現実を認識することである。こうした流れとダイナミックな展望を取り込むには，会計担当者や財務担当者，それにこうした部門で働く担当者個人は，会計の果たす役割のなかに，より包括的で全般的な視点を取り込む必要がある。債権者と株主という限定的なグループに歴史的財務情報を報告するだけでしかなかったものから，会計担当者は実際のところ，データとデータ分析の専門家になる必要がある。ところが，こうした移行をうまく管理するには，会計専門家は仕事，仕事の流れ（ワークフロー），プロセスをより弾力的かつ将来志向で扱わなければならないし，そうすることができる。これまでとは若干異なる方法であるが，会計担当者が戦略的意思決定プロセスでより能動的で決定的な役割を果たしたいのであれば，管理会計機能は一層戦略的にならなければならない。

3　戦略的管理会計と統合報告

　戦略的管理会計は，会計上のサービスも会計専門家も，簿記屋からトップの意思決定を支援する活動志向の専門家の役割へと移行している。実際のところ，グローバル経済のデジタル化の高まりがあらゆる企業に影響を及ぼしているので，いまやビジネスのリーダーはその企業で生成され収集された多様な情報に精通することが期待される。たとえばアマゾン（Amazon），グーグル（Google），それにコール（Kohl）のような小売店は，情報をよく活用したために成功を収めた企業として位置づけられている。中心的な課題を突き止めた

り，破壊的イノベーションやブルーオーシャン戦略といった名称や特徴にこだわらず，戦略は定量的データに基づいて策定される。とくに，戦略は定量的情報のデータにかなり依存する定性的活動や考えである。企業が収集したデータから生み出すことができるとともに，生み出さなければならないデータと洞察によって，トップの意思決定者はその企業の将来について適切な選択を行えるようになる。

とはいうものの，簡単に企業のデータを生成し分析できたとしても，その情報が活動志向で事業活動を構築しなければならない戦略的計画という視点から見ると不十分なものといえよう。凝集性のある（cohesive）[2]企業の戦略を構築し実行するには，経営意思決定者は以下の3つの領域を統合できなければならない。

第1に，データが一貫性をもって生成され，またエンドユーザーが理解できて役立つような形式で報告しなければならない。

第2に，環境上のコンプライアンス，ガバナンス指標，およびビジネスによって扱う範囲が変わる情報といったような非財務データの財務上の意味を明確にして，企業のいたるところでコミュニケートしなければならない。

第3に，こうした情報を戦略的実施項目[3]，戦略的計画，あるいは戦略的支出と関連するすべての会議や計画に組み込まなければならない。すべての関係者が理解できる優れた情報は，意思決定にとって効果的なキー・ドライバーである。

包括的で戦略的な方法で思考し行動するように会計専門家を移行させることが重要である。ところが，よく知られた受容と同意という概念を用いただけでは，一貫性があり互いに密接な関係にあるといった状況からは程遠いのが現状である。学会でも実務界でも，管理会計への目的適合性の役割が低下していると思われる。たとえば，実務家のMBA修了者が少ないこと，学会の規模が小さくまた学者の著作も少ないこと，それに経営者はとくに適切な幅広いコンピ

訳注2 資源ベースの経営戦略論では，個々の事業単位全体に価値ある共通資源を配置するように凝集性（coherence）が重要であるという。たとえば，企業全体で複合的に利用できるように，スキルと資源を移転したり，活動を調整することである。

訳注3 アクションプランともいわれるが，日常的な行動計画ではなく，戦略的なプログラムや戦略に関わる経営計画のことを戦略的実施項目という。

タンスを持っていないと認識されていることがあげられる（Krishnan, 2015）。とくに管理会計のこうした認識や専門性の限界に対して，多くの戦略的管理会計機能の提案者や支持者は果敢に挑戦しなければならない。管理会計と企業の意思決定とを結びつけることは次の重要なステップであり，そこでは，ビジネスが進化し続けて前進するための優先順位をつけなければならない。

　事実，戦略的管理会計は，会計専門家と財務専門家を，財務報告と財務分析という役割から経営意思決定者のための予測アナリティクスと予測情報という役割へと進化させ移行させる。デジタル情報が増加して，情報とデータ主導の意思決定に関心のあるステークホルダーの現実のニーズをうまく活用できるようにする必要がある。そうなれば，企業は能動的になって，経営意思決定者に情報要件を提示して，どのように統合するのかを求めるようになる。業界のなかで生じたこの変化をどのように取り込むか，また，多方面の実業界で形成されているニーズと既存の技術をどのように統合するかは，専門家個人の仕事次第である。

　戦略的実施項目がIT，伝統的にはなかった財務報告，あるいは既存データ以外のより優れたアナリティクスの獲得に関連しているかどうか，つまり会計担当者が企業で果たす役割をもっと戦略的にしていかなければならない。こうした移行をスムーズに実行するには，会計専門家は戦略的意思決定者へと進化して多様な情報を意思決定の要件と常に統合していかなければならない。

　統合報告とそのフレームワークの中のいろいろな側面は，戦略的な会計機能と結びつけることができる。どの業界かにかかわらず，財務専門家と会計専門家が業務的意思決定を行うか戦略的意思決定を行うかは徐々に明らかとなる。財務と非財務に関心のあるステークホルダーに公表するために，戦略的計画，資本予算，業務効率，報告テンプレートの作成に関わっていくと，管理会計担当者は企業の重要な領域へと組み込まれていく。

　意思決定の基礎となる定量的データと指標だけでなく，その情報を支える定性的根拠を理解する必要がある。管理会計担当者はいまやデータを収集して分析することに関わるので，管理会計専門家が内外の情報利用者に情報を説明する能力を持つようになる。明瞭な表現力，平易な解説，また当該事業と関連づける能力は，戦略思考という重要な特徴である。会計専門家はいま作成したば

かりの情報を進化させたり改善したりするような思考を取り入れなければならない。統合報告と戦略的管理会計にとって重要な2つの領域とは，コーポレート・ガバナンスとサステナビリティである。

3.1　戦略的管理会計とガバナンス

統合報告の概念とその中の重要な構成要素（とりわけコーポレート・ガバナンスとサステナビリティ）とを結びつけることで，管理会計担当者は，すでに外部のステークホルダーへの報告と開示の更新や改善に関わっている。アメリカが本社のeコマース企業であるヤフー（Yahoo）は，アリババ（Alibaba）も同様だが，コーポレート・ガバナンス問題が財務業績と経営上の問題に重要な影響を及ぼした例である。ヤフーは2013年初めに，新たなリーダーの下で一連の買収劇と人材雇用へと乗り出したところで，コア業務が緩やかに成長していることをいぶかって監視の目が強化された。最終的には2014年と2015年に巨額の赤字を計上した。2015年末までのこの期間中，ヤフーの業務の低迷と経営結果の拙さが，ヤフーが株式の大半を所有している中国eコマース大手のアリババの業績で隠されてしまっていた。さらに状況を複雑にしたのは，ベライゾン（Verizon）へのヤフーの売却話が取りざたされていた2014年の顧客情報の漏洩が，2016年に公に知れ渡ってしまったことである。

ところが，アリババが新規株式公開（IPO）をしたので，投資家はヤフー株を直接購入しなくても，アリババへ投資することで情報を追跡できる。ヤフーの経営者には戦略も復活のストーリーもないために，監視を強化されると企業の株価は下落してしまった。インターネット技術のかつての先端企業の運命は，その事業のコア資産を巨大な通信会社か営利企業に売却できるかどうかというところまで落ちざるを得なくなった。優れたガバナンスとガバナンスのデータ・マネジメントを行ったとしてもこの事件を防ぐことはできなかったであろう。しかし，コミュニケーションとデータの透明性が向上していれば，簡単にそれほど複雑な分析をしなくとも，少しは事件の被害を防いでいたであろう。

コーポレート・ガバナンスは企業が内部の意思決定者と外部のパートナーといかに影響し合うかを示しており，会計専門家が意思決定プロセスに価値を付

加できる極めて重要な領域である。実際のところ財務と非財務の両方に関心のあるステークホルダーと相互に影響し合うときは，そうした情報が実質的に一貫性，頑健性，それに包括性をもってユーザーのために作られ，公表されなければならない。会計制度によって生み出される情報を生成して，それが本物と証明できる方針と手続きを構築し実行すると，企業は，ガバナンス報告とアナリティクスを活用して会計担当者の既存の強みを拡張できる。

　情報とリアルタイム・コミュニケーション[4]にかなり焦点が当てられる事業環境の下では，明確に一貫性を持ってステークホルダーとコミュニケーションすることは競争優位となる。情報を明確に伝達して公表するだけでなく，コーポレート・ガバナンスを考慮した報告書，ダッシュボード，それにアナリティクスを作成することは，会計担当者が確実に企業に価値を付加できる具体的な方法である。

　コーポレート・ガバナンスに関して，毎期，企業の失敗と不始末の話ばかりが目立つが，長期的に見れば市場の変化に合わせてはっきりと進化しており適応もしてきている。アクティビストがますますプレッシャーを与えているサーベンス・オックスレイ法（Sarbanes-Oxley Act: SOX法）[5]とドッド・フランク法（Dodd-Frank Act）[6]のような法律が施行されたために，とくにガバナンスが経営研究のテーマとして再評価されることになった（Tihanyi, Graffin, and George, 2015）。その結果，規制や情報要請が加えられた以上に，経営陣のコーポレート・ガバナンスの概念と実行は複雑さを増してきている。ところが，このように複雑になったことが，既存のスキルをどのようにしたら最もよく活用できるのかについて，管理会計担当者は創造的に思考できる機会となっている。

　ヤフーの業績を伸び悩ませている中心的な問題を解決することはできないが，コーポレート・ガバナンス・プロセスの会計と管理を改善すると，いま直

訳注4　リアルタイム・コラボレーションともいわれる。遠隔地の共同作業者があたかも同じ部屋で作業しているかのように，リアルタイムに情報のやり取りを行うこと。

訳注5　2002年に制定されて米国企業改革法のことである。エンロンやワールドコムの会計スキャンダルで傷ついた証券市場の信頼を回復させることが狙い。

訳注6　2010年に成立したウォール街改革および消費者保護法のことである。金融機関の説明責任と透明性を向上させてアメリカの金融安定性を促進し，消費者のために特定企業への財政支援を止めて新たな金融危機を防止するための金融規制改革法である。

面している課題だけでなく，こうした問題に対処する経営者の計画に対しても，企業はより効果的にコミュニケーションを取ることができるようになる。ヤフーはガバナンスに問題があったとしてきたが，競争の激化，組織変革，あるいは企業の戦略変更に直面する企業は，原則的に，戦術としてガバナンスが適用できるし，また適用しなければならない。ステークホルダーに対して明確に一貫性を持って，また論理的に情報を伝達して開示することは，効果的な経営意思決定にとって重要なことである。コーポレート・ガバナンス分析に対してより定量的で能動的なアプローチを取るために市場ベースの分析をしていくと，コーポレート・ガバナンスの議論が増えるだけでなく，コーポレート・ガバナンスに関連するアナリティクスも激増していく。

とくに，経営者や取締役会が行う実務に対してアクティビストや批評家がコメントするが，そのコメントに効果的に対応できるように，取り扱うことができる定量的データの量が多ければ多いほどその論拠も強力になる。企業はガバナンス情報の一貫性と質の向上を図ろうとする専門家を必要としている。他方，会計専門家はこうした目的を達成するのにユニークな位置にいるように思われる。海外事業，後継者育成計画，役員報酬，企業の戦略的計画の実行でガバナンスの重要性が増している。そのため，最近の公開討論会では，こうした情報ニーズだけが高まっている。

3.2 戦略的管理会計とサステナビリティ

サステナビリティは鉱業，林業などの天然資源の業界で働く企業にとって重要性が増す検討課題であるが，サステナビリティレポートや環境報告書が扱う範囲は広がり続けている。二酸化炭素濃度，水質管理，および漏れやこぼれ落ちを防ぐ安全性管理は，サステナビリティ会計で比較的多く取り上げられている。これらの分野で問題が頻発しており，ますます注目されている。

サンフランシスコにある非営利組織のサステナビリティ会計基準審議会（Sustainability Accounting Standards Board: SASB）は，2011年から上場会社のサステナビリティ会計基準を設定し公表する仕事をしている。かつて公表され現在も有効な選択基準や保証と違って，SASBによって制定され公表された基準は，限定的で，定量中心で，同一業界内の企業間を比較するためのものであ

る。完全に定性的な記述とは違って，定量的データに基づいて保証基準と報告基準を設定することは，管理会計担当者が決定的にリーダーシップをとれる領域である。会計専門家が既存の技術と能力を適用して既存のワークフローと情報結果を向上させるには，標準化と一貫性という2つの論理的なアプローチがある。

　定量指標を何にするかという課題を設定すると，財務報告基準と保証基準との間でかなり類似した課題となり，また，戦略的意義という点も現れてくることは興味深い。報告基準と保証基準，いわゆる一貫性と比較可能性に関わる共通した課題の多くは，コーポレート・ガバナンス，サステナビリティ，リスクマネジメントの実務といった伝統的にはなかった分野で直面する課題とかなり似ている。

　企業と企業情報のユーザーが必要としているものは，エンドユーザーに最近公表された財務情報の要件と類似していて，一貫性があり，比較可能で，目的適合的であるとして示された情報である。管理会計専門家は，この必須の基準に合わせて作成し伝達するために，企業が有する既存のスキル，知識，人員配置を活用できる。こうした基準問題の権威者であると多くの研究者からみなされているロバート・エクレス（Robert Eccles）は，業界基準にするか産業全体の基準にするかに決着をつけた。エクレスによれば，こうした基準を一般的なサステナビリティレポートの基準として設定すれば，その基準は特定業界のものではなく，産業全体の基準を表明することになるとした。

　エクレスのようなソートリーダー[7]の研究と市場の現状とを結びつけると，サステナビリティと企業業績に関わる標準的な財務報告，指標，フレームワークにとって決定的なニーズが存在することがわかる。事例研究による教育ツールが作られると，サステナビリティ報告と情報の主な課題は，これまで存在しなかった報告フレームワークを作り，最小限の保証基準を設定し，それに僅かではあっても企業全体で実践することである（Bouten and Hooze, 2015）。こうす

訳注7　その分野の権威ある人を指す言葉であり，オピニオンリーダーのことである。ソート・リーダーシップ（thought leadership）とは，特定の課題などに対して，組織体が解決策となりうる主張や理念などを掲げ，社会や顧客からの共感を生み出すためのリーダーシップをとることを意味する。アメリカ会計学会（American Accounting Association）のロゴマークには，"Thought Leaders in Accounting"と表記されている。

れば，事例研究の問題のほとんどが解決するので，現在の報告で指標をよくしようとする企業には効果がある。すなわち，現状，特筆すべき課題，理想的な着地点を概略化すると，こうした課題へのアプローチが構造的になり，明快になり，そしてよく知られた方法を使えるようになる。

　一見しただけではとても解決できないような課題，たとえば報告内容を改善するといった課題を扱うには，このような概略化は必須である。エクレスが取り上げたものと同じような多くの課題，つまり基準と報告ツールが欠如しているという問題は，会計専門家の教育者と将来の専門家にとって重要な関心事として取り上げられた点であり，興味深い。学者とその分野の現在の実務家，それにそのうち専門家メンバーになる人達の間を橋渡しすることは，戦略的管理会計の概念を構築し維持し，またこうした方法論の意味を完全に現実化する上で必須のステップである。

　研究者，学者，業界で働く実務家が一緒に議論することは，戦略的管理会計を構築し維持する上で重要な協力体制である。この話題からは逸れるが，会計専門家はいささか驚いてしまう状況に直面する。まず，アメリカでも海外でも専門家はみなかなりの高齢化リスク，すなわち，会計担当者として仕事ができる平均年齢の高齢化が以前よりも進んでいるというリスクに直面している。この高齢化リスクの下で，アナリティクス情報と財務情報との競争が高まっているのに，会計と財務の学生たちから学位が取り難いと噂されている。こうした状況にうまく対処するには，複数の選択肢をもつ実現可能なキャリアパスを提示できなければならない。戦略的管理会計とその選択肢は，現在も将来もどちらの市場でも話題を呼ぶものとなる。

　サービスやITの会社のように環境とは無縁の企業でさえ，企業が活用した会計と財務の実務にサステナビリティを統合することで効果が得られる。サステナビリティ・イニシアティブを考えてみると，洞察力が向上するという情報効果だけでなく，いろいろな企業は，実際のところ，業務と経営の実践にサステナビリティを統合することで財務効果が得られる。費用対効果を理解すれば，再生可能エネルギーあるいはサステナビリティ志向のプロジェクトは，業界のトップ経営陣にとって最高の優先順位でなければならない。こうした重要性の高まりは，戦略志向で戦略思考の会計専門家を高次元のアナリティクスと

意思決定へと方向づけるもう１つ別のチャンスでもある。

4　掘り下げた議論：統合報告と戦略的管理会計

　自動車やプロスポーツチームのように企業の業務は，部署，従業員，プロセスを結びつけたものである。企業ないし企業実体はある部署が同社の他の部署と調和して仕事をしない限り能力を最適に発揮することはできない。企業報告も企業業績も同様だといえよう。全体的視点からいえば，企業は営利か非営利かにかかわらず，現行業務で消費される以上の資源を生産するという共通の目的がある。この目的を長期にわたって一貫して達成していかなければ，企業は倒産する。包括的テーマを念頭において，多様な概念と理論がいかに相互に影響し合うかという分析を検討していかなければならない。理論も論理の構成要素も経営の重要な部分であり，経営意思決定プロセスと統合されなければならないが，戦略的管理会計の考えと概念もまた企業に価値を付加するに違いない。

　企業が現在，進化と変革を続けているので，経営専門家，とりわけ会計専門家は市場が短期利益を求めていることと，企業が業務をどのように経営し報告するかに関わる本質的なパラダイムシフトをすることとの違いを理解することは避けて通ることができない。情報の特徴とビジネスのスピードが変化しているので，会計専門家は分析プロセスに戦略を取り込まなければならない。とくに，2008年の金融危機以降，市場アナリストと時事解説者たちは，企業が長期的な成長に向けて資産を適切に管理しながらも四半期に一斉に利益を公表するので，どのように企業を経営するのが最適なのかを思索し，また議論してきた。財産保全という役割と思考様式は企業の取締役と上級経営者が強化しなければならないものとしよう。すなわち，こうした思考様式を構築し維持するには，当然ではあるが，管理会計のデータと報告がこのプロセスに役立つ報告書とテンプレートを作って，これまであるものを新たなものに置き換えるのではなく，すでにあるものを明らかにする方が簡単である。

　戦略的な会計機能とこうした変革が，専門家はもちろんのこと企業でも生じ

ている。そうしたことの意義を議論し分析していけば，エンドユーザーもかなり注目してくれるに違いない。企業のニーズに合わせて作成されたデータと情報がユーザーフレンドリーでなかったり，エンドユーザーにとって意味がなかったりすると，こうした報告書と情報の影響は弱くなってしまう。会計機能が進化し展開し続けるように，エンドユーザーとデータの末端での活用こそが最も重要な点とされなければならない。統合報告は会計専門家の戦略的な役割のためにトレンドを取り込むことができるので，こうしたデータを公表する広範な基礎と根拠になっている。

統合報告，コーポレート・ガバナンス，サステナビリティ，ステークホルダー志向の報告全般，それに卓越した戦略的管理会計を含めて，会計専門家の本質が変化するにしたがって，いくつかの領域が際立つようになってきた。過去の歴史に焦点を当てた情報から現行業績の将来分析へと財務報告が移行しかつ進化したために，その中心に戦略的管理会計がある。ところが，こうしたテーマに関わる現在の意味と将来の発展を予測する前に，統合報告とその意味について議論を掘り下げる必要がある。どちらの概念も一緒に理解することによって，またそれらの結びつきを理解することによって，会計専門家にとっての概念と意味をいずれも批判的に分析する理解力ないし能力が高まる。要するに，戦略的管理会計と統合報告の意味を正しく理解するには，立ち止まって，とくにこうした話題が互いにどのようにフィットするかを検討することが実践的である。

4.1 統合報告の意味

IRとしばしば頭字語で短縮される統合報告は，財務報告の新たなフレームワークであり，また，企業の情報が財務と非財務に関心のある株主へといかに伝達するかに関わって進化したものでもある。10-Q[8]あるいは10-K[9]を参照すると，アメリカ市場で特徴づけられた伝統的財務報告は，限定的なエンドユーザ

訳注8 Form10-Qのことであり，株式公開企業が証券取引委員会（SEC）への提出を求められている四半期報告書のことである。

訳注9 Form10-Kのことであり，10-Qが四半期報告書であるのに対して，10-Kは年次報告書である。

一，とくに，株主と債権者のために計画され作成されてきたことがわかる。標準的な構成からなる標準的フォーマットで表されたこの報告書に盛り込まれる情報は，直近の四半期もしくは1年間で発生した事象に焦点があてられており，内容が豊富で，定量的で，かつ本質的に技術的である。報告書に盛り込まれた情報だけでなく報告のフレームワークも共に一貫性を持って関連づけられているので，エンドユーザーにとって役立つ。

第1の効果とは，財務諸表に盛り込まれた情報は前期と一貫性があり，また比較可能でもあるという点である。

第2の効果とは，業種や経営者の好みにかかわらず，同じ情報が集められ提示されていることである。すなわち，伝統的財務報告書の作成に関わる開示は，企業の財務業績を客観的に評価するエンドユーザーにとって役立つ。

第3の効果とは，伝達のルールとして，エンドユーザーは定期的に公表された情報を得ることである。この適時であることが経営意思決定プロセスにとって役立つ。

実際のところ，統合報告の概念を最も効果的に用いる方法は，現場で統合思考を構築し利用することである。規程によれば[10]，統合報告は，現在の事業業績と将来の機会をいかに結びつけるかについての情報が，広範囲で，かつ相互に関係した視点をもたらす。こうした見通しの効果は，経営者視点で企業を比較的はっきりと見ることであり，迅速かつ将来志向であれば，それだけ企業は新たな機会と挑戦に向けて能動的になる。ハーゲル（Hagel, 2014）が概略を明らかにしているが，会計担当者が統合思考の考えを構築できるステップは以下の通りである。

第1ステップは，企業に及ぼすトレンドの良い影響と悪い影響を明確に説明することである。第2ステップは，企業が直面しているいろいろな戦略の概念と現状に，財務データと業務データを確実に結びつけることである。第3ステップは，意思決定者が分析結果を理解できるように，報告と分析が一体的であることである。

訳注10　ここで規程とは，IIRCのフレームワークとSASBの会計基準を指すと考えられる。IIRCが公表したフレームワークは，以下からダウンロードできる。
《http://integratedreporting.org/resource/international-ir-framework/》(2017年7月29日閲覧)

とはいっても，経営専門家が最善の意思決定をできないために，今日の財務報告の構造には重要な次の3つの欠点がある。

第1に，財務報告書に盛り込まれた情報の歴史的という性質である。しばしば見積もりと判断だけでなく，監査人の意見と忠告に影響を受けるような財務情報の収集と報告は，時間がかかりすぎる仕事であり，データが収集されてから株主へ伝達されるまでのタイムラグは極めて大きい。たとえば，財務情報が最終の形で株主に発表されるまで，確実に3か月かかる。意思決定が迅速に行われなければならない事業環境の下では，財務情報の開示をいまのままで済ますことはできない。

第2に，伝統的な財務報告に盛り込まれた報告と情報を理解するには，ある程度の財務知識と素養が必要である。もちろんこのことは，財務に関心のある株主にとっては適切であり実務上問題はない。ところが，こうした要件はデータの有効性を制限し，また，そうしたデータの伝達をも制限してしまう。

第3に，伝統的財務報告には重要性のある新規事業分野に関連した情報が含まれない。業界もしくは企業にも依存するし，また投資家の関心分野はいろいろではあるが，コーポレート・ガバナンス，サステナビリティ，それにリスクマネジメントを戦略的計画に統合するといった領域は，どれも経営意思決定者にますます重要となっている。

統合報告が達成しようとしている目的は2つある。これらは各々が独立した成功要因である。

第1に，その概念の中心である統合報告に非財務情報を含めることで財務報告と伝達が進化したものとなり，また非財務情報をリアルタイムに提供することである。管理会計専門家はこうしたニーズを実現し，また経営意思決定プロセスを支援しなければならない。

第2に，企業が，業務環境の下で相互に関連し合い，また報告責任を負わされているので，安定的で建設的な関係になるように，いかにオープンなコミュニケーションをとるかである。コミュニケーションがまずくて一貫性がないと，各部門や企業の障害になってしまう。また，企業とそのステークホルダーとのコミュニケーションが不十分だと，同社に損害を与えてしまう。統合報告を社外で役立つように，またそうした特性に焦点を当てることは，市場向けに

外的に表わしたものでしかない。ところが，こうした報告フレームワークを作成し維持するとき，企業の情報システムへのニーズが高まることに責任がある会計担当者のなかで，相当の変革が起こらなければならない。

統合報告フレームワークに組み込まれた意味と可能性を最大限活用するには，会計専門家が財務報告志向として厳格なので，通常の業務としてその状況を処理していくことはできない。統合報告を徹底的に活用するとともに，その報告書の中にいろいろな見方をする会計専門家や財務専門家は，かなり広範囲で包括的な視点に立った財務報告という考え方で対処しなければならない。統合報告と戦略的管理会計との結びつきは，これらの概念を関係づけようとするところにはっきりと表れている。戦略的管理会計は概念フレームワークと似ており，また考えや行動計画をさらに展開するための基礎とも似ている。他方，統合報告の構造は，戦略的管理会計が拡張し展開する上でのツールである。要約すれば，戦略的管理会計は，企業内の戦略的管理会計の考えを実行するときの理論であるだけでなく，その概念自体をコミュニケートするのに役立つ定量的なフレームワークに必要な理論でもある。

4.2　ガイドライン

統合報告の情報をうまく作成し公表し続けるには，外部のユーザーに対して情報を生成し，公表し，これを継続するように，現在の内部資源を論理的に活用することである。管理会計担当者はすでに，伝統的な財務報告書に含まれた生情報の生成としてだけでなく，エンドユーザーに公表する最後のプレゼンとも関わっている。外部ユーザーに理解しやすくするためのテンプレートを作り，また，結果をベンチマークと比較する尺度を設定して定量的情報に精通すると，管理会計担当者は統合報告の構造を実行する上で内在する課題に対処する能力が養われる。さらに，CEOレベルでは極めてはっきりした証拠があるが，管理会計専門家は，ITの役割，すなわちシステム更新を支援する仕事がますます増える。ITシステムを開発，検査，改良する実務上の経験と実践によって，企業はどのように活動を行うべきかの洞察が得られる。

要するに，統合報告が実現しようとしていることは，管理会計機能が複数の階層からなり，また複数の経営者の指示に従うという理論を現実のものとする

ことである。財務機能は複数の役割を担っており，いろいろな方法で意思決定に影響を及ぼす。これはある意味では，企業の内部データを外部ユーザーに快く開示することでもある。財務機能を実現し効果を及ぼすには，一般的な業務環境に対処するだけでなく，IT と会計の統合を高度化することにも対処しなければならない（Hsihui, Ittner, Paz, 2014）。こうした関係性がもたらされると，とくに IT と会計の統合が高まると，専門家には重要な意味がある。

統合報告と戦略的管理会計のすべては，会計専門家が企業データの定量化を推進するだけでなく，こうした情報の理解力を高めることにも役立たなければならない。情報の理解力を高めるというテーマを拡張することは，専門家の中でも，戦略的管理会計を促進し拡張しようとする提唱者の中心的な意向である。財務と非財務の両方の報告に関心のあるステークホルダーに報告するとき，情報がエンドユーザーに理解できるように一貫したフォーマットで収集され提示されなければならない。統合報告フレームワークと関係づけながらも，ステークホルダーの多様なニーズに合わせて専門家の既存の強みを利用すると，管理会計担当者は専門家としての強みが強化できて市場志向となり，戦略的な役割へと移行できる。企業によっても異なるが，戦略的管理会計機能を実行するには，以下のガイドラインと原則に従わなければならない。

1．戦略，業務，報告書の関連性：現代の市場が求めるように情報の幅を広げて，適切な方法でステークホルダーなどエンドユーザーに公表しなければならない。
2．現場と支援部隊の情報連携：企業は膨大な量のデータを持っているが，この情報から経営上の洞察を解釈して，効率よく収集できるようにする必要がある。
3．統合報告の内容理解：ステークホルダーがサステナビリティやガバナンスの追加情報とアナリティクスを求めていき，統合報告はそのような領域を積極的に構築する機会を提供すべきである。
4．意味を持つ情報への焦点：経営にとってはどんな形式でも報告は必要であるが，コストがかかるといった見方だけをするべきではない。経営者がその情報から洞察して経営行動に活用できるような情報でなければならな

い。

5. **将来展望**：リスクマネジメント，サプライチェーン・マネジメント，顧客を含むステークホルダー・ニーズに配慮して，経営者が使用すべき将来への意思決定のロードマップが得られなければならい。

　多くの企業が直面している課題は，情報が企業の中にあるとはいえ，その情報を経営意思決定に利用する手続きが理想的とはいえない点にある。企業の業務活動から情報を収集するための手続き，報告書，テンプレートを構築することは，経営陣が最も注目すべき仕事である。定性的情報がなければ，戦術的にも戦略的にも計画をうまく実行することは，まずできない。管理会計専門家はしばしば，組織の職能別サイロ[11]に配置されているために，業務情報を財務情報に変換した経験がある。この変換経験こそが戦略的管理会計が中核になることの意味である。

　統合報告に関していえば，実際のところ戦略的管理会計の重要な点は，企業で生成された業務上の結果，データ，指標を入手して，これらの非財務情報を意思決定に利用する財務情報や定量的情報へと翻訳する会計専門家の能力である。ところで，戦略的管理会計の役割ないし真の価値は，他人が利用する情報を創造することにあるだけではなく，情報そのものの解釈と利用にもある。

4.3　統合報告：複数の資本モデル

　伝統的財務報告と統合報告モデルの違いは，報告フレームワークに複数の資本を取り入れたことにある。6つの資本とこの情報を含めた報告書の公表は学界でも実務界でも議論の的である。学者の既存の文献だけでなく，6つの資本，資本の意味，それに会計専門家によるこのような複数の資本モデルの利用方法など，実務家による研究と市場ベースの研究が増加している。実際のとこ

訳注11　サイロとは，もともと家畜の飼料などの貯蔵庫である。その形状から，ビジネスではセクショナリズムを示す用語として使われている。テット（Tett, Gillian 2015）は，著書 *THE SILO EFECT The Peril of Expertise and the Promise of Breaking Down Barriers*（土方奈美訳（2016）『サイロ・エフェクト　高度専門化社会の罠』文藝春秋）のなかで，細分化され，専門化されて，物理的にも心理的にも他から隔絶されたシステムや部署など，またはそのような状態のことをサイロといっている。

ろ規程では，こうしたモデルによって提案された資料には定量的データだけでなく定性的情報も含まれている。

　複数の資本モデルが戦略的管理会計の概念と結びつくので，その複数の資本モデルとどのように関わらせるかは重要である。現実の状況を見ると，企業は財務基準で業績をいかに達成するかだけでなく，むしろ業績がどの程度持続可能で包括的であるかによって判断されることが多くなっている。複数の資本モデルを使うと，企業は，情報を受け取る個人と企業にとって論理的で一貫性があり，また意味のある形で，この広範囲の情報をステークホルダーとコミュニケートできるようになる。したがって，こうした複数の資本モデルを導入し維持するのは，そこに効果を求める管理会計専門家の責任である。統合報告とそれを支援する複数の資本モデルを作成し維持するには，管理会計専門家が実行責任者となって質問に正確な答えを求めることである。

　こうした特徴に対して，正しいやり方などないと疑問を呈する人がいる。こうした疑問があるので，会計専門家は，複数の資本モデルと統合報告書の実施フェーズで課題と機会を効果的に対処するために，伝統的にはなかった方法で創造的に思考しなければならない。企業および企業の意思決定プロセスで戦略的役割を達成するには，論理的には，管理会計担当者が戦略思考を取り入れる必要がある。したがって，企業の日々の業務の中で，ビジネス・センスを磨くように戦略思考という現実の難しさを考えることも重要である。統合報告書に組み込まれた複数の資本モデルによって，管理会計担当者はある意味で論理的センスを磨いて，戦略的に思考するようになる。

5　戦略的管理会計と統合報告の進化

　いろいろ考えてみると，会計職能がもたらす真の企業価値とは，会計職能が企業全体と関わって作成し，適切なステークホルダーに公表することができるその情報次第である。企業価値という市場の課題を問題視することで，統合報告と戦略的管理会計との重要な結びつきが具体化し始める。すなわち，一方は管理会計担当者の能力と専門知識という伝統的な情報源泉が，経営者と外部ユ

ーザーに財務情報を定量化して報告することに結びついている。それと同時に，会計担当者が作成し報告した財務情報の質を落とすことなく，管理会計担当者もまた，いろいろな状況で考慮し，討議し，行動できなければならない。焦点も方向も見誤ることなく，あるいは質を落とすことなくこの仕事を達成することは，それほど簡単な仕事ではない。統合報告のどの特性が戦略的管理会計としての影響力なのか，また潜在力を拡大できるのかを深く考えてみる必要がある。

5.1 複数の資本モデルの利用

すでに検討してきたように，統合報告書に含まれる6つの資本とは財務資本，製造資本，社会・関係資本，知的資本，自然資本，人的資本である。戦略的管理会計の基本的な課題は，管理会計担当者がより能動的で戦略的な会計機能を創造し維持する上で，この複数の資本モデルをどのように利用すべきかである。その解答は，それぞれの資本の概念と結びついている。つまり，管理会計担当者がこれらの資本との関係で自社のビジネスの潜在的なリスクと機会をいかに定量化できるかである。財務と非財務に関心のあるステークホルダーがこれらを厳しくチェックしているので，経営陣はマルチステークホルダーの下で次々と生じるいろいろな状況に対処する情報を手元に持っておく必要がある。費用対効果の尺度で考えてみると，企業のデータを検証し，明確にし，分析し，報告を支援するのに社内の会計部門を使えれば，同社に真の ROI を生むことができる。

ここで，資本という用語を経営者たちがどのように用いているかを検討しておくことが適切であろう。伝統的に，資本は企業が業務を継続した結果として生み出され，また残された財務資源と認識されるし，単純にはそう考えられている。よく考えてみれば，これはステークホルダー環境の下では不完全な資本の見方である。より包括的な視点で考えると，資本は事業環境を反映したものであり，企業が目的を達成するにあたって利用可能な資源を表している。いろいろなタイプの情報を順位づけたり，定量化したり，報告することの意義は，ある企業実体にとって資本はどのような意味があるかということを，精緻な解釈に照らしてみて明確化することである。

統合報告の中でも最も定性的な人的資本や社会・関係資本の概念から検討を始めることは不思議だと思われよう。ところが，経営意思決定にとってこれらの人的資本や社会・関係資本はコーポレート・ガバナンスの課題に応えるものであり目的適合性がある。アクティビスト・キャンペーン[12]や株主主導の変革要請を受けて多くの企業の先頭に立つことで，コーポレート・ガバナンスに対応すると，その企業が内部と外部のステークホルダーとどのように影響し合うかを考えるようになる。アクティビスト・キャンペーンを支持する主張は，しばしばビジネスのセグメントすべてが，ある意味で株主の利益を最大化しない活動であるという事実に焦点を当てている。実際のところ，学者にも実務家にもステークホルダー志向の報告とマネジメントのモデルに対する認識は高まっているが，多くの経営意思決定者を納得させるにはいまなお課題が残されている。指標とベンチマークを設定すると，強力なのに簡単に採用できるモデルが提案でき，またその論拠づくりにも役立つ。幸いなことに，戦略的会計モデルを構築しようとする管理会計担当者を支援できるものとして，市場にはトレンドがあり，ベンチマーキングとしての企業や商品がある。

5.2 定量的情報と定性的情報

経営意思決定は，そのほとんどが定量的データ，統計情報，それに検証し証明できる統計学によって決まるといったように，合理的な記述が行われるが，定性的データの重要性を忘れてはいけない。定性的情報，もっと広く言えば，企業が生み出したデータを理解し議論し，説明する経営者の能力が重要である。財務情報の報告書を公表するだけでは十分ではない。経営意思決定に役立つようにデータを伴って説明し，ストーリー性のある説明をしなければならない。このストーリー性のあるナラティブ[13]という概念，つまり説明が必要でありそれを支援するストーリー構造が必要である。とりわけ，ガバナンス，サステナビリティ，それにリスクマネジメントを計画設定プロセスに統合するといっ

訳注12 アクティビスト・キャンペーンとは，アクティビストが，株式を大量に保有して取締役会の多数を占めることで，経営陣に対して，事業部門の売却や自社株買いなどを実行させて，株価の上昇を狙ったりする活動のことである。
訳注13 ナラティブとは，戦略についてストーリー性をもって解説することである。

た新分野でより一層重要になる。指標を設定することはもちろん,何を測定すべきかを決めることも,管理会計担当者が企業に価値を付加できる重要な領域である。ところが,このような情報を定量化する指標を設定するために,管理会計担当者だけでなく,その他の意思決定者もこうした情報を収集する狙いがある。主要業績指標（KPI）[14]を設定するための第1ステップは,重要業績検討事項（KPQs）を設定し,検証して,次に,企業がデータを収集,分析,報告することである。

　KPQsとしてどのような質問をするか,また,情報ニーズを標準的な指標やツールといかに結びつけるかを理解するには,戦略思考すなわち戦略的ヘッドセット（strategic headset）[15]が必要になる。戦略的ヘッドセットの意味と目的は,実際のところもともと定性的であり,比較的明確である。企業の将来を最もよく導くために,主要な意思決定者はその企業の戦略的計画あるいは方向づけを持たなければならない。何度も反復しながら戦略的計画を立案し実行することが本来の定性的ということである。すなわち,この反復プロセスを行うには,企業を全体的に考察し,戦略のポジションや見方をはっきりさせる能力が必要である。したがって,戦略のポジションを考察し明瞭にするだけでなく,戦略志向と戦略的計画には定量的情報が役立つ。ところが,この情報をどのように把握できるかは,KPQsという質問を正確に行うことと,そうした特定の質問をどのように形成しようとするかに依存する。戦略的ヘッドセットそのものの本質を取り込むには,経営意思決定に影響を及ぼすかどうかにかかわらず,会計専門家は思考と考察の範囲を広げて,伝統的な会計思考や財務思考以外の要因に意識を向けなければならない。

　定性的情報と定量的情報の必要な部分を互いに結びつけることは,企業の意思決定,とりわけ競争志向の会計機能を構築するには重要であり,こうすることでグローバル化した競争環境の下で価値をもたらす。統合報告の思考と意味を点と点でつなぎ合わせるために,コーヘン,ホルダーウェブ,サモラ（Cohen,

---

訳注14　KPIを設定するには,CSF（重要成功要因）を設定しておく必要がある。そのCSFに対してKPQsを行い,達成度を測定するためにKPIという尺度を設定する。

訳注15　strategic headsetとは,戦略についてステークホルダーに公表するだけでなく,戦略のためにステークホルダーから情報を受け取ることができるツールのことである。本書では,戦略的ヘッドセットと訳出した。

Holder-Webb, and Zamora, 2015）は，統合報告の本質である極めて包括的なフレームワークの中に非財務情報を取り入れて，既存研究の発見事項を拡張した。非財務情報を検討した節は CSR 関連のデータについてであるが，その研究成果は非財務データ全体に適用できる。

　基礎となる定量的データとそれを取り巻くストーリー性のある説明や定性的情報を関連づけると，戦略思考と戦略的計画の基礎が形成される。ステークホルダーに公表する情報にサステナビリティ，コーポレート・ガバナンス，リスクマネジメントを含めて統合報告として開示すると，会計専門家には，統合報告が定量と定性を互いに結びつけるツールとなる。これらの定量と定性の概念を互いに結びつけると，戦略志向の会計専門家が企業と競争環境を見るレンズ，すなわち戦略的ヘッドセットを形作ることになる。統合報告は，会計専門家が経営陣全体の課題となっている企業のいろいろな問題に対して，戦略思考と戦略的アイディアを提供できる 1 つの手段になる。

5.3　統合報告と戦略的ヘッドセット

　事業環境が変化しており，企業へのニーズも高まり，そしてまた戦略的意思決定者とビジネス・パートナーも変化しており，これに従って会計専門家も移行しなければならない。このような状況の下で，統合報告の概念を，戦略的管理会計を支援する戦略的ヘッドセットと結びつけることは重要である。事実，戦略思考が求められるのは，経営者が企業の将来の戦略に影響を及ぼし具体化するのに役立つ情報の範囲，可能性，思考領域を統合するときである。偶然の一致というわけではないが，市場の要因によって，伝統的には存在しなかった報告の仕方がここ数十年間ずっと話題になってきている。近年，そのような報告の方法論についての議論が増えており，また導入も急速に増加している。

　統合報告書を作成するには，企業がどのように情報を加工し，収集し，分析するかについて徹底的な見直しが求められる。外部報告の基礎として財務情報から始めることになるが，統合報告との違いは，その情報を継続して分析し発表しなければならないという点である。言い換えれば，ステークホルダーと内部意思決定者のニーズを最もよく支援するために，企業が行ってすぐに財務結果を伝達できなければならない。経営意思決定者のニーズだけでなく，外部ユ

ーザーが情報に基づく意思決定を求めるとき戦略的に思考させることは，管理会計専門家にとって1つのチャンスである。IT担当者や財務担当者と一緒に仕事をする管理会計専門家は，報告書作成，システムの機能性，それに短期間でこうした情報を入手するためのテンプレートの作成にあたって，リーダーシップを執らなければならない。これらのシステムを構築し検証するとき，会計専門家にはいくつかのメリットがある。

　第1に，情報が企業のあちらこちらでいかに生み出され収集されるかについて実践的な経験を得られるので，管理会計担当者は事業業績に関わる洞察力が得られる。

　第2に，おそらく戦略的管理会計の分析目的にとって重要な点であるが，こうした分野でリーダーシップをとる職位に会計専門家を任命することである。

　一般に統合報告と会計への戦略的アプローチを結びつけるために，チェン他 (Cheng et al., 2014) は，将来の研究としてとくに適用可能と思われる領域を次の2つにまとめた。

　第1は，統合報告に組み込まれた複数の資本モデルとその概念が，将来の実務家にとって深い意味をもって研究する機会になる点である。企業業績を測定し，評価し，報告するために指標，報告書，KPIを作成するので，会計担当者は包括的なフレームワークと視点で作成された企業業績を志向するとともに，そうした業績に焦点を当てる必要がある。

　第2は，今日すでに実現している部分でもあるが，統合報告書を利用すると，企業は，会計担当者と財務担当者が企業業績と組織業績に長期的視点を取り込もうとする，という事実にある。

　戦略的な意味で企業に価値を付加するには，創造性とイノベーション思考で管理会計機能を促進する必要がある。顧客にも経営者にも，既存の問題に新たな解決策を求めるニーズがある。統合報告それ自体は，数十年間実施されてきたものを単に繰り返した結果でしかなく，究極的な解決策とはならない。現在のグローバルなビジネス市場でこうした要求への解決手段とは，よく知られたように大局観で考え，企業の将来に影響を及ぼす要因を理解し，そしてこうした領域に焦点を当てて掘り下げることである。ビジネスリーダーが自ら立ち向かう透明性とデジタル化の時代に，企業はリスクマネジメント，ガバナンス，

サステナビリティ・イニシアティブに関連する問題として，これまで存在しなかった情報を収集し，明確にし，定量化できなければならない。

チェン他（Cheng et al., 2014）の分析結果を加えると，とくに，会計を戦略的計画と意思決定プロセスに一層統合する機会が訪れると思われる領域がある。この領域が統合報告を保証し証明してくれる。統合報告フレームワークに含まれる非財務情報などの情報は，明確に，ステークホルダー・グループに報告され公表される新たなデータ領域である。保証内容を設定し基準化して，その基準を監査することは会計専門家の中心的な専門能力である。ところが，非財務情報という新たな領域に現在の強みを拡張する必要がある。当該企業の価値創造に加えて，意思決定する経営者をも支援する。こうした進展は研究上の価値もあり，また，伝統的には扱われなかった情報が市場で受け入れられて妥当性が増すことにもなる。

さらに，いわゆる財務データという伝統的に作成され公表されてきた情報は，ステークホルダーの要求に応えてかなりのスピードで伝達していかなければならない。統合報告，戦略思考，それに戦略的ヘッドセットを相互に関連づけることで，いずれも等しく重要であることを映し出す。ビジネスはグローバルな世界の課題に対処するために弾力的で適応的でなければならない。ところが，今日まで統合報告がトップレベルで分析されてきた。このデータが企業にどのような影響を及ぼすのか，また，管理会計機能が戦略的に実行した結果として企業にどれだけ価値を付加できるのかを理解するには，確かな領域を深く掘り下げる必要がある。

付録1　企業報告書の3つの比較

　財務報告書（アニュアルレポート），サステナビリティレポート，それに統合報告書を比較検討した研究がある。この研究としてFasan［2013］の研究成果を紹介する。Fasan［2013］は，報告対象，強制／任意，規制／ガイドライン，比較可能性，業種別カスタム化，保障レベル，視点の7つを比較検討している。

図表付-1　3つの企業報告書の比較

報告書 項目	財務報告書	サステナビリティ レポート	統合報告書
報告対象	特定のステークホルダー（株主と投資家）	多様なステークホルダー（社会・環境の視点）	主として財務提供者
強制／任意	強制	任意（例外はデンマークとスウェーデン，フランス）	任意（例外は南アフリカ）
規制／ ガイドライン	国内・国際法およびGAAP（あるいはIAS/IFRS）	グローバル・レポーティング・イニシアティブ（GRI）	IIRCフレームワーク
比較可能性	高い	中	低い
業種別カスタム化	低い	中（業種補足資料）	低い
保障レベル	高い	低い	低い
視　　点	財務報告実体（企業と企業グループ）	財務報告実体よりは広い（サプライチェーン，LCAアプローチ）	財務報告実体よりは広い（サプライチェーン，LCAアプローチ）

出典：Fasan［2013］, p.50.

　主要な違いは，報告対象と強制か任意か，比較可能性などに見ることができる。財務報告書は，株主や投資家への情報開示であり，比較可能性が高いため

保証レベルも高い。サステナビリティレポートは，ステークホルダーとの対話を目指している。任意の報告であり，準拠する必要はあるが，比較可能性はそれほど高くない。統合報告書は，主として投資家への報告書であるが，ステークホルダーとの対話を志向した任意の報告書である。財務報告書のような比較可能性は求められず，報告書の保証レベルは低くならざるを得ない。

《参考文献》

Fasan, M. [2013] Annual Reports, Sustainability Reports and Integrated Reports: Trends in Corporate Disclosure, in Ratti, S. [2013] *Integrated Reporting: Concepts and Cases that Redefine Corporate Accountability*, Splrnger International.

第2章

コーポレート・ガバナンスとサステナビリティ

1 コーポレート・ガバナンス

　コーポレート・ガバナンスは，本質的には，どのように企業が内外のステークホルダーと相互に対話するかを意味する。企業が外部のステークホルダーと相互に対話する方法に加えて，取締役会レベルでのコーポレート・ガバナンスには，企業実体が行う戦略思考および計画設定プロセスも含まれる。CEOおよびCFOの役職者を含む執行役を選任する取締役会は，株主に対して最終的に説明責任（accountability）を負う。この意味で捉えると，コーポレート・ガバナンスは，取締役会の単なる行動および対話より複雑で多面的である。係る行動は，企業，株主およびその他のステークホルダーの間に存在する関係性と結合性を反映したものである。金融危機後の世界では，企業は，とくに伝統的な財務ランキングおよび財務情報をはるかに超えて拡大している債務に直面しているため，コーポレート・ガバナンスの重要性は高まり続けている。コーポレート・ガバナンスとコーポレート・ガバナンスに関連する影響は，市場行動と実務家ベースの研究の両面で，そして学術文献および学術研究においても同様に支持されていることから，今後ますます重要になる。
　サステナビリティとコーポレート・ガバナンスを企業の見地から考察してみると，大学での研究や議論でこれらの2つの異なる領域がどのように関連性があるかを理解することは比較的簡単である。企業内の高い階層では，サステナビリティ・イニシアティブは，リーダーシップと同様に第一線の従業員の努力とアイディアの両方からの支援を必要としている。コーポレート・ガバナンス

とガバナンス・イニシアティブは，サステナビリティ・イニシアティブを支援し推進するのに役立つフレームワークとは別の経営体制を確立するのに比較的，透明性の高い方法のように思われる。シャーマとカンナ（Sharma and Khanna, 2014）が主張するように，コーポレート・ガバナンスとサステナビリティの間で最も直接的な因果関係の1つは，サステナビリティに権限のある取締役の指名，あるいは環境に優しい方針と手続きに焦点を当てた小委員会の創設である。しかしながら，執行時間を最適に配分するためには，取締役会と執行役は，関連するサステナビリティとガバナンスにもっと関心を持たなければならない。堅実な意思決定を行うためのこの前提条件は，戦略思考を持った会計担当者にとっては，またとない機会をつかむことになる。

　ガバナンス，透明性および開示に関連する中心テーマには，業界や地域の違いに関係なく，比較的に一貫性がある一方で，戦略的ヘッドセットに統合しなければならない点については，業界や地域で重要な相違が存在する。

　第1に，分析される業種の種類に応じて，コーポレート・ガバナンスに関連する規範と開示が通常どのくらい存在するかが変動していることもある。

　第2に，世界の各地域では，米国と英国で存在するものとは異なるガバナンスの枠組みを持ち，その枠組みは頻繁に議論されている。例えば，西ヨーロッパの多国籍企業は，通常，企業の大部分を占める従業員組合および政府機関（場合によっては地方政府を含む）に対して取締役会レベルの役職を与えている。取締役会レベルに従業員を含めるのと同様に，政府がリーダーシップに関わること，および戦略的意思決定プロセスにこれらの構成員を含めることは，戦略的意思決定プロセスに統合されなければならない戦略的計画に一定の影響を及ぼす。これによって，相互関連性が強まり，ステークホルダー志向になるため，市場感度があまり良くない経営陣が経営体制を占めるようになり，米国や英国とは違った意思決定を導く場合もある。しかし，米国のようなガバナンス体制を持った経営管理よりも，市場の混乱期間でも企業を持続させることができるための長期的な思考を導く場合もある。

　中国，韓国およびインドで顕著である新興市場では，王朝的なガバナンスおよび上位の経営体制でもって経営管理を行っている傾向がある。通常，個人一人およびその直属の家族によって設立され運営されている1970年代から1980

年代にヨーロッパ市場で好まれていたコングロマリット体制は，新興市場および中日影響圏にある市場で繁栄し続けている。韓国においては財閥，または日本においては系列（keiretsu）[16]というレッテルを貼られているか，あるいはとくに何のレッテルがなくても，その概念は同じである。幅広い種類の事業を行う比較的に規模の大きな企業は，仕入先および金融機関と強い利害関係で結ばれている。言い換えれば，相互関連性のある企業実体それ自体の中で，仕入先および金融機関は大きな割合を有しており，この企業実体はガバナンスに関して挑戦すべき課題を有している。このような体制の所有権，管理およびガバナンスの影響の特殊性を深く掘り下げて，抽出する試みは困難であるかもしれないが，こうした試みを積極的に行うことの重要性と必要性は高まるばかりである。

　世界で最も流動性が高く取引量の多い米国の市場は，ニュースの見出しおよびアクティビストの見方によると，コーポレート・ガバナンスに最も重点を置いた市場でもある。企業とステークホルダーの間で相互に対話することに焦点を当てることに加えて，情報とデータに関する内部のコミュニケーションは，戦略とコーポレート・ガバナンスを融合するにも重要である。とくにこの傾向は米国では顕著であり，他の市場でも，アクティビストの増加に伴い，頻繁に起こり始めている。事実，新しい研究および実践の分野は，コーポレート・ガバナンスとサステナビリティとの関連性，ならびにサステナビリティに結びつくガバナンス・イニシアティブと結果としてのサステナビリティ開示との関連性に結びつけている（Peters and Romi, 2015）。アクティビストは，実質上，上場企業の大部分を保有し，その企業の代表権を持つ取締役会の役職者を支持して，経営の変革を促す。伝統的かつ最も知られたアクティビストとスポンサーによる経営の変革は，現在の配当の増加や株式の買戻しなどの財務志向の行動に焦点を当てたものである。一方で，アクティビストがそれらの変革を実行に移すために経営陣を支持することができるその他の分野が存在する。相当数の変更，アクティビストおよびコーポレート・ガバナンスの関連性は，管理会計の専門家に機会を提供する。パートナー組織の企業において，問題となってい

訳注16　本文では，kaizen になっているが，文意を考えて keiretsu として翻訳した。

る企業に存在するガバナンス体制に最善に取り組むためには，また，アクティビストなどの株主主導のキャンペーンに上手に取り組むためには，企業はガバナンス情報を改善する必要がある。より戦略志向の会計部門は，そうした株主に改善されたガバナンス情報を与えることができる。

1.1 統合報告とコーポレート・ガバナンス

戦略志向の管理会計部門は，企業価値を創造すべく，会計担当者の集計，分析および報告の範囲を拡大することを要求する。ヤフーが抱え続けていたフラストレーションおよびフォルクスワーゲンの経営の失敗によって証明されたように，コーポレート・ガバナンスの諸問題は，違った方法で，またライフサイクルのさまざまな時点で，広範囲の業種にまたがる企業に影響を及ぼすことは明らかである。ガバナンスの諸問題および関心事についての改善を追跡して報告することは，管理上の失敗あるいは経営上の失敗に関連する根本的な諸問題をそれ自体で解決するわけではない。しかし，ガバナンスの諸問題に関して透明性が高まり議論が増すことで，これらの諸問題を是正する試みに必要な方策を打ち出すのに役立つことができる。

コーポレート・ガバナンスのランク付けと脆弱なガバナンスが財務上どう波及するのかを定量化することの両方にとくに焦点を当てているガバナンス・メトリクス・インターナショナル（GMI, Morgan Stanley Capital International: MSCIの1部門）のような分析企業の影響力と権力が高まることによって，学術的議論から市場で動機づけられた実態のあるものへの移行が加速している。企業と当該状況はそれぞれに特徴を持つが，管理会計担当者は，分析されたガバナンスの透明性，上述の情報の使いやすさと一貫性，およびこの情報の経営意思決定への利用可能性の改善に役立たせるために，いくつかの汎用性のある技術やアイディアを利用することができる。

財務報告と同様に，新しいプロジェクトないし実施項目を分析するには，一貫して効果的な報告データに枠組みと構造が必要であり，提示されたデータの有効性を最大化するために，サステナビリティにも同様のアプローチと正確性が適用されなければならない。多様な資本と定性的情報を利用することにより，統合報告は，ガバナンス情報を明確に管理会計担当者が説明するための効

果的なプラットフォームとなる。会計部門によって加えられた中心的な価値に結びつけ直すことは，集計データを財務情報に変換することであり，会計専門家はガバナンス報告をさらに良くするための統合的な役割を果たすことができるし，またそうすべきである。

　戦略志向の管理会計の専門家は，コーポレート・ガバナンスに2つの角度からアプローチし，その2つの角度から収斂する必要がある。会計専門家は，個々の企業に関連するポジティブとネガティブの両方のガバナンスの意味での主要なドライバーを理解しておかなければならない。先行のガバナンス研究は，ガバナンスの仕組みは，業務方針の代わりとして，業務上の実施項目と一体化した時に，より大きな成果が得られるということを示している（Misangyi and Acharya, 2014）。換言すれば，企業で働いている人々は，何らかの改善をみるためには，企業がどんな正しい行動をしているのか，そして，企業がどこに位置すべきなのかを識別し，認識することができなければならない。これは，問いかけるための適切な質問を決定するための重要な第一歩である。この段階では，管理会計専門家がコーポレート・ガバナンスに関連するため，開示，定量化および報告を改善するための継続的な試みにおいて，管理会計専門家を徐々に支援していく。統合報告フレームワークを採用するには，意思決定プロセスでガバナンスの強化を支援するための方針と手続きを含める必要がある。

　サステナビリティを生み出し，そして報告した情報は，経営管理者の利用のために独占的ではないことに留意しておかねければならない。外部パートナー，ステークホルダーおよび投資家も，そのような情報のエンドユーザーである。企業が広範囲のステークホルダーによって調査され続けるということは，サステナビリティ情報の目的適合性の高まりと同様に，その情報がより広範囲な戦略的意思決定に対していかに影響が高まり続けているのかということである。チェン他（Cheng et al., 2015）によるサステナビリティ・データの重要性を意思決定に結びつけた分析は，データから1つ特別な論点を導き出した。それはサステナビリティ志向の報告で恩恵を被ろうとする会計専門家にとって，とても重要であった。簡単に言えば，実施された研究によって認められたものとして，サステナビリティ・データおよび報告に関連する保証基準は，情報の

確認価値を高めていることがある。繰り返して述べれば、保証と報告は会計部門にとって伝統的に強い領域である。それは要するに、新興領域に既存の知識を適用するという手法である。

統合報告の可能性を要約してみると、会計専門家と企業全体の両方に関連するガバナンスの諸問題に焦点を当てる必要があるほど、経営管理への影響が大きいことを理解しておかなければならないことがわかる。アクティビストなどの株主主導のキャンペーンによって経営慣行を変更することは、単純なニュースの見出しよりもはるかに多くの意味がある。アクティビスト・キャンペーンに従っている企業とその企業に雇用されている会計専門家にとって、その影響は非常に有害なものとなる。

第1に、戦略的計画および受託責任ないし企業資源の受託者義務から経営の注意と焦点が逸らされてしまう。

第2に、アクティビストが発した批判にばかり焦点を当てていると、従業員のモラル喪失と株価への悪影響が原因で、当該企業に対するメディアの関心が高まる。

第3に、アクティビストから提示された情報に適時に正当な反論ができない場合、その企業は、いろいろな意図や目的を持ったアクティビストの要求に応えることを強いられる。

企業がこれらのようなキャンペーンに耐え、推奨される変更のいくつかを実施すれば、今後数年間で業績が改善されることを示すいくつかの証拠はあるが、常に成果があるわけではない。

1.2 ガバナンスによって得られる付加価値

戦略志向の管理会計部門は、2つの方法でコーポレート・ガバナンスに関連しているため、当該企業に直接的に価値を与えることができる。おそらく最も明白な方法は、コーポレート・ガバナンスの定量化を支援するために、指標（metrics）とランキングを作成する際に、企業の経営陣を支援することである。ガバナンスを測定し評価するための指標をランキング化することは、個々の企業においても、また同業他社とどのように比較するかということを示すためにも、財務業績を追跡するための方法として広く利用されている。既存の方

法でガバナンス評価に財務業績を反映させることは，二重の便益をもたらす。

　第1に，データの潜在的エンドユーザーにまで精通した用語および枠組みを使用して，コーポレート・ガバナンスの論点についてランク付けを行ってから，定量化および報告のために新しい実施項目あるいは提案を提示することは，当該情報を選択および使用する可能性を高める。

　第2に，企業に対する関心の高まりに対応するための研究とその適用に積極的に関与することによって，会計部門が実際に伝統的な会計および財務部門の枠を超えて考えることができる。会計および財務の専門家は，主に，企業の中での情報の流れを管理する役割を担っており，また，事実上すでに業務全般に関与している。競争上の課題，コンプライアンス関連の負担，および業種全体に関わる脅威に直面している企業は，競争に勝ち抜くために，企業内外へ情報を要約して効果的に伝達できなければならない。企業内の会計専門家は，ITサービス，企業の財務計画およびその分析をよく利用するばかりでなく，経営陣とも密接に協力して，株主に適切な情報を提供しなければならない。専門家の中に植え付けられている既存の強みの上に情報を構築することで，とくに情報を定量化し，報告するテンプレートと概念を開発し，他の内部の部門と連携することで，先を見通すことができる戦略的な会計部門がその企業に付加価値をもたらすことができる。

　コーポレート・ガバナンスと指標を通じて価値を付加することは，現在の事業環境における単なる学術的な議論に留まらない。ヤフーやフォルクスワーゲンだけではなく，その他の事例でも，コーポレート・ガバナンスの会計および実施項目に関連する失敗は，企業の業績に重大な財務的影響を及ぼす可能性があることを証明している。多様化しつつあるステークホルダー・グループを基盤とする経営者による監視が高まることによって，ガバナンスが進化して，この変化する市場に対してガバナンス報告書が適合することの必要性が高まってきた（Tihanyi, Graffin, and George, 2015）。コーポレート・ガバナンスの財務的影響に加えて，より戦略志向の管理会計部門が関与することが不可欠である。会計専門家および企業の大部分は，戦略的ヘッドセットと絡めて考えると，グローバル化した事業の状況において経営意思決定者に立ちはだかる多面的な事業環境を受け入れ，認識していかなければならない。コーポレート・ガバナン

スおよび経営意思決定プロセスに直接影響を及ぼすのは、経営意思決定の基礎を形成する定量的な情報である。管理会計の専門家は、財務および経営意思決定に対してコーポレート・ガバナンス情報の重要性が増大する状況の変化を利用して、より有利な立場に立つことができる。

アクティビストが財務および企業の意思決定に与える影響力とインパクトに具体的かつ最も直接的に関連しているのは、経営スラックの概念である。ゴーラン他（Golan et al., 2015）が定義したように、経営スラックとは、企業の経営陣が比較的少ない努力しか払わないのに私的便益を享受することである。現在の経営陣と経営戦略は、企業の業績全体に対する経営陣の報酬を支持することで示すことができ、多少違った意味合いではあっても、それは、経営陣に対するアクティビストの批判と類似性が認められる。簡単に言えば、ガバナンスの指標、報告あるいは定量化を改善して管理上の選択肢を向上させることができて初めて、どのように会計がガバナンス・プロセスに価値を付加できるかの基礎が形成されるという考え方である。経営スラックについていえば、まさに経営スラックの潜在的な結果がアクティビスト・キャンペーンである。これによって、戦略志向の会計部門が部分的に市場ニーズに適合させるかもしれない。ガバナンス情報を公に利用可能にして、このデータを株主およびその他のステークホルダーに公表することは、潜在的な利益相反を緩和するのに役立つかもしれない。アクティビストの申し入れを防ぐには、可能な限り経営陣がその申し入れを評価する時間を取らなければならないという見解がある。

会計スキルと既存の属性をITサービスと統合すると、市場の力と学術研究を組み合わせた論理的な拡張を簡単に行うことができる。先に説明したように、企業がコーポレート・ガバナンスの問題にどのように反応するかは、財務および企業の業績の観点からも重要な問題である。コーポレート・ガバナンスに関連づけて報告書と指標を構築することは、コーポレート・ガバナンスと財務上の実施項目を結合させるので、戦略的管理会計担当者の成長に不可欠である。戦略志向の管理会計部門は、本質的に企業の業績、会計スキルおよび情報の改善に関心がある。経営陣の意思決定プロセスと関心事、およびコーポレート・ガバナンスに管理会計の専門家が組み込まれていれば、企業が直面するコーポレート・ガバナンスに関連した諸問題に既存のスキルや能力を適用するこ

とができる。具体的には，会計専門家が市場に持ち込むことができるスキルを掘り下げると，会計専門家の中心的な能力である指標化と定量化が可能な情報を構築することができる。これらの基盤および既存のスキルを構築することは，会計知識と財務知識の比較的単純で論理的な応用である。企業内の個人には，こうした機会によって生み出される好機を活用する課題が残されている。

　価値創造，すなわち日常の業務および手続きを通じて企業の価値を高めることは，ますますグローバル化する事業環境の中で事業のあらゆる側面に不可欠であり，必要とされている。興味深いことに，ハワスとツエ（Hawas and Tse,2016）の調査によれば，コーポレート・ガバナンスの実践，投資判断および財務業績の間には関連性があるという。ガバナンスの問題が株主やステークホルダーの関心を集めており，新たに重要となったこの関係は，今後も研究するに価値がある分野である。事業体および企業は，異なる事業環境で事業を展開するパートナー企業との合弁事業およびパートナーシップに継続的に従事しているため，ガバナンスが業務にどのように影響を及ぼすかを理解することは，管理会計の重要な役割である。こうした企業業績に対する理解や全体的な見方をすることは，コーポレート・ガバナンスの諸問題だけでなく，サステナビリティや組織上の諸問題を統合する場合にも利用できる。

1.3　戦略的管理会計とサステナビリティ

　サステナビリティは，鉱業と同様に，IT，小売業およびサービス志向の専門職にとっても重要性が増している問題である。サステナビリティの諸問題および懸念は，とくに，環境のコンプライアンスおよび報告の問題に関わるため，二酸化炭素の排出量，ウォーター・スチュワードシップ[17]および報告に関わるかどうか，またはそのような排出量およびその他の環境問題が，財務的な結果にいかに置き換えられるかの問題があろうとなかろうと，企業および財務業績に決定的な影響を与える可能性がある。それぞれの業種で企業が実施しているサステナビリティと環境志向の実施項目は，環境実施項目に関連する厳格な調査

訳注17　ウォーター・スチュワードシップとは，水の利用者として，効率的な利用だけでなく，水域や水収支（ある地域で一定期間に流入する量と流出する量の収支。蒸発散する水や地下水も含む），水質等に関連する水の状況とリスクを共有し，適切に配慮していくことを指す。

を受けている。サステナビリティと環境コンプライアンスの財務的な影響にとくに焦点を当てたサステナビリティ活動のさらなる調査は，専門家だけでなく管理会計担当者にも企業価値を提供する機会となっている。

　事業環境だけではなく，企業や事業の意思決定者が必要とする情報も変化している状況下で，会計と財務の専門家に求められていることは，既存のスキルを用いて報告のフレームワークと指標を構築することである。伝統的な報告情報に加えて，キャッシュフローの意味およびサステナビリティ志向の指標を統合することは，会計専門家にとってますます重要になっている（Irwin, 2015）。サステナビリティおよび環境に配慮した実施項目は，企業にとってますます重要になっている。企業が，天然資源や CO_2 などの排出要件といった全体的な影響に，とくに関連しているかどうかにかかわらず，メッセージも要件も同じである。事業は，本質的には，サステナビリティの実施項目が事業の経営管理や意思決定と統合的であることを認識しなければならない。環境，財務および社会を取り入れたトリプルボトムライン[18]の報告により，報告要件が変化しつつある（James, 2013）。サステナビリティの実施項目に論争や討論がないわけではなく，こうした論争や討論がより高いレベルでの規準や指標の構築と直接結びつく機会を提供する。

　事業上の合法性および一貫性を確立するために，会計と財務の専門家は，定量化するだけでなく，情報の意味を説明し，理屈付けをすることもできなければならない。NGO，環境団体などのステークホルダーの圧力が増したことで，サステナビリティ報告書を採用した企業数が増えている（Lynch et al., 2014）。一定のサステナビリティ報告を行っているアメリカの大企業は80％を超えており，市場では明らかにサステナビリティの報告および情報は増加の方向に向かっている。追加情報によれば，2013年現在，アーンスト・アンド・ヤング（Ernst & Young）並びに「持続可能で責任ある投資のためのフォーラム」の研究によって，現在では3兆ドル超がサステナブルで社会的責任のある基金に投

訳注18　トリプルボトムラインとは，組織のパフォーマンスを評価するに際して，企業活動の経済的側面に加えて，環境的側面あるいは社会的側面から評価すること。SASBやグローバル・リポーティング・イニシアティブ（GRI），そして国連が提唱する「持続可能な開発目標（SDGs）」なども，トリプルボトムラインの考えに沿って基準が作成されている。

資されている。これらの実施項目内に投資された基金に加えて，全ての株主イニシアティブの45％超に，サステナビリティまたは社会的責任の影響がある（James, 2013）。

　会計専門家は，サステナビリティ情報への要求が増加しているために，市場変化を活用する望ましい立場にある。統合報告を通じて自然資本やより広範囲なサステナビリティ情報の開示を含めることで，積極的な会計実務家にそのような情報を生み出す場を提供する。主要業績指標（KPIs）を構築してテンプレートを作成し，保証やアテステーション基準を確立することで，企業は業績結果とその他の測定値を比較する能力を支援できるようになる。報告とアテステーション[19]の両方の指標と基準を構築することによって，公認会計士は既存の能力が活用でき，そして市場のニーズが満たされるようになる（Smith, 2014）。ポジティブとネガティブの両方の外部性からなるサステナビリティ事象に対してトリプルボトムラインの観点から分析すると，経営意思決定者は，サステナビリティの概念を十分に利用する機会が得られる。具体的な便益の中には，サステナビリティなどの環境志向の実施項目によって明らかにされた効率性を通じて，ブランディングを改善させ，評判を向上させ，そして費用を削減させることができるものがある。

　サステナビリティ報告と分析を結びつけて，そのようなデータを既存の枠組みに統合するためには，分析を以下の手順に分解することが論理的である。サステナビリティ報告のプロセスを，重要な問題に係わる最も適切な一組として識別するための手順，すなわち，サステナビリティ情報のデータの収集，分析，報告および公開という4つに分類することによって，財務部門と会計部門が内部情報やツールを最大限に活用することができる（Quinn, Ewing, Selberg, 2014）。サステナビリティに関連する報告と分析のプロセスを区分することで，財務部門は強みを発揮できるようになる。すなわち，企業とエンドユーザーへ情報やデータを報告するのに役立てることができる。コンプライアン

訳注19　アテステーション（attestation）は，公認会計士の発行する報告書による保証のレベルと手続きの違いによって，3つに分類される。それは，監査，レビュー，コンピレーションである。レビューでは，レビュー手続きを実施し，財務諸表の適正性について独立の第三者として限定的な保証を行う。コンピレーションでは，企業により提出された数値等に基づき財務諸表の作成を補佐する。

スと財務上の見通しの両面からサステナビリティ情報の重要性が高まるにつれて，会計専門家がこのプロセスを通じて戦略的な役割を果たす必要性が高まっていく。

　経営陣の視点からサステナビリティを観察すると，広範囲な企業の意思決定プロセスに従事したいと考える管理会計担当者は，長期的で戦略的なレベルに関連する要因を認知していくことになる。サステナビリティやサステナビリティに関連する諸問題，とくに気候変動に関連する問題やその広範囲な影響は，多数の事業ラインにまたがるビジネスモデルに統合される。IT産業と自動車産業の両方の革新的企業であるテスラ（Tesla）のような企業は，サステナビリティが企業にいかに業績をもたらすかを示す代表例である。サステナビリティやサステナビリティの実施項目の効果を定量化して報告することは，戦略思考の主要な要素である。それは，管理会計担当者にとっての広範囲な会話の一部でなければならない。

1.4　サステナビリティの標準化がもたらすこと

　トリプルボトムラインあるいはそのバリエーション，そして環境志向の目標に関連する財務業績の影響は経営意思決定に重要であるが，そのような概念に結びつけられた規準と指標がないために，企業にとっては機会でもあるが挑戦ともなっている。サステナビリティを最も効果的に評価し統合するためには，企業は，競争相手と過去の業績とも対比して，一貫して企業業績の比較，分析および評価ができなければならない。70％以上の企業は，1つのあるいはそれ以上の3P（ヒト，地球および利益）モデルを使用しているが，重要なP，すなわち進歩（progress）がサステナビリティのフレームワークから欠落しているという事実を中心にした懸念がある（Tullberg, 2012）。サステナビリティなどの環境志向の報告モデルの進歩やその他の進歩にもかかわらず，情報，規準および報告要件の間には，いまだに乖離がある。このようなパラメーターを確立するために，報告モデルを作成する公認会計士，財務専門家および企業は，それらの進歩をうまく使えるようになる（Roth, 2014）。企業のコストと便益を評価するといった会計機能を既存の強みに直接的に結びつけることは，既存の能力にてこ入れして，日々の意思決定と長期的な戦略的計画の両方の価値を企

業に付加する機会となる。

　サステナビリティと環境は，報告および意思決定の問題に関連しているので，そうした報告とサステナビリティの実施が財務業績に影響を及ぼす。グリーン・イノベーションとサステナビリティによって付加価値を創造するには，改善に必要な実務と高リスクの革新的な諸概念を通して実施できる（Lampikoski, Westerlund, Rajala, Moller, 2014）。持続可能な方法で生み出された価値創造は経営陣には高まっているが，その実施には伝統的な実務と革新的な実務が混在したアプローチが必要である。簡単にいえば，株主価値や経営活動に投入した資源より多くの価値や資源を創造することは，会計専門家がステークホルダーに対してサステナビリティ情報を提示したり広めたりすることができる重要な契機となる。コーポレート・ガバナンスとサステナビリティを結びつけるには，内部業績と外部ベンチマークの両方でこれらの2つの分野を広げることになる。サステナビリティ，コーポレート・ガバナンスおよび会計専門家を結びつけるものは，統合報告であり，また統合報告フレームワークが求める戦略的な経営管理の見方である。

　その他の概念や実施項目と同様に，情報への市場の需要から有効性と価値の厳密なテストが生成され伝達される。サバーギ（Sabbaghi, 2011）は，高まり続けるグリーン志向の企業および投資ファンドの普及を実証している。本質的には，グリーンと識別された投資ファンドの分析では，2005年から2008年の間に約40％の累積リターンがあった。調査期間には金融危機が含まれていないが，サステナビリティ志向の投資ファンドの業績に関連する市場から得られた定量的な分析によって，グリーン志向や環境志向の投資機会に割り当てられた価値であることが分かる。

　ビジネスプロセス・マネジメントは，*財務の標準化*という用語が何を意味するのかということを具現化している。財務プロセスやその手続きは，情報が企業全体にどのように伝達されて，どのように発信されるかということであり，会計部門がどのように企業に価値を創造するかということである。業務手順の標準化と同様に，生産性と業務の効率性を向上させて，同様の特徴をもつ標準化を事務管理部門に組み込むことで，トップのプロジェクトで働く人的資本の課題を解決するのに役立つことができる。人的資本は間違いなく企業の最も重

要な資産であり，それを企業の優先順位と整合させることは，戦略的管理会計（SMA）の重要な便益となる。

経営機能の中心的な目的につなげ直すことで，経営管理データと結果を財務情報へ変換して標準化を実施し，さらにサステナビリティのような項目を一貫させる原則は，新興分野へ会計原則を論理的に拡張することである。サステナビリティ会計基準審議会（SASB）のような市場ベースのイニシアティブは，市場参加者および業界団体が，まるで経営意思決定に従事しているかのように，サステナビリティの潜在的で重大な性質を理解していることを明確に示している。標準化が最も直接的に報告原則に属するものであれ，また業務方針に属するものであれ，それらは，企業内の情報の円滑な流れを確実にする，その両方の考え方は，既存のスキルを活用しながら会計専門家が重要な新興分野で働くことができるやり方である。

1.5 戦略的サステナビリティによって得られる付加価値

サステナビリティは，コンプライアンス志向の報告や実施項目を通じた伝統的な見方から，報告と経営ツールの価値を加えた見方へと移行しつつある。市場での履行および財務業績に関連するサステナビリティの最も明白な例の1つは，ダウ・ジョーンズ・サステナビリティ指数（Dow Jones Sustainability Index：DJSI）の構築と普及である。企業のサステナビリティ業績（corporate sustainability performance：CSP）は，サステナビリティなどのステークホルダー志向の測定を実施している企業の業績を追跡，監視，比較するために使用できる先行指標である。ローレンソ他（Lourenço et al., 2014）が収集した情報が一例であるが，研究とその成果を具体的に掘り下げることによって，DJSIに含まれている企業だけでなく，他の企業にも適用できるいくつかの発見が強調される。先行的または積極的なCSPの方針および手順を有する企業は，平均的に資産規模が大きく，CSP指標を主に利用していない競合企業を上回る株主資本利益率が生じている。企業が財務業績の向上を達成する市場リーダーになるには，もちろんCSPだけでは不十分である。伝統的な会計では扱ってはいないが，CSPをより広範かつ包括的な報告のフレームワークに統合することは，報告および事業の意思決定にCSPの要因を統合するための定量的かつビジネ

ス志向の方法を表わしている。

　さらに，サステナビリティ，会計および財務業績を積極的に拡張させると，社会的責任会計の発展を促す可能性がある。ワイルドヴィッチ・ジーゲル（Wildwicz-Giegel, 2014）によって導入・発展したように，これらの新しく革新的な会計基準は，とくに報告および分析の基準を標準化させることと結びついている。そのような会計手法を作成して普及することは，もう一度会計部門をサステナビリティの実施項目に結びつけることになり，そのすべてが報告のフレームワークに組み込まれて統合報告書の中で極めて機能している部分となる。サステナビリティ・イニシアティブを利用する特定の産業分野でのリーダー企業は，そうしたことから定量可能な財務的便益をも引き出す（Lourenço et al., 2014）。サステナビリティの実施項目を主導する企業には，そのような実施項目を使用するリーダーではなく，同業他社よりも一貫して規模が大きく，そして収益性が高いだけでなく，注目に値するいくつかの追加的な発見がある。

　第1に，指標を認識した企業は，調査対象企業では，規模が大きく収益性が向上しただけでなく，同業他社よりも株主資本利益率が高い。株主資本利益率，企業規模の拡大，および収益性の向上は，特定の財務指標の測定や比較に関連する調査結果を明確に結びつけるだけでなく，特定の結果を測定する。これは，この調査研究における測定規準の妥当性と同様に，実例となる市場の証拠を提供する。

　第2に，将来の研究に重要なことには間違いなく，包括的なサステナビリティ・プログラムを持たない大企業は，サステナビリティ・プログラムを実施する企業よりも資金調達に苦しむ割合が高い。これらの統計的に有意な関係は，それ自体が1つの成果であり，将来の実証的なポスト実証主義研究の基礎となる。

付録2 ビジネスモデルにおけるコーポレート・ガバナンスとサステナビリティ

図表付-2は，伊藤忠商事株式会社が2017年に公表している『統合レポート2017』におけるビジネスモデルである。コーポレート・ガバナンスは，企業経営のサステナビリティとアカウンタビリティの双方に貢献することができると捉えている点に伊藤忠商事のビジネスモデルの特徴がある。そこでは，コーポレート・ガバナンスを土台として，「三方よし」の考え方の実現について，非財務資本を用いて3つの強みを説明している。それは，付加価値の創造と資産戦略によって可能となり，キャッシュフローが持続的に生み出されて企業価値が拡大する。

図表付-2　伊藤忠商事株式会社『統合レポート2017』のビジネスモデル

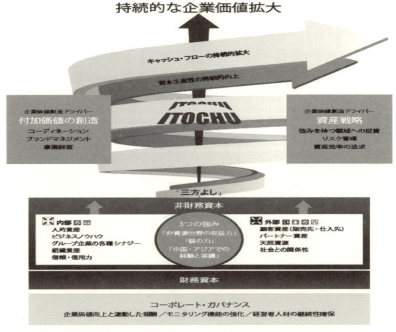

出所：伊藤忠商事株式会社［2017］『統合レポート2017』20頁。

わが国には，これまでサステナビリティと親和性のある経営原理が提唱されてきており，実践されてきた歴史がある。その1つが江戸時代に活躍した近江商人の伝統的精神として有名な「三方よし」であり，それは「売り手よし，買い手よし，世間よし」の理念を持つ。したがって，サステナビリティ経営というのは，実は伝統的な日本的経営の延長線上にあるといっても過言ではない。

　現在では，サステナビリティは，企業が成功するのに重要であると多くの経営者とステークホルダーによって考えられるようになっている。他方，コーポレート・ガバナンスは，企業の方向づけと統制を行うシステムであり，その実施には，リスク管理・評価プロセスと開示の結合を促す仕組みが必要である。ガバナンスと経営戦略に責任のある取締役会は，経営管理責任（スチュワードシップ）と企業業績との多様な結びつきを概念化して理解できていなければならない。

第3章

会計とアナリティクス

1 データに基づく意思決定

　デジタル化とグローバリゼーションは，企業や事業の意思決定者にとって外部要因ではあるが，実際にはいろいろなレベルですべての産業内の変化に影響を及ぼしているトレンドである。企業とパートナー企業との間はもちろんのこと，顧客と企業との間の情報の透明化とコミュニケーションの増大は，企業が外部のパートナーや顧客だけでなく，内部のステークホルダーとどのように相互作用しあうかということを再定義させる可能性がある。明らかに，経営意思決定と戦略的計画は，内部のベンチマークおよび外部の競争相手のどちらにも劣らない，首尾一貫した基準で作成される質の高い情報に大きく左右される。統合報告および，広範囲に及ぶ企業データの重要性が高まっており，このようなトレンドが経営意思決定にとってどれだけ重要であるかを示す良い例である。財務情報は明らかに，その他の定量的データや情報とともに，将来の進むべき事業の方向を計画するために，上級経営者にとって必要である。しかし，企業にとっては，伝統的には扱ってこなかった情報を統合することも重要であり，それにはガバナンス，サステナビリティおよび，その他のタイプの企業情報が含まれる。

　ビッグデータとアナリティクスは，企業が他の企業や顧客と相互作用する方法を根本から作り変えてきている。要するに，経営意思決定者が利用できる情報が膨大に増加しているために，企業は継続的に事業の機会を評価し，将来の開発計画を立案し，意思決定を下すことが必要になってきている。会計，会計

アナリティクスおよび，会計が他の職能グループと相互作用する方法は変化し，そして会計専門家はデータとアナリティクスを会計上の意思決定と計画設定に統合することが重要な課題となってきた。ビッグデータが会計実務と会計専門家に影響を及ぼすような特定の方法を予測したり，要約することは困難であるが，意思決定を推進する明確な方法としてデータ・アナリティクスが存在する領域はいくつかある。とくに，ガバナンスやサステナビリティのデータを含むが，それらに限定されず，オフバランスの資産[20]やその他の種類の情報を報告することは，会計情報の発信者がデータの増大を通して意思決定プロセスの透明化を支援する方法である（Warren, Moffitt, and Byrnes 2015）。こうした対話や研究に関連する事実はここで議論できるほどオープンになっているとは思われない。アナリティクス，情報要求の高まり，多様なステークホルダー・アプローチは，企業環境を形成し続けているトレンドである。しかしながら，とくに会計専門家がそのような考え方や概念を，日々の職能のなかでどのように実行することができるかは，残された課題である。

　伝統的には考慮されてこなかった領域あるいは会計と財務の範囲内に位置づけられなかった領域に，会計専門家が専門家としての足場を築き，自らが活動している企業の上級経営者に積極的に関与していくためには，いくつかのステップがある。会計専門家がデータをより理解しやすい形にする支援方法には，アナリティクスを企業の問題に結びつけること，個別の問題にドリルダウンすること，さらには分析的な情報と企業が直面する課題との間を橋渡しすることなどがある（Hagel 2015）。企業環境がグローバリゼーションを背景に，さらに進化し，展開し続ける限り，企業が提供する情報をリアルタイムに収集し分析すること，そしてその情報を経営意思決定のために解釈できるようにすることは，拡張され一層活用されなければならない管理会計と財務会計にとって重要な側面である。会計専門家を育成し，会計専門家とITを一層統合することは最も重要であろう。会計担当者および財務担当者の現在の能力と強みの範囲内で，財務報告のニーズに対して革新的かつ創造的な解決策を導き出し，実行す

訳注20　貸借対照表に表示されないことをオフバランスという。したがって，オフバランスの資産とは，貸借対照表に表示されない資産のことである。たとえば，ブランドや，人的資産，情報資産，組織資産などがある。

ることができる。

　そのような課題をどのようにして企業で実行できるかについて，一般から個別に移行すること，一般から個別にドリルダウンすることは，会計および財務の専門家がITへの取組みにおいて果たすべき役割が増大し，戦略的ヘッドセットを採用する重要性が増大することであり，そこに共通のテーマが生じる。戦略思考と戦略的計画は，本書の至るところで議論しているが，明らかに市場において現在起きている変化の1つである。このような変化を認識しなければならないし，より重要なことは，会計専門家にとって意味のある行動へと移行しなければならないことである。これまで以上に迅速な意思決定が増加するだけでなく，統合報告が普及することから明らかなように，意思決定を支援する業務，上級経営者および財務情報を結びつけることはますます重要性が増している。

　ビジネスはますますデジタル化し，ほとんどの業務取引はリアルタイムで報告でき，分析できる。こうした状況が現実であり，会計担当者はこのような議論に参加できなければならない。たとえ進歩したExcelの技法を活用しようと，予測的なアナリティクスをマスターしようと，あるいはアナリティクスを図式による表示方法に統合しようと，その基礎にあるメッセージは同じである。データと情報は経営意思決定を下すために活用されるべきである。会計専門家がデータをより効果的に処理し分析するようになればなるほど，会計専門家はより有能なリーダーになる。

1.1　会計とアナリティクス

　会計は主として，フロントライン，すなわち顧客とのインタラクションから，上級経営者にいたるまでの情報を作成し伝達することにより，企業にとっての価値を創出する。企業が企業環境の変化に対応でき，市場の諸条件が示唆する新たな機会を積極的に探究しなければならない。このためには，リアルタイムのデータや情報，アナリティクスが重要となることは明らかである。要するに，ステークホルダーは，統合報告のようなフレームワークを構築する背後にある推進力を求めている。しかしながら，これらの要求を充足するためには，会計専門家や実務家が現在のスキルを高め，新たなスキルを構築する必要

がある。言い換えれば，ビジネスや意思決定のスピードは劇的に速まり，会計は遅れずについていかなければならない。経営意思決定に対するデータとアナリティクス情報の重要性が増すだけでなく，企業活動のデジタル化の推進を利用するためには，会計専門家はエンドユーザーにとって理解でき，かつ有用な形式でアナリティクスとデータ分析の枠組みを作ることができなければならない。

会計専門家が内部目的でデータを収集し分析する方法を変更し改善することに加えて，データとアナリティクスの効果は監査，検査手続，およびその他の検査を前進させる方法を再定義している。企業はますます多くの量のデータを収集し，同様に多くの情報を報告し，意思決定を下すために，ますます多くの量のデータを活用する。そのため，これらの変化に応えて監査プロセスが発展しなければならないということはまさに自然の流れである。結局のところ，実質的な手続や検査はさまざまな業界にわたる事業イノベーションを推進するテクノロジーの急速な進歩を促し統合するであろう（Ramlukan, 2015）。改善と学習の好循環を確立することは実行されるべき1つの論理的なステップである。ますます増大する業務上の実態を理解し，それを経営陣にたいして提供する監査人の能力はそのようなビッグデータのもつ1つの意味であり，監査におけるアナリティクスの影響力になる（Murphy and Tysiac, 2015）。監査人やその他の外部のステークホルダーがそうした期待を確実に満たすために，管理会計担当者は努力しなければならない。

単純にアナリティクスの手続を遂行し，アナリティクスの検査と手続の結果として情報を提供することは重要である。しかし，このアナリティクス情報と結果を広範囲の意思決定者が解釈でき利用できる形式にまとめることは重要ではない。この課題に取り組む1つの可能な方法は，現在の事業の問題にとって包括的で，かつ応用可能な方法でアナリティクスの結果を理解し纏めることができることである。アナリティクスは印象的ではあるが，企業が直面している経営課題との根本的な関連性はいくらよくみても希薄であるというのが実務家の視点からの共通する不満である。実務家が提供するものと企業が提供するものとのギャップを埋めることは，戦略的管理会計が果たそうとしていることの重要な課題である。

2 会計戦略とアナリティクス

　データに基づく意思決定と，事業の計画設定に対するアナリティクスの重要性は，一見すると，比較的簡単な議論のように思われるかもしれない。企業と上級経営陣は詳細な情報による経営意思決定を下すために情報が必要である。そのような情報を収集し報告するための責任は，会計および財務を含む，企業の定量的情報にかかわる部署が担うことは明らかである。言ってみれば，企業と企業の意思決定のためにアナリティクスとビッグデータを活用することは，ただ単に原資料にツールと技術を活用することではなく，また，図表，統計，その他の定量的情報を作成することでもない。ビッグデータはしばしばただ単に情報の解読や統計の成果に関連づけられるが，そのような行動はいかなるステークホルダーに対しても事業価値を生み出さない。ビッグデータとアナリティクスはむしろ事業の課題と機会を評価し理解する分析思考や技法の活用に焦点をあてるべきである。しかしながら，こうしたことを実行し，分析プロセスの効果を十分に認識するためには，ビッグデータとアナリティクスをより包括的な形で考慮しなければならない。

　より高いレベルでアナリティクスとビジネスプロセス・マネジメントの概念を考察するべきである。そうすると，アナリティクスは，経営管理者が事業を前進させるのはなにかということを理解できるよう支援することに焦点があてられるべきであり，活用されるべきであるということが明白になる。企業で最も変化を効果的にし，データ・アナリティクスを実施するためには，技術的な熟練と，より広範なビジネス環境の理解が会計専門家になければならない (Tschakert, Kokina, Kozlowski, and Vasarhelyi, 2016)。とくに，アナリティクスとビッグデータは，経営意思決定プロセスに価値を付加し続けることから，業務上の差異や継続中の問題の基礎にある原因を情報利用者が理解できるよう支援するために利用するべきである。たとえば，企業は増分収益を生み出すための[21]新たな機会を継続的に見出そうとする。しかしながら，こうした収益を生み出すためには，経営管理者は顧客のトレンド，人口統計，およびこれらの意思決

定と取組みの成果に影響を及ぼす業界要因を理解できなければならない。

　会計専門家には現在の結果を取りまとめ報告する責任および，外部ユーザーに提供される財務諸表に過去の業務実績が正確に反映されることを保証する責任がある。ところが，会計および財務が果たす役割を拡張するために，これらの領域で働いている実務家は以下の現実を認識していなければならない。ビジネス上のトレンドが生じていることを認識するだけでは不十分であり，企業はそれらがなぜ生じているのか，そして事業への将来の効果はなにかを説明できなければならない。将来を予測することは必然的に，邪魔者や障害を伴う複雑で多面的なプロセスである。そうは言っても，そのような状況を明瞭にするために論理的分析やビジネス感覚を適用しない理由はまったくない。たとえば，いかなる要因が特定の結果あるいは事象の発生に最もよく貢献しているかを絞り込み，特定するには回帰分析が有用である。本質的に，会計専門家の役割を考えた場合に，データ・アナリティクスやビッグデータの観点からみて，会計専門家はデータ専門家としてのリーダーシップの役割を担うべきである。一見すると，このことは会計専門家が担う伝統的な役割と責任の延長であるように思われるが，これは新たな役割である。

2.1　戦略的ヘッドセットの活用

　会計という職業の進化的な性質を十分に要約し表現するためには，会計専門家は会計データと会計情報が企業に及ぼす効果を認識することが重要である。戦略的管理会計により統合報告のフレームワークを活用することで，会計担当者は増大する利用可能なデータを取り込むことができる。企業環境が財務以外の問題，定性的問題，グローバルな問題にますます変化を余儀なくされることで，過去に有用であった経営スタイルや経営理論とは異なる経営管理スタイルが必要となっている。とくに，企業および経営陣は，さらに分析が必要な業務に関連する情報と，その他の階層のスタッフや経営者が取り組むべき課題として残されているデータとを区別できなければならない。経営意思決定の重要な

訳注21　増分収益とは，意思決定の結果として変化(増加)する収益をいう。代替案を計量的に評価するには，この増分収益から意思決定の結果変化(増加)する増分原価を差し引いた増分利益をもって意思決定を行うべきである。

ドライバーは業務の結果として企業が作成するデータである。組織には，営利環境で活動しているか非営利環境で活動しているかにかかわりなく，共通の目標と目的がある。すべての企業は業務の結果として自らの顧客よりも多くの資源を創出しなければならない。また，会計専門家は経営管理者がこの目的を達成するための様々な計画の実現可能性を評価するさいに支援しなければならない。

　戦略と企業の重要性に鑑みると，事業のグローバルな性格や，事業の範囲が拡大し質が変化しており，さらにはその傾向が増しているために，戦略的な計画設定プロセスは合理化され，また修正することができ，そして定期的な更新と追加的な情報により強化される必要がある。地政上のリスク，為替変動および，商品価格の気まぐれな性格に起因する影響は，上級経営者のためにモデル化や説明が可能であり，またモデル化や説明されるべき要因である。このことは，そのような要因を含めた完全なモデル化のためにすでに巨額な財務資本と人的資本を費やしている企業にたいして，こうした取り組みが行われていない，といいたいわけではない。とはいっても，そこに戦略と戦略的管理会計の連携の必要性があり，定量的な分析と事業経営とのギャップを橋渡しすることは重要である。言い換えれば，情報は，それを受け取る個人にとって意味のある方法で作成され提供されなければならない。

　主張者の根拠をうまく広め，より戦略を志向した会計担当者の支援を得るためには，分析されたデータ，提示された情報および，企業が直面している業務上の課題との間に明確な関係があることが肝要である。こうした関係を構築し，これを確実に実行するさいに役立つデータを提示し伝達する方法はいくつかあり，こうしたことがデータの重要性とデータを提供する人の信頼性を高める。

　第1の，そしてかなり単純なステップは，アナリティクスな検討結果をグラフ表示やフローチャートなどの視覚に訴える形式で表現することである。経営者は，たとえ定量的な志向があるとしても，もっぱら定量的な結果やデータから構成される提案を凝視し，熟考しようとはしない。

　第2の，そしてこのプロセスにおいて間違いなく最も重要なステップは，多分テキストボックスやダイレクトサイン[22][23]によって明確に結び付けられること，

つまり，提示されたデータが手元の特定のマネジメントの問題に関連づけられている必要がある。しかしながら，特定の方法が規定されていようといまいと，戦略的なビジネス・パートナーとしての正当性を確保するために，会計担当者はデータの専門家であると考えられていることを思い出すことは重要である。

2.2 データエキスパート

　企業に入ってくる情報と経営意思決定に利用されるデータを結びつけることは，戦略的会計機能の1つの機能の移行と進化の重要な第一歩である。この変化によって，ステークホルダーに対してデータを作成し，報告することは，本質的に会計専門家にとってますます必要になっている。言い換えると，会計専門家はデータエキスパートでなくてはならず，意思決定のために重要で適用可能な方法で情報を解釈できなければならない。過去の財務報告から企業データを継続的かつリアルタイムに分析するこのような進化のためには，意思決定マトリックス[24]に含まれるいくつかの要素を必要とする。また，会計専門家がどのように企業内の他のメンバーと相互に係り合い，どうやって自分自身を示すかという調整が必要である。

　このような変化を支援するために実施できる手順とポリシーを具体的に掘り下げていくと，全体的に適用できる可能性のあるいくつかの実践的な項目が浮かび上がってくる。産業や企業が違っても，会計専門家と財務専門家をこの試みに向かわせていることには，共通性がある。最も重要な事実は，会計専門家がより戦略的な意思決定に専心しようとする場合，こうした役割を想定する主張者でなければならないことであろう。戦略的な役割を記述し，発言し，主張する能力と企業の取り組みへ深く関与することは，戦略的管理会計にとって重

訳注22　ワープロソフトなどで文章をレイアウトするために設定する，文字列を対象にしたレイアウト枠であり，文章枠ともいう。ここでは，統合報告フレームワークを用いてデータなどの定量的な情報に，課題などの定性的な情報を関連づけることを意味していると考えられる。

訳注23　図表などの説明のために，吹き出しのようなかたちで注釈などを直接書き込むこと。

訳注24　複数の代替案を評価するためのフレームワークである。代替案と評価軸のマトリックスが一般的である。

要な局面である。論理的にいえば，関与するために，意思決定者は会計専門家の利害だけではなく，意思決定プロセスにおける当該会計専門家の効果をも実現しなければならない。日常業務に統合されるこうした技術の例は，情報を提示し，組織変革を提唱することに関連している。

- ▶第1に，補足のeメールと添付資料が定量的情報の必要性を満たすことができるように，プレゼンテーションを整理し，プレゼンテーションあるいは配布資料の内容を最小限に抑えることが重要である。主張したり擁護したりする見解を，読者が容易に読むことができ，聴衆が聞くことができるようにするために，文章を短くし，箇条書きでまとめるとよい。
- ▶第2に，会計用語と専門用語は，専門家が分析と報告機能を果たすために用いることができ，重要ではあるが，利害関係者にとっては分かりにくいことが多い。専門用語の使用を最小限にし，過度に専門的な概念や略語の利用を最小にすると，主張を強固なものにし，読者に興味を持たせ，コンセプトをうまく受け入れさせることができる。

これらの重要な2つのポイントを実行すると，プレゼンテーションが短く要領よくなり，先に進むための行動の手順，すなわち覚えておきたい重要なポイントを提供することができる。事例を折り込み，質疑応答のための時間を用意して，プレゼンテーションを進めていくことはすべて，個々の成功したプレゼンテーションの特徴を表している。このようなポイントもまた，より戦略的な会計機能の提唱活動に組み入れるべきである。手順を含めることに立ち返ると，行動の手順を含めることは必要であるが，同時に，戦略的管理会計プロセスを導く包括的なテーマや原則を思い返すことも重要である。

2.3　理論から実践へ

よくあることだが，実行することは，実証する必要がある理論的フレームワークを単に実証することよりも複雑で，多面的である。会計担当者がデータに基づく意思決定を支援できる1つの領域は，現在の手続きを通して生み出される情報を完全な状態にすることである。たとえば，監査手続および不正発見手続の役割を高め，改善することがその例である。法廷手続や法廷における不正

発覚の手続は，ほとんどの部分が，未だに事業の伝統的なペースのまま進められる。しかし会計ヘッドセットはとくに，企業が情報の質を保証するための方法や方針を含むように適合され，拡張されなければならない。ますます明らかなように，事業の意思決定者と企業全般が課題や機会に迅速に対応しなくてはならない場合，会計専門家は戦略的パートナーであり，データエキスパートであることが求められる。

情報の質を高めると，会計専門家が自らをどのようにみるかと，企業の中でどのように認識されるかにおいて，より良い方向に向かうために，これまでの方針が一変させられる。会計専門家は，伝統的には扱ってこなかった活動を含むより広範囲の活動に関係している。しかし多くの場合，会計専門家が責任を持たなければならない財務システムと手続きを作り上げ，動かしていくことには積極的にかかわらず，会計専門家は変革と企業の発展を導かず，変化に抵抗する。機能横断的なプロジェクトと構想を持って自発的に動くことは，会計専門家が今持っている技能を磨き，新しい技能を開発し，企業と専門職，双方の価値を高め続けてくれる。業務情報を財務上の金額とデータに変換することは，会計システムの中核機能であり，意思決定するために必要な情報やデータなしに企業が必要なデータをうまく統合することは企業にとってますます困難になるだろう。会計専門家は，情報を生み出し保全することよりも，データの完全性，情報の有効性とセキュリティおよび，情報量の増大の必然性というテーマを論理的に拡張するために，積極的な役割を果たすべきである。

財務報告と予算を中心としたハイペリオン（Hyperion）[25]やエスエイピー（SAP）[26]のようなERPを構築し，試験するために助言し，手助けし，構想を導き出すことおよび，Excelで作成したテンプレートや報告書を含む現在使っているツールを改良することは，会計専門家が上級経営者に対するのと同じように，他の内部パートナーにも自らの価値を示すことができる方法である。戦術的意思決定と戦略的意思決定の両方を行うデータの完全性と報告を手に入れることは，会計実体レベルで会計専門家と企業の双方にとって必要不可欠なステ

訳注25　ERPソフトウェア。現在はOracle Hyperion Enterpriseとしてオラクル（Oracle）社から提供されている。

訳注26　エスエイピー（SAP）社が販売するERPソフトウェア。

ップである。これらの考え方と概念がどのように特定化され企業に組み込まれるかの重要な例は，企業を通して情報の流れを妨げる組織上のサイロと境界を削減することである。どのような企業にもある，とくに財務，会計，営業およびコーポレート・コミュニケーション[27]の間にある機能的サイロを取り除くことは，戦略的管理会計機能の開発と改良のために重要である。

組織上のサイロを取り除くことは，より戦略志向の会計モデルを提案する会計専門家のためだけでなく，会計が意思決定プロセスにより戦略的な役割を果たすことができるもう1つ別の話題としても，好機をもたらす。戦略的管理会計パラダイムの下で会話したり，他の機能分野を建設的な対話に引き込んだりして，会計と会計担当者は企業経営に積極的に参加すべきであることを強調している。必ずしも容易なことではないが，共通の組織的課題を扱うために他の部門と協働することは，会計の時間とエネルギーの価値のある利用法である。

本書においてより詳細に述べているように，会計領域の変化と同様に，戦略的管理会計も事業環境の変化の結果から生じる会計機能の移行と進化である。技術に関連する発展，ビッグデータに関連する伝統的には扱われなかった情報のタイプ，サステナビリティ，コーポレート・ガバナンスおよびステークホルダーのニーズは，扱わなくてはならない変化のペースを加速させている。これらの変化を受け入れることと変化に伴う必要な戦略思考を受け入れることは，会計専門家が将来に向けてどのように会計教育を開発し，普及しなければならないのかと同様に，今どのように会計専門家が行うのかについてパラダイムシフトを表している。専門家として新しい適格性と能力を構築することは容易なことではないが，学術文献や実務をもとにした論文と議論の両方にとって重要な情報がある。[28]

訳注27　企業が社会や消費者に企業理念，活動内容などの情報を知らせる活動のことである。これによって企業活動への支持・理解を得て，企業活動を円滑にすることを目的としている。

訳注28　管理会計の研究対象が広がることによって，様々な研究領域が増えた。これによって会計専門家は会計理論のみならず，情報科学，経営管理，社会学，心理学などの成果を盛り込んだ研究が必要になってくる。現代では，コンピュータが誕生し，意思決定論などが研究対象になった1960年代よりさらに研究対象が広がっている。

2.4　組織の支援を得ること

　ステークホルダーによる支援は，あらゆる変革に関わる実施項目の重要な特徴であり，構成要素である。この支援は，企業内の会計機能にとってより戦略的な役割を採用し，実行するために当てはまるのは確かである。経営意思決定者が優先的に，この実施項目を成功裏に導入して，確かなものにするためには，理論から実践への実施項目をとることができる十分に考慮されたクリティカルパスを，その変革を提案する会計専門家が準備することが重要である。過大な費用あるいは資源消費をすることなく，企業の価値を増大する費用対効果のソリューションは理想であり，戦略的管理会計の概念と関連するあらゆる議論に統合されなければならない。

　このようなクリティカルパスの作成は，主張するよりも達成する方が難しい。したがって会計専門家は，上級経営者がとくに現在企業のどこに焦点を当てたいかよりもむしろ，将来企業をどこに位置づけたいか，同様に，企業に対する包括的な見方，現在持っている戦略的実施項目の進捗を把握することが重要である。この観点から組織を分析し，観察することによって，会計専門家は戦略的方法で企業を考察し，分析する機会を戦略的役割の中で，見つけ出すことができる。さらに，企業の広範囲な目的と目標との関係の中で，戦略的管理会計と関連して概念や提案を組み立てることによって，積極的に経営を行う可能性が高まる。資源を適切に配分する経営管理者の責任と，これらの資源を最もよく分析して活用するためにデータを生成する会計機能の能力とを関連付けることは，会計データを論理的かつ直接的に利用することである。

　つまり，経営管理の観点から戦略的な考え方を維持する一方，会計担当者は企業全体の情報の流れの中に弱点を特定し，処理することにまず焦点を当てるべきである。生産や処理の停止が，生産工程のボトルネック，在庫および非効率を生み出すように，標準化されていない情報や一貫性のない方針と手続きは，比較的単純な意思決定をより複雑なものにしてしまう。認識された特別な

訳注29　クリティカルパス（重要な経路）は，プロジェクト・マネジメントのツールの１つであり，プロジェクトの一連の活動をスケジューリングするための処理手順で，プロジェクトの工程を最短期間で完了するための最短経路のことをいう。企業はこれによって，プロジェクト完了に要する最短時間を決定することができる。ここでは，会計専門家は理論と実践を結びつける最短の道筋を求める必要があるという意味である。

弱点は，変革または回復の必要があると認識されたプロセスであっても，基本的な概念は同じである。経営管理者が意思決定のための定性的情報を手に入れられなければ，企業が積極的に新しい機会を模索することは極めて困難となろう。

　より積極的な会計と財務のアプローチが解決に役立ちうる弱点の予備的なリストを取得したのち，これらの弱点によって最も影響を受けた現場の管理者とスタッフから同意を得られることが必須である。高い階層から弱点を認識することはやっかいではあるが，これらの弱点によって最も影響を受ける個人によって提案される潜在的な解決策と同様に，日常的に出くわす特定の問題や引き起こされる問題をより詳細に分析することで補足される。弱点を認識し，潜在的な解決策で上級経営者に話を持ち掛ける前に，関係する個人からインプットを求めるこのプロセスは，無視されてしまうかもしれないという気持ちを軽減するだけでなく，提案された概念を確実に支持するのにも役立つ。他の方法で行われた分析を振り返るのではなく，解決策とそれをどのように先に進めていくのかに焦点を当てるべきである。

付録3　アナリティクスによるGE式人材管理

　ゼネラル・エレクトリック社（GE）は，グローバル化の推進とテクノロジー主導のメーカーとしてIoTへの道を切り開くため事業の大転換を行い，大量の若手社員を雇用した。彼らに対して，アナリティクスを利用した科学的な人材管理を導入した。これは，「社員一人ひとりに適した何かを探して，オンライン研修や従来型の教育プログラム，他の社員，仕事とマッチングしてくれるアプリ」の導入であった。

　開発が最も進んでいるのは2016年から導入したキャリアプランと後継者育成計画の立案に使えるアプリである。これは，GE社員の過去の異動歴と（職務記述書に基づく）各職務間の相関にまつわるデータを活用することで，社員が現在所属している事業部門や地域だけでなく，会社全体を俯瞰して潜在的な機会を見いだせるようにしたものである。このアプリによって，社員の選択肢を広げ，社員自身がキャリアパスを選ぶように後押しする。

　また，現職での業績向上やステップアップを図るのに欠かせないトレーニング，研修を社員に推奨するツールもある。これは対象社員一人ひとりの優先事項や同僚たちによる改善アドバイスをもとに，対象者と同じ国や職位，職能部門に属する従業員にとって有益だった学習ツールを選び出して教えてくれ，さらには研修やオンライン講義，参考文献といった選択肢も示してくれる。

　GEが2016年半ばまで使っていた正社員を5つのカテゴリーに分類する制度は建設的なフィードバックを絶えず社員に提供する制度へと変わっていった。このために優れた社員と有望な人材をどうやって特定すべきかの問題が生じた。ここでもアナリティクスが利用された。

《参考文献》
　Prokesch, S.［2017］"Reinventing Talent Management," *Harvard Business Review*, Sept.-Oct., pp.54-55.（高橋由香理訳［2017］「バイアスを排した評価で社員の不満を低減するアナリティクスによるGE式人材管理」『Diamond　ハーバード・ビジネス・レビュー』Vol.42, No.12, 56-61頁。）

第4章

戦略的管理会計の将来の方向性

1 はじめに

　数十年もの間，学界と出版物のなかに存在していた戦略的管理会計は，最近，外部要因だけでなく専門家という内部要因によって関心が高まるとともに，それにかかわる論争が増加している。本書の執筆とそこでの分析の目的は，市場に存在する文献を単にレビューするだけではなく，会計専門家のために将来の方向性を提案することにある。昨今のように急速に進化し，激しさを増す競争という経営環境のなかで，効果的で先進的な考えを持つリーダーシップは重要である。企業はこれまで以上に将来の動向，リスクおよび機会を定量化して計画することができなければならない。

　しかし，リーダーシップは，他のスキルや能力と同様，継続的に開発され，洗練されなければならない。管理会計の思考様式の一部にならなければならないソートリーダーのいくつかの主な要素として，対話の活発化，市場のトレンド分析，大きなトレンドとなっている経営意思決定への影響を戦略的に思考し

訳注30　管理会計の領域で戦略のテーマが正面から取り上げられたのは，1980年代初頭のイギリスである。Simmonds [1981] が，事業戦略の策定と監視のため，競争業者の原価と種々の操業度に関する情報収集を目的として，戦略的管理会計の必要性を主張したことが嚆矢とされている。その後, ICMA（現・CIMA）[1982]，Bromwich[1990]，Dixon and Smith[1995]たちの貢献によって戦略的管理会計は発展してきた。なお，1980年代のアメリカでは戦略的管理会計という用語は見られない。アメリカでは1990年代になってShank and Govindarajan [1993] が価値連鎖分析や企業戦略を支援する会計として，イギリスとは異なる戦略的管理会計が発展した（出典：櫻井通晴 [1999]「管理会計が経営戦略に果たす役割」『専修経営学論集』第68号, 51-73頁）。

て綿密に計画することがある。

とくにこのような対話のツールに対して実践を詳細に掘り下げる際に重要なことは，戦略的パートナーと経営意思決定者の移行を妨げるいくつかの障害と課題があることを最初に認識することである。

- ▶第1の課題は，様々な部門で，他部門と連携を取らずに仕事を行うと，情報の流れを困難にさせる可能性がある。このことは，社内のコミュニケーションを向上するために，論理的によく練られた試みさえも妨害することがある。
- ▶第2の課題は，陳腐化したITシステムとデータの互換性によって，新たなITやシステムの適用であっても，新しいITの実施項目を遅らせることになる。
- ▶第3の課題は，この状況でおそらく最も困難なこととして，定性的情報を定量化することがある。

ガバナンス，サステナビリティ，リスクマネジメントなどのステークホルダー志向の実施項目は，企業に定量的な効果がある。しかし，大きな課題は定量化，順位づけ，およびそのようなデータを報告するための論理的で公平な方法を決定することにある。

課題はあるが，会計専門家にとって同時に，素直な気持ちで現状を受け入れるべき機会でもある。会計専門家はほぼ例外なく，税務，会計監査などの専門的なビジネスサービスでは，合理的で，公平かつ有能な優れたアドバイザーであると見なされている。役割が変わったとしても，会計専門家は既存の強みを見失わず，活用できなくなるようなことがないようにすることが肝要である。この点は，これまでそれほど強調されることはなかった。すなわち，管理会計専門家は既に社内での昇進に必要なツールを持っている。しかし，理論と実践のギャップを効果的に埋めるには，管理会計専門家は，理論的に考えて実践するためにはっきりとものをいい，絶えず会計専門家の立場に立つことが求められている。

会計専門家が戦略的管理会計の概念を推奨し支援するための最善の方法の1

つは，戦略的会計担当者が企業に効果をもたらすシナリオを通して，企業でリーダーシップをとったり，顧客に合理的かつ客観的にアピールする行動をとることである。そのステップの概要をまとめておき，方法論などの実践についての疑問や懸念事項に対処し，立場をはっきりさせることによって，反論の余地を排除できる。

さらに，ガバナンスレポートやサステナビリティレポートの提案も同様であるが，使い慣れた形式で情報を提示し分析することで，容易に実践が可能であり，また同意も得やすい。しかし現時点では，経営者は，企業のリーダーシップに管理会計専門家を巻き込むことによって，経営意思決定プロセスの重要性と価値を強化し続ける必要がある。

2　実践への道

実践への道，そしてこれまでに行われた実践を継続することは，もちろん容易な仕事ではない。が，成功し効果をもたらすためには，適切に計画されなければならない。管理会計担当者は，その主張を擁護するために実践して戦略的会計の機能とは何かをはっきりと述べて，実施可能なプログラムで具体的な手順を説明できなければならない。経営の本質として，報告，コンプライアンス，データ分析は非常に困難であるやりがいのある仕事である。

すなわち，情報ニーズの多様化，情報を要求するステークホルダーの増加は，管理会計担当者に有益であり，管理会計担当者と管理会計専門家の地位を向上させる機会を提供する。以下では，管理会計担当者が実社会において，地位を確保するための戦術とアイディアを実践し，意思決定プロセスにおいて真のパートナーになることができるという高度な方法を概観する。

第1章の4.2に示したガイドライン（重要業績検討事項）の項目に加えて，企業および経営陣が既に述べたガイドラインを忘れないことも肝要である。これらのガイドラインは，多様な企業に十分適用できるが，経営行動を促すための行動指針でもある。[31]

2.1 理論から実践へ

管理会計専門家にとって第1のそして最も重要なステップは,戦略的管理会計担当者モデルの実践のために,社内で他部門と対話を行い連携することである。IT,コーポレート・ファイナンス(予算編成,財務計画および財務分析を含むかどうかは別として),コーポレート・コミュニケーションは,専門家の価値を引き上げることに成功するための会計専門家のパートナー候補となる。

一方,このような部門は,本質的には中核事業および経営全体の支援部門であり,調整やコミュニケーションが増加したために用意されたという情報提供価値を見落とすべきではない。最高のストーリー,製品またはサービスのアイディアは,財務,IT,支援業務による強い影響力を持った支援がなければ成功しない。企業の専門サービスにより生み出された真の価値は,コミュニケートできる情報のなかにある。

ITは企業がどのようにエンドユーザーへ業務結果を管理・伝達するかという役割を担っている。このような観点に立って,刻々と変わる環境のなかで,ITと管理会計が協力体制をしっかり組むことは必須である。ITと管理会計の機能領域は,競争の激化に直面して精度を高めるために予算を増額してはいるが,財務情報と非財務情報の情報要求が増加しているために苦しめられている。社内のどのような関係とも同じだが,他部門から反感を買うことなく,管理会計担当者の地位を高めるためには,双方向の視点で会話に取り組む必要がある。経営者が意思決定に使用するための良い報告とテンプレートを開発することは,ITと会計専門家の双方がもたらす価値を高める。

ガバナンス,コンプライアンス,そして企業が監査にいかに取り組み続けるかは,ITによって進化し影響を受ける。ITリスク,戦略,計画に関する幅広い会話は,最近取締役会レベルでも行われ,どのように企業を管理し前進させるかを計画するにあたり,強い影響力を持ち続けるものと予測されている(Heroux and Fortin, 2013)。ITを取り巻く対話および長期計画には,明らかにデータの安全性問題のリスク,ハッキング,情報漏洩,顧客や業務の機密事項などが関係している。

訳注31 第1章および第5章に同様のガイドラインに関する記述があるため,本章では文章を削除した。

管理会計担当者は，広範にわたる変化のなかで重要性が増す統合報告書の話題であるフレームワーク作りで優位な立場にある。多くの会計専門家は既にIT試験と実践を支援しており，統合報告書は既存の仕事の延長であり発展にすぎない。データとアナリティクスの重要性は増すばかりであるが，厳格なITガバナンス戦略を確立し，維持することは極めて重要である。伝統的な財務報告と同じく，伝統的には扱ってこなかった定性的情報に関連づけられる報告の頻度をあげるために，開発された報告ツールとテンプレートの詳細に注目したとき，実際に報告書を作成するのに利用できる戦術とアイディアがある。

　必要な情報の1つ1つを確認し分類するためにITを活用することは，個々の部門にとっては現在の役割の論理的な拡張であり発展である。とくにデジタル化が進む時代に，情報は重要な鍵と位置づけられている。土地が農耕時代に重要な鍵であったように，また鉄と鋼鉄が工業化時代の重要な鍵であったように，情報とアナリティクスはグローバル化の時代に企業が前進するための重要な鍵である。

　データとアナリティクスの経営上の価値を理解し，明確に経営意思決定者に伝えなければならない。同様に，企業で使われている報告と解析的フレームワーク用に作られた開発・持続のための調整も重要なステップである。企業の将来の成功のために，データとアナリティクスの重要性を明確に伝え，定量的に説明したあと，次のステップは努力と資源の優先順位づけをすることである。すべての部門はサイロになっているので，特定の課題と問題を解決するために余分の資源と経営の専門知識が必要になる。ここで，会計担当者による定量化の能力がその役割を果たすことができる。

　経営者や外部の利用者が要求する特定の情報を分析して提示することが重層化されているので，どの情報が経営者の支出に見合った最高の価値を生むかを分析的に提示して分類することが，管理会計担当者の能力として必要である。これまでに拡大された将来の主要資源であると識別されたデータは豊富に存在する。企業を成功させたり失敗したりする決定的な要因は，企業がどの情報が経営の意思決定にとって重要であるかを見分けることである。

　真の戦略的管理会計のパートナーシップが成果をあげられるようになるのは，意思決定プロセスでいえば必須の評価を行い，主要なステークホルダーが

要求する情報を少なくとも予備的に理解した後である。管理会計担当者とITによって合理的に行われるべきより論理的な活動の1つは，実際にどの情報が内部と外部の意思決定者に伝えられたかについて包括的レビューを行うことである。外部の意思決定者に伝わった情報を検討することは原理的には比較的簡単であるが，より重要なことは優れたテンプレートと報告のフレームワークを構築することである。この問題をとくに掘り下げると，評価のなかに含めるべき項目や評価からもたらされる発見事項がでてくる。

2.2 情報をレビューするためのステップ

情報をレビューするためには，次のステップを通じて実施するのがすぐれている。

第1に，情報が伝達される頻度はどのくらいかを把握する。すべての外部利用者に伝達された情報は統一した条件のもとで行われたのか。または様々な利用者が様々な時間に様々な情報を受け取ったのか。後者を想定すると，操作可能な見方があると考えられるのではないか。また入手可能な情報には，伝統的な財務情報よりも多くの情報が提供されているのかという質問がある。同様に特定の社員や部署が情報の調整や保持に直接責任を負っているものは何かを確認することが求められる。

第2に，ステークホルダーに公表した情報ごとに，情報の頻度を追跡する。次のステップとして，報告のフレームワークに統合できる業務データを使い，さまざまな方法を設計する。ただし，すべての産業と企業でこのことを実践するのは難しい。しかし，どの情報が財務データに変換しやすいかで決める戦略的なやり方がある。管理会計担当者の中核となるミッションと本来の役割を思い出し，業務データを財務情報に変換する。このステップは社内部門の役割を高めるのにとくに重要である。このような関係を築くことは，積極的なリーダーシップの役割を想定する戦略的志向の強い会計チームにとって欠かすことができない。報告書の作成における重要なステップは，重要業績検討事項（KPQ）に関する第1章の記述に戻ることであり，このステップで再検討され，拡張することができる。

簡潔に言えば，重要業績検討事項を適用するとき，経営一般と戦略的管理会

計の機能グループの両方に対して正確な質問を求めることは，事実上不可能である。企業の問題や関心事をたやすく解決することは，会計専門家が会計担当者の価値を明確に示すことであり，戦略的管理会計担当者を育てるうえで重要なステップである。企業は日々多くの問題に直面している。

企業を成功に導くために，情報とアナリティクスを理解しやすい形式で入手できなくてはならない。しかし，情報を入手することよりもさらに大切なことは，情報が今ある実際の問題を説明し関連しているかという事実である。経営上の課題にデータを結びつけることができる部門で，情報を解釈して定量的な変換をする役割は，管理会計担当者がリーダーシップをとることのできる分野である。

情報利用者に役に立たない情報を提供していることもあるので，情報利用者が本当に必要な情報を把握することは重要である。ステークホルダー志向が推進されてきた昨今の経営環境において，ステークホルダーとの交流を広げることは，不可欠なプロセスである。ステークホルダーと良い関係を築き続けるためには，一貫して積極的な関与と交流が必要となる。端的にいえば，作成され伝達された情報を意思決定者が確実に使えるように，会計担当者は的確な質問をしなければならない。

会計担当者は情報を通して価値を創造し，会計担当者の付加価値の要素を維持するために情報を検査してその有効性を検証する必要がある。どの情報がエンドユーザーにとって優先順位が高いのかを調査・記録した後，追加情報のための提案や要望があれば，管理会計担当者はデータを収集するためのテンプレートや報告書の作成を始めることができる。実際，どのような企業にも膨大な量の業務，統計，財務関係の情報がある。そこでの課題は，必要なものを活用し，適切な形式に統合することである。

2.3　ガバナンスのリーダーシップ

投資家の不満，会計責任の不履行疑惑，経営資源の不適切な管理に関連した報道がメディアに現れる頻度が増している。投資家は当期純利益などの財務業績に関心があるが，企業がガバナンスの影響（良い点も悪い点も含め）を正しく突き止めていない，報告に何も反映されていない，積極的な経営をしていな

い，企業をどのように経営しているのかわからないなどとも指摘する。指標が設定され，報告書が作成されたとしても，ガバナンスは本来企業の定性的特徴を有することを忘れてはならない。

本質的には，このような状況での管理会計担当者の役割は，適切な定性的情報を収集し分析し，次にその情報を適切な業界関係者と比較できる指標に変換することにある。これは，以下の点で伝統的な財務報告書やサステナビリティレポートとは異なる。定量的情報とデータが存在する状況の下で，管理会計担当者はアナリティクスからのデータをより使い易くする。ガバナンスでいえば，その課題の重要な部分は，適切な指標の開発である。

コーポレート・ガバナンスと会計に関連する点として，取り上げなければならない重要な点は，以下の通りである。

- ▶第1に，企業が財務と非財務に関心のあるステークホルダーからの受託責任である。こうした一貫性のないグループのニーズのバランスをとることは，現代的なガバナンス決定の中心にある細心の注意を要する行為である。
- ▶第2に，市場への財務情報の提示である。様々なエンドユーザーと様々なステークホルダーは，いろいろな方法での情報開示と，様々な時間での公表を要求してくる。2つ目のポイントは，経営意思決定者に衝撃を与えることではなく，業務の現実の一部であることに関連づけて理解することである。
- ▶第3に，経営者と情報の外部利用者とがオープンなコミュニケーションを持つこと，という点である。経営者側がコミュニケーションを促進するのに必要なツールを持つ必要がある。

3 優れた意思決定のためのデータ利用

経営意思決定に関する限り，コーポレート・ガバナンスの重要性に関する情報や適用範囲に不足があるわけではないが，報告やアナリティクスのために具

体的な問題を掘り下げることは，実践する上で重要である。会計専門家は情報の収集，関連性の維持，意思決定問題への関与などに関して比較的幅広いネットワークを利用できるが，さらに進んだ分析のために意味のあるデータのみを提示すべきである。

　ステークホルダーとのコミュニケーションと対話に戻ると，管理会計専門家はガバナンス・テンプレートの開発と検査に重要な役割を果たさなければならない。ところが，提示，指標，テンプレートのデータは，企業にとって意味がある。すべての企業と産業界は異なるため，このステップは専門家にとって課題になる。とはいうものの，ガバナンスと経営者に関わる部門の人達に尋ねるべき重要な質問がある。

　第1の質問は，ガバナンスの内容を暴露したり討論したりしているこの企業の業界関係者とは誰なのか。具体的には，どの程度の頻度で取締役会が交代するのか。取締役たちはどんな経歴か。企業の戦略を描く際，取締役会はどのような行動をするのか。企業は，どのような客観的で定量的データと情報を，企業に関心を持つアクティビストや外部関係者に提供できるのかである。学術的な関心事ではないが，これらの関心事に対処することは，会計担当者が既存の定量化する能力を活用しながらリードする機会となる。

　取締役会と取締役を構成する人々が成功するために使い続ける方法を具体的に掘り下げていくと，役に立つかもしれないいくつかの測定方法が見つかる。アクティビストとの会議の数は，アクティビストなどのステークホルダーとの会議の進行を文章化することだけでなく，アクティビスト以外の株主にもいろいろな効果をもたらす。競合する経営環境でとくに重要なことは，経営陣が株主に積極的に会い，潜在的に不合理な状況が発生する前に対話することにある。

　第2の質問は，予算編成プロセスの一部として設定された目標が未達成の場合，どのようなモデルと目標を取締役会は設定したのか，また経営者と取締役会にどのような影響があるのかである。取締役会について度々不満と批判が繰り返されるのは，企業が達成したり達成しなかったりする結果に対して，経営陣が会計責任を果たさずに，取締役会が単に経営者の指摘を安易に承認するからである。市場業績に基づいた多くの研究と観察では，経営者のパートナーで

もある取締役会の力が増している。一方，取締役会は経営幹部レベル（C-suite）[32] を率直に批判できるが，社外取締役会よりも，経営幹部レベルの方が優れた財務結果を生んでいる。

第3の質問は，評価できるので取締役の業績評価に組み込まれるべきであるが，対外的にも社内で構築されたものでも，サステナビリティなどのステークホルダー志向の実施項目が，いくつ実行されたかである。情報が誰でも利用できる経営環境では，企業の経営者は状況に応じて行動しなければならない。どんなに優れた製品やサービスであっても，企業は他と関わりを持っている。つまり，ステークホルダーの要求は取締役会まで上げられなければならない。

3.1 透明性の向上

透明性を向上するという考え方は，従来の簿記屋から戦略的なビジネス・パートナーや意思決定者へと会計機能が移行すべき重要なテーマに繋がっている。とくに，インターネット，ソーシャルメディア，伝統的にはなかった報道発信源からの情報は，企業が他の職能部門や，企業データの外部利用者と相互作用する方法を根本的に変えている。

透明性の高まりという観点から，企業はステークホルダーとの対話，要求への対応，企業全体の業績への質問に回答する手段を持つことが必要不可欠である。透明性という新時代をうまく乗り越えるためには，経営の意思決定者はアクセスを要求する利用者にとって簡潔で一貫性があり，簡単にアクセスできる方法を持つ必要がある。

管理会計は，透明性のある報告およびコミュニケーション・システムの実践と維持に，大きな価値を見出し，もたらすことができる。会計担当者が作成した特定の報告書やテンプレートよりも重要なものは，様々なテンプレートを作成した結果，企業のデータに影響を与える厳密さと分析である。

経営者のニーズと社内で入手可能な実際の経営資源を統合するには，企業は，産業界同様にエンドユーザー，消費者，規制当局などのステークホルダ

訳注32 C-suiteとは，経営幹部レベルの経営者のこと。具体的には，CEO（chief executive officer: 最高経営責任者），COO（chief operating officer: 最高執行責任者），CFO（chief financial officer: 最高財務責任者）など頭文字にCがつく人たちを指す。

ー・グループにどのように認識されているかという戦略的ヘッドセットを実施して論理的に分析する必要がある。さらに，増え続けるニュースの量と，メディアと投資家の継続的な監視により，企業はデータに対する質問と要求に素早く反応できなければならない環境を創り出している。

　デジタル経済とグローバル経済の重要な資源である情報とデータの理解，多くの企業の実情，それにエンドユーザーの情報ニーズ間のギャップを埋めるので，戦略的な役割を持つ管理会計担当者が企業に価値をもたらすことになる。急進的な透明性の概念を統合することは，一部の IT 企業が既に行っているように，全従業員の報酬を公開し，従業員に支払う最低賃金を引き上げ，豪華な社員特典を与えることではない。むしろ，企業の資産と価値の長期にわたる受託責任に役立つ方法で，透明性を高めて情報がエンドユーザーに受け入れられ，信頼できるようにしなければならない。

　既に概説し，分析したように，管理会計担当者には企業がこのような要求を満たせるような，他の部門と協力できる明確な経営志向の方法がある。しかし行動するに際しては，報告書の作成に関わっているとしても，会計担当者は「簿記屋」[33]以上のものであるという事実を専門家が継続して主張し続けることが重要である。

　ソーシャルメディア，アナリティクス，経営意思決定と業務のほぼ全てで IT との統合が増加しているので，顧客や企業あるいは他社の期待の再構築に繋がっている。ステークホルダー報告が増え，外部利用者からの要求や相互作用の形で透明にするには，以前の方針や手順よりも効果的に情報を伝える必要がある。企業の将来を予測するとき，情報の透明性を高めることは避けて通れない。情報を絶えず作成してステークホルダーの要求に合致した方法で伝達することができないと，潜在的に重大な資金調達上の問題が発生することになる。

3.2　戦略的管理会計担当者と戦略的ヘッドセット

　ほとんどの会計専門家にとって，事業の発展と広範囲にわたる企業のリーダ

訳注33　bean counter（豆を数える人）とは，数字の計算ばかりしている人が転じて，会計担当者を意味する俗称である。本書では簿記屋と意訳した。

ーシップという考え方は，通常，顧客との関係性パートナー，経営者，特定の企業または産業界のリーダーシップのために用いられている概念である。また，この概念と結びつけることができるのは，戦略思考と計画が副社長などの戦略的計画の役割を担っている経営者や社員にのみ適用される。この考え方と概念は，事実とそうかけ離れていない。

すべての会計専門家はこの機会を生かし，簿記屋や財務報告書を作成する人から，企業の戦略的パートナーそして戦略的管理会計担当者[34]へ移行する機会を歓迎し，挑戦しなければならない。この概念を効果的に実践するには，既存のツール，フレームワーク，会計専門家および個々の会計担当者の進歩と進化に尽くす専門家集団がある。簡単に言えば，ツールと市場のニーズは既に存在しており，実務家はこれらの利用可能な経営資源をタイムリーで，効率的かつ効果的な方法で活用することができる。最も重要な局面に着手するには，専門的な整理方法について特定の企業とツールを理解することである。一方，テーマとアイディアは普遍的かもしれないが，実践の仕方は企業によって異なる。

「戦略的管理会計担当者」という考え方はまったく新しいわけではない。会計専門家が経営意思決定プロセスのなかでどのように統合されるかに焦点を当てており，会計学の文献には理論と実務に基づく両方の論文が豊富にある。経済がますますデジタル化されたフレームワークやビジネスモデルに移行するにつれて，会計専門家が入手可能なツールと技法が利用者と産業界の期待にやっと追いついた。

具体的に言えば，戦略的管理会計の中核となるテーマに戻ると，これらのツールを管理会計担当者が，企業の情報と統合して，元々定量的に生成されたものか，最初の定性的データから定量的指標と主要業績指標（KPI）に変換したのかどうかを説明し効果的に導くことができる。しかし，データの専門家にその役割を変えさせるには，会計や財務の専門家が訓練され，報告と分析をもっと効率的かつ合理的にするために利用できる様々なツールとダッシュボードを絶えず意識する必要がある。

掘り下げると，会話はアナリティクスや新しいアナリティカルツールに進化

訳注34　原文では bean growing（豆が成長する）とあるが，簿記屋の殻を破ってという原文のニュアンスを汲み取り，本書では戦略的管理会計担当者と意訳した。

し変わっていくかもしれないが，すべての公認会計士がITのスペシャリストになる必要はない。自動化によって多くの金融取引は簡単に，迅速に，低コストを実現した。さらに，為替スワップや負債および株主に関連する項目などの取引を自動化し標準化することで，財務諸表間により優れた一貫性や比較可能性が生まれた。

とはいうものの，このような自動化は，間違い，見落とし，自己満足を引き起こし，同様に個人や企業がだまし取ろうとして不運にも食い物にされる可能性がある。現代の会計学と市場全体の最新動向に焦点を当てると，より強力で包括的な現金と通貨のコントロールとシステムが必要である。会計担当者は，これらの現実の問題に焦点を当てるITの実施項目にますます関与しているため，それ以上に積極的なアプローチを目指す必要はない。また現金は資産であり，流動資産や現金同等物のように貸借対照表に存在し，会計専門家の中核となる能力に直接関わる。

会計担当者の役割を再定義することは，会計分野に携わる実務家が会計専門家の将来を見て，経営意思決定プロセスで戦略的役割を最も効果的に果たす職位で活動しなければならないことを意味する。要するに，広範囲な経営環境の様々な変化に対して部分的な対応をしながら，財務担当者と会計担当者は経営管理との関係で，新しい役割を進んで受け入れ，発展していかなければならない。

戦略的管理会計担当者という考え方と概念を統合することは，プロセスの重要な一部であるが，それ自体はより広い移行の一部に過ぎない。この目的を財務報告2.0と名づける。経営環境は刻々と変化し，時間の経過とともに進化するにつれて，会計専門家は状況に応じて遅れずについていかなければならない。

付録4　積水ハウス株式会社の事例

　積水ハウスはサステナビリティレポート[1]を全従業員に配布することで，企業の経営戦略を理解させて，戦略を確実に実行するための仕組み作りを行っている。同社は，持続可能な社会を実現するための重点テーマとして，CSV（creating shared value: 共有価値の創造）[2]戦略を通じてステークホルダーとエンゲージメントをとっている。

　積水ハウスの価値創造のためのCSV戦略とは，GRIガイドラインの特定標準開示項目から選定した19のマテリアルな側面を中期経営計画に沿って，①住宅のネット・ゼロ・エネルギー化，②生物多様性の保全，③技術開発・生産・施工品質の維持・向上，④アフターサポートの充実による住宅の長寿命化，⑤ダイバーシティの推進と人材育成，⑥海外への事業展開，の6つの重点テーマを掲げている。

　サステナビリティレポートには，CSV戦略の6つの重点テーマごとに，取り上げたテーマがなぜ社会にとって解決しなければならない重要な課題なのかを示した背景，課題解決を実現するための具体的なアプローチ（目指す姿，活動方針，活動が社会に及ぼす影響，リスクマネジメント），定量的・定性的情報（活動報告，主要指標の実績，評価，今後の取り組み）による進捗状況について丁寧に文章化している。

　積水ハウスは，年に1回eラーニングテストを通して，社員一人ひとりがサステナビリティレポートの内容をきちんと理解しているかを測定している[3]。この理解度チェックにより，企業の経営戦略の浸透度を測定・管理している。同社の取り組みは，長期的な企業の意思決定に定量的・定性的情報を統合しようとするまさに戦略的ヘッドセットの事例といえよう。

（注）
1）　積水ハウス株式会社「Sustainability Report 2017 〜 CSV（共有価値の創造）に向けた取り組み〜」《http://www.sekisuihouse.co.jp/sustainable/download/index.html》（2018年1月31日閲覧）
2）　CSVとは株主価値と社会的責任（corporate social responsibility: CSR）を両取りした新たな概念である。詳細は次の文献を参照されたい。Porter, M. E. and M. R.

Kramer [2011] "Creating Shared Value: How to reinvent capitalism and unleash a wave of innovation and growth." *Harvard Business Review,* Vol.89, No.1/2, pp.62-77. (編集部訳[2011]「経済的価値と社会的価値を同時実現する 共通価値の戦略」『Diamond ハーバード・ビジネス・レビュー』Vol.36, No.6, 8-31 頁。)

3) 出典:『日経エコロジー』「報告書とウェブサイトを徹底活用「三位一休」で評価を勝ち取る」2017 年 10 月号（通巻 220 号），28-31 頁。

第5章

財務報告 2.0[35]

　統合報告，サステナビリティレポート，コーポレート・ガバナンスのための指標を設定するとき，会計・財務の専門家にとって実務で行う業務活動の方法に対処し，取り組まなければならない大きな変化が生じている。専門家がどのように変わり，また，市場での報告と情報公開の需要増にどのように応えなければならないのかだけでなく，情報公開に対する需要の変化が会計・財務の専門家の大転換と進化の前兆になっている。財務報告 2.0 とは，本書のこれまでの章で分析された諸要因が原動力となって，会計・財務の専門家と産業全体の戦略的な展望と産業全体の傘のもと，それらの諸要因を要約したものである。主要な要因である会計制度と財務制度について掘り下げると，企業にとって会計とは何かという根本的な問題が浮かび上がる。

　オペレーション，マーケティング，エンジニアリングなど企業の職能部門の価値は，提供された価値という点から比較的簡単に明らかにでき，定量化もできる。通常，会計と財務の機能は本質的に無形であり，企業内の純粋なコスト・センターとして分類され，分析されることが多い。財務報告 2.0 あるいはそれに関連する専門家を再定義することは，会計と財務の見方や考え方を再定義する分析的な試みである。会計と財務のチームが体系的で，計画的なものの見方ができることで得られる本当の価値は，現場の業務活動から収集され，企業内で加工され，そして企業のあらゆる階層の意思決定者のために要約された情報にある。財務報告が重要視されるに従い，正確で実行可能なデータ，報告

訳注35　原文は finance2.0 である。従来の財務報告を finance1.0 と捉えれば，finance1.0 は財務指標を中心とした株主や債権者に対する報告である。一方 finance2.0 は，財務的な利害関係者に加えて多数のステークホルダーに対して，財務・非財務の両方の情報を報告するようになる。財務情報と非財務情報を統合して報告することが finance2.0 であり，財務報告 2.0 と訳出した。

とデータ管理のためのスピードと効率，IT 資源の活用，従前の予測モデルの改良と改定，そして実質的にあらゆる企業が直面しているサイバーセキュリティ上の脅威の管理（Hasan, 2015）といった主要な5つの側面が明らかになる。財務報告 2.0 の概念を言い換えれば，会計ないし会計システムは業務データを財務情報に変換するプロセスとして定義ができる。

1 会計：報告以上のもの

　財務報告 2.0 という見方から考えると，会計専門家が問題視すべきいくつかの戦略的な領域や疑問がある。理想的には，これらの疑問や探求に基づいて，数々のワークフロー・シナリオを発見し，会計専門家は企業の意思決定者に役立つ情報を提供できる領域を特定して，プロセス改善の基礎を形作らなければならない。会計専門家が企業に付加価値を与える方法とは，タイムリーで，目的適合的で，前期と将来の業績予想との比較可能な情報を提供することである。フローチャート，プレゼンテーション，分析ツール等は状況に応じてそれぞれの情報利用者へ情報を伝達する手段にすぎない。しかし，情報伝達の中心的な目的は変わらない。伝達される情報が課題を持つ意思決定者の要求に適合しなければ，あるいは生じた課題に適切に対処できなければ，このような情報は経営陣に役立つものとはならない。公認会計士や公認管理会計士（Certified Management Accountants: CMAs）[36] などの会計専門家が費やす時間や資源の効果を最大化するために専念できるいくつかの重要なポイントがある。

1.1　クリティカルパス

　第1のポイントは，当面の経営上の課題，つまり報告の情報が要求される最終的な目的は何かを明らかにすることである。IT や分析ツールが増えてきたことで複雑な分析を行うことができ，これらの分析に基づいた報告書の作成が

訳注36　公認管理会計士とは，IMA® (Institute of Management Accountants) が要求する基準に合致した人に与えられる称号である。IMA は非営利団体であり，会計・財務の専門家の機関である。

比較的容易になった。しかし，何が情報を求める根本的な原動力なのだろうか。自社の真の事業目的を理解することで，正しい結論を得るために会計担当者が活用すべき情報源は何かを明らかにできる。マネジメント，アナリティクス，日常的な事業上の問題を深く追求することは，会計担当者が思考とその活用の両面においてより戦略的な存在となるために不可欠である。会計担当者がこのような変貌を遂げ，妥当性を他部門の関係者たちに認めてもらうための主なステップとして，どの部門のアナリティクス，調査，および人的資本に着目するかを特定できなければならない。

　第2に，財務報告2.0で最も重要なプロセスと進化は，優れたリーダーシップの取り組みを推進させる会計専門家の役割である。財務・会計の専門家は伝統的に，改革実施項目，プロジェクト，さらにはマネジメントにとって優先度の高い仕事の中で，アドバイスやコンサルをすることが期待されていた。例えば，資金調達，資本支出計画の立案，および事業計画の作成を支援する役割を担う。分析を行い，報告書を作成し，様々なシナリオを比較することは，会計担当者によって作成され検討される典型的な成果物である。ところが，今後求められるのは，このような情報を作成したりチェックしたりすることではなく，会計部門がデータのメッセンジャーや解釈者となることである。一見して，この役割は既存の職務や責任の延長線上にあるように思えてしまうが，それでは財務報告2.0の提案全体を捉えることはできない。

　戦略的管理会計と財務報告2.0のリーダーシップ面をより深く検討することによって，会計・財務の専門家は社員と共に活動内容を大転換する必要が明らかとなる。単にプロジェクトや経営上の取り組みを支援したり検討したりするのではなく，会計専門家はリーダーシップを果たし，戦略的意思決定の前後になされるすり合わせにおいて，ますます積極的な役割を果たす。伝統的な障害に対処するため，会計職能と会計による成果物に対して戦略的に関わらなければならない。現実的には，会計担当者は過去情報に注目するだけでなく，将来展望ができるデータと情報に基づいて経営意思決定をすべきである。（会計担当者が支援する役割から主要なステークホルダーへ移行するには，他の職能領域に分類され見落されがちな戦略的管理会計の別側面を取り入れなければならない）。プロセスの改善，効率性の発見，ワークフローの改善，生産性の向上

という概念はIT系人材や実施項目として行われたりすることが多かった。これらの領域を広く捉えるようにして，IT以外の側面を扱ったり，またそれらをビジネスプロセス・マネジメントに関連づけたりすることにより，管理会計担当者が特定企業だけでなく，産業全体に付加価値を与える多くのチャンスがある。

2　ビジネスプロセス・マネジメント

ビジネスプロセス・マネジメントは，既存のプロセスをITと統合することであり，プロセス改善とこれまでいわれてきたものの拡張版や拡大版だとされることが多い。ビジネスプロセス・マネジメントの基本的な方法論は，会計，定量的データ，リーダーシップとの間に関係を築くことである。ITはビジネスプロセス・マネジメントに関する重要な一要素ではあるが，構成要素の一側面に過ぎない。ビジネスプロセス・マネジメントはこのように定義を拡大し，広範なニーズを取り入れて企業内のプロセスと活動を改善する。

ビジネスのスピードが早くなり，グローバル化が進むにつれて，ステークホルダーに提供する情報の生成と検討に関与する会計専門家は，情報要求の増大に応えていかなければならない。既存のプロセスと方針では企業に求められているステークホルダーの情報要求の増大と情報の多様性には応えきれない。データをはじめとした企業への要求に遅れを取らないために，さらに会計担当者の知覚価値を維持・向上させるために，会計専門家はビジネスプロセス・マネ

訳注37　知覚価値とは，「消費者が製品に対して抱く品質や費用に対する総合的な価値判断のことをいう。費用は総顧客費用であり金銭的費用だけでなく心理的コストなどを含む」《https://kotobank.jp/word/%E7%9F%A5%E8%A6%9A%E4%BE%A1%E5%80%A4-22734》（2017/7/18 閲覧）。延岡［2017］は総合的価値が機能的価値と意味的価値からなると主張する。機能的価値とは，「客観的に数字や仕様で表すことができる顧客価値である。一方，意味的価値は，顧客が主観的に意味づける価値で，使用者のコンテクストに依存し，暗黙的な特性を持つ」ものである（延岡, 2017, 24 頁)。本章では，情報の受け手からみた会計担当者の価値がどのように評価されるのかを示すために用いられていると考えられる。たとえば意思決定のために情報提供を受けた経営者が会計担当者につけた価値が知覚価値であり，総合的価値であると考えられる。

ジメントを日常的な活動やオペレーションと統合する必要がある。

　先行研究のレビューにより，ビジネスプロセス・マネジメントの特性を理解し，一般に用いられるプロセス改善といかに異なるのかを明らかにする。プロセス改善とは，既存のビジネスプロセスの補強と改善のためにITを活用し，徹底的な自動化によって効率性を追求することである。プロセス改善には多くの例がある。たとえば，買掛金・未払金取引の自動化，税務申告書類の作成時間の短縮，高度な分析や仮説検証を支援する強力なデータアナリティクス・ツールを会計担当者などの職能に提供することなどである。ITは，経営者が永らく望んできた変革と改善を効果的に実現するために利用できる。このような可能性があるからこそ，会計専門家はこれらのツールの機能を活用できなければならない。ITは強力なツールであるが会計専門家に与えられたツールにすぎず，経営上の知識の代用品として役立つわけではない。

　この原則に基づいて構築されるアナリティクスやビッグデータなどの定量的な方法論がここ十年でますます一般的になったということは実務家にとっても専門書からでも明らかだが，データだけでは何もできない。会計担当者と財務専門家は，予実差異の値がビジネスにとって何を意味しているのかを解釈し，定量的な財務情報を議論し検討してきた。戦略的管理会計は，専門分野におけるこれまでの流れを汲み，そのような流れを経営意思決定プロセスに取り込むための方法論である。とくに，伝統的には扱ってこなかった定性的情報の重要性が増大するにつれて，業務から生成される情報を最適に分析し，解釈し，そして行動できる企業は，成功に最も近い存在となる。先行研究と本書で提唱されてきた戦略的管理会計に関する理論をレビューしてきたことで，ビジネスプロセス・マネジメントが戦略的管理会計にとって不可欠な一要素であり，一側面であることは理解できるであろう。会計専門家が企業内で担う役割を向上させようとするために，このアプローチを取ることが問題解決型のビジネスリーダーとして欠かすことができない。

3 ビジネスプロセス・マネジメントと戦略的管理会計

　本書の中心的な見解ないしテーマに立ち返ることで，戦略的管理会計（SMA）は新たな頭字語やバズワードではないことがわかる。むしろ，本書の提案と証拠となるエピソードは，実務家や産業界が前進するために広範囲に生じているパラダイムシフト直前の新たな定義の一案である。変化への圧力と刺激は経営情報やアナリティクスへの要求といったありがちな理由からだけでなく，このような情報をいかに収集，分析，報告するかという方法からも生じる。データ・アナリティクスの専門家，認定資格，関係者が増加していることから，会計専門家と財務専門家が遅れを取らないためのプレッシャーとなってきていることがわかる。経営者が多方面から定量的な分析情報を入手するためには，会計専門家が環境の変化に適応し，目的適合性を維持することが必須となる。

　アナリティクスは市場で利用できる定量的指標とツールを扱うだけではない。実務家も学者も，因果関係なのか相関関係なのかの議論，すなわち，回帰分析における因子について十分な議論をしなければならず，事業に関する散布図の結果が何を意味しているのかを説明できなければならず，会計とアナリティクスは単に数字を算出する以上の役割をもたなければならない。数字をはじき出して企業にとって役立つ結論を得るために，会計専門家は経営陣が懸念する主要な課題に目を向け，理解する必要がある。より深く経営に関与し，直近の主要な経営課題や問題を把握することは，戦略的意思決定者の持ち味であり，戦略的意思決定者を志向している会計担当者はこのような思考を持つ必要がある。

　戦略的管理会計の焦点は次の2つの領域からなる。第1の領域は，改善につながる主要なレバーと機会を特定することである。経営者の管理下にあり改善が可能なものと，管理下になく改善ができないものを意識しておくことは，最新のアナリティクスとデータアプローチにも役立つ。それによって業務効率の向上に向けてステークホルダー・データを利用する機会が増え，経営陣が効率

的に意思決定できるようになる。また，社会と財務の目的を結びつけた複合的目的を持つ会社を目指す企業にとっても重要である。たとえば，ベンダーと顧客が1回の取引で大量購入したいとき，経営者の管理下にあるレバーは何であるか。購買プロセスを合理化することによって改善できるのだろうか。あるいは，頻繁に大量購買させるために，一括購入による値引きをすることだろうか。財務業績を向上する要因を理解することは，やみくもに情報を収集し報告する会計専門家に数字の裏にある物語やナラティブを説明するチャンスとなる。

戦略的管理会計の第2の領域は，ステークホルダーにとって有用な方法で情報を伝達し表現することである。この能力は，戦略的管理会計の潜在能力を十分に実現するために磨きをかけ，改善すべき重要な技能でもある。事業の成長を支援する推進要因を理解し，分析ができれば，次のステップとして一貫した有用な方法で情報を伝達する能力が重要となり，そのことが戦略的管理会計への移行の重要な一歩となろう。単に，データを作成するだけでは十分でない。むしろ会計専門家，とくに産業界で働く人々は，データを取り巻く背景を説明できなければならず，そうすることによって，収集され，分析されるデータの価値を高めなければならない。ビジネスプロセス・マネジメントが既存理論に不可欠な要素であるのに対して，背景説明は戦略的管理会計の最も重要な側面なので，情報開示と説明のための能力もデータを生成するのと同じくらい重要である。情報を明確に伝え，開示するだけでなく，その情報が企業にとって意義がなければ，会計機能の価値は報告と分析という狭い範囲に制限されたままとなってしまう。

3.1　ビジネスプロセス・マネジメントのアプリケーション

戦略的管理会計のような進化している領域で語られるビジネスプロセス・マネジメントを分析する場合，先行研究だけでなく実務家の実践を観察することが重要である。ビジネスプロセス・マネジメントは，その多くの機能が財務担当者と会計担当者による規制やコントロールを受けない。外部報告基準とコンプライアンス要件は標準的な作業の成果物，開示，そして情報を確実に公共へ伝達する際の助けとなるが，内部プロセスと社内の手続きはしばしば明文化も

標準化もされていない。共通の知識や標準業務の共有不足からくる非効率と無駄のせいで企業内の情報の流れが遅くなり，分析業務を扱いにくくする。

さらに，社内で適切な方針とプロセスが共有されなければ，社内カンパニーの売掛金やキャッシュフローの処理といった比較的単純な項目でさえ，複雑で扱いづらくなる。専門家の役割が頻繁に変化するにつれて，企業全体で一貫性を維持したり，効率性を高めたりする方法を積極的に探求したり，また財務部門と会計部門の生産性を改善することが重要である。ソフトウェアやウェブベースのツールを利用することは最初のステップとしては良いが，自身の職能ではソフトやツールを使えば十分と考えるのは問題である。ビジネスプロセス・マネジメントの設計で本当に必要なことは，会計情報と財務情報がどのように企業内で処理されているのかを再考することである。そのステップは，(1) 会計機能によって価値が継続的に付加され，また，(2) この価値を現行ベースで継続的に伝達し，分析し，改善できるようにすることである。

戦略的管理会計に従って，これらの概念間の結びつきを具体化する。リーダーが行う意思決定を支援し，より高度なレベルの分析と洞察を提供するために，情報伝達を行う会計担当者はタイムリーで一貫した体系の中で情報を生み出し，適切なプロセスと手順に従わなければならない。だが，このプロセスや手順を確実にするためには，種々多様な情報を収集し，同じ種類の情報ごとに整理し，分析して，現在のワークフローと方針を周知しなければならない。このワークフローと方針を作成するとき，会計の現状値と目標値の重要なギャップ，すなわち財務業績を増加させる要因を取り扱うために，会計専門家が他の職能領域と能動的に関わる責任がある。

もちろん，ギャップ分析やギャップを生み出す要因を理解することは会計専門家と財務専門家が主要業務の一部として一緒に達成しなければならない任務であるが，一緒に達成するには，さらに掘り下げなければならない。戦略的パートナーとならなければならないと単に認めるのではなく，戦略的パートナーとして十分に変革するために，会計担当者は事業を調査し，事業を理解しなければならない。しかし，戦略的パートナーとなるにあたって，会計担当者は他に資質の高い人がすでにこのような機能を担っているため，特定業界の細部に至るまでの専門家になる必要はない。戦略的パートナーを意味する戦略的管

会計の核心は，会計専門家が鳥瞰図的に事業を観察しなければならず，内部要因と外部要因の両方で業界と企業を成長させている推進要因は何かを理解することである。この分析がポーターの5つの競争要因の枠組みのもとにつくられたか，それともそうでないかはあまり重要ではない。企業に影響を及ぼす主要な競争要因を認識してしまえば，適切な分析を深めていき，これらの要因に対して企業ができることは何かをテストできる。企業には経営者の管理不能な要素だけでなく，管理可能な要素が多くある。管理可能な要素は経営者の意思決定によって影響を受け，この要素こそ最適解を得るカギである。

デジタル化の波は企業間のデータと情報の流れはもちろん，顧客から企業へという情報の流れも変える。会計担当者はデジタル化から生じる機会をとらえる準備をしなければならない。この準備が既存のスキルを向上するためにトレーニングを受講することであろうが，新たなITとアナリティクス・ツールにかかわる資格を取得することであろうが，主要なメッセージは同じである。企業がデータに基づき互いに会話し，データの収集と分析で顧客と対話をするなら，会計担当者はこの会話の一端を担わなければならない。だが，戦略的管理会計上の分析とデータは企業の価値を高めるツールであって，クリティカル・シンキングや長期計画の代わりにはならない。

3.2 ビジネスプロセス・マネジメント，ガバナンス，統合報告

コーポレート・ガバナンスという曖昧な概念とビジネスプロセス・マネジメントに注目すると，コーポレート・ガバナンスが担う報告とアナリティクスが改善でき，また改善しなければならない明確な方法を発見できる。とくに，アリババ（Alibaba），ヤフー（Yahoo!），フォルクスワーゲン（Volkswagen）そして，バイアコム（Viacom）のような近年の事例は，不十分なガバナンス体制と分析プロセスが不測の事態に至ったことを示す。理論的には，取締役会は行動

訳注38 原文は"30,000 foot level"。ビジネスの慣用句の"the 30,000 foot view"と同じであると思われる。「全体像を俯瞰的な視点から捉える」ことを意味する《http://www.strategyskills.com/1000-foot-view/》（2017年7月18日閲覧）。

訳注39 5つの競争要因とは，新規参入の脅威，サプライヤーの競争力，顧客の交渉力，代替品・代替サービスの脅威，既存産業内での争いである。これら5つの競争要因によって市場ごとの収益性が決定されるとポーターは主張した。

に責任を負う経営者を有することになっており，財産保全を担うこととなっている。この受託責任に加えて，取締役会は適切な規制機関によって定められたルールと規制の中で，企業が業務を確実に行う義務も有している。2015年末に明るみになり，2016年にフォルクスワーゲンを巻き込んだ排ガス問題は，ステークホルダーに対して適切な情報を開示しなかったり，あるいは不透明な方針で業務を行っていたりする企業が財務業績を悪化させた例である。

コーポレート・ガバナンスそれ自体と，コーポレート・ガバナンスが企業業績および財務業績に及ぼす影響力は企業にとって重要性が増大している。統合報告のフレームワークと目的の中に，ガバナンス報告の要素を組み入れなければならない。様々なステークホルダーが利用できて，目的適合性を満たすような方法でコーポレート・ガバナンスの情報をいかに収集して報告するのかは残された課題である。戦略的管理会計の原則に従うと，まず意思決定プロセスの情報で事業に影響を及ぼすのは何かに注目すべきである。言い換えると，経営者にコーポレート・ガバナンスに関する情報を伝達することが大切であるという根拠に注目すべきである。

2008年の金融危機以降，経営意思決定においてアクティビストが担う役割の重要性が増してきた。このような潮流は雲散霧消する気配はなく，むしろ統合報告自体が進化したために，内部ビジネスプロセスと意思決定においてステークホルダーの役割が強調されるようになった。このような外部投資家やステークホルダー・グループは，しばしば企業の方針とリーダーシップの仕方の両方に変革を求める。戦略的管理会計に関する概念と考え方を十分に理解している会計担当者は，ステークホルダーの役割が増していることを，価値を提供し洞察を与える理想的な機会であるとみなすだろう。概してアクティビストが注目するのは，収益性が低く企業にコア・コンピタンスがない領域で活動するという決定を経営陣が下したため，投資家が求める財務リターンを実現できなかったという事実に対してである。戦略的管理会計の機能は，課題解決にあたって最も適切な情報を収集し分析し報告するために，積極的に企業の職能領域と経営者の両方と対話すべきである。

4 統合報告と財務報告 2.0

　企業は自社が提供する多様な消費者や利用者にアピールして，市場シェアおよび製品・サービスの提供に関連する成長分野と将来の機会を探求し続けている。専門性については，会計専門家も企業と同様の考え方を取り入れることが可能であるし，そうすべきである。関係諸団体と経営者は市場のトレンドに適応するために，成長の機会や領域を追求してきた。同様に，会計職能も会計専門家のパラダイムシフトを起こしてきた要因と，会計専門家が他の職務領域からどうみられるのかにプレッシャーを感じてきた。企業の要求と期待が公表された情報の量と構成の両方に関係するものであり，これらはビジネスモデルと業務構造とともに進化してきた。会計専門家は目的適合性を保持するため，積極的に事業環境の変化に適応しなければならない。戦略的管理会計は，会計分野で起きてきたことの顛末にすぎない。

　統合報告は，戦略志向の管理会計担当者が将来を展望し経営課題の解決を支援するプラットフォームとなる。また，スマートデバイス[40]やスマートプロセス[41]の活用が増えると，経営陣が意思決定案件を評価するためのデータも増加する。顧客データと競争要因がデジタル化したために，データを継続的に集計し，分析し，解釈する能力を身につけなければならなくなる。加えて，アナリティクスへの依存度の増加，アナリティクスを生み出すのに必要なツール，それに企業の業績についての説明とナラティブ情報へのニーズや要請が高まりつつある。経営者が優れた選択をする際の助けとなる定量的情報と分析情報をあわせたデジタル化のニーズと，企業の結果を取り巻くナラティブと説明に対するニーズによって，会計専門家が優位性を理解し，優位性を活かせる理想的な

訳注40　スマートフォン，iPhone といった機器。

訳注41　スマートプロセスとは，顧客との関係構築の際に用いられるシステムのことである。例えば銀行で口座の開設をする際，事務手続きを短縮するために必要書類をタブレットやスキャナーを用いてデータを基幹システムに記録できるようにする。短縮された事務時間を顧客とのエンゲージメントのために使うことで，顧客との関係性を強化する。参考 URL：《http://www.kofax.jp/software/totalagility-customer-onboarding/》（2017 年 7 月 18 日閲覧）。

状況が提供される。

とは言うものの，とくに専門家が動的で進化しつづける市場のニーズに合わせたり進化しようとするので，会計専門家が将来直面する課題と障害を反映させる必要がある。ただし，克服困難な課題が2つある。

第1の課題は，会計担当者がなすべき職務は何かという認識や本質を考え直している専門家の意欲を削ぐ制度的な無関心である。これらの原因は専門機関，大学，そして専門の業界で多く生じ，会計機能の方向転換や，移行などへの抵抗勢力である。会計の戦略的管理会計モデルへの転換も，抵抗を受けるという点において違いはなかろう。

第2の課題は，現役の実務家や専門家メンバーの抵抗と同じように，最新の教材への要求である。戦略思考および戦略的計画は，授業でも，ゼミでも，修士過程でも，またその後も誰も学んでこなかった。戦略と戦略思考は教材で学ぶというより，実務の中で常に育んでいき，改善していかなければならない継続的なプロセスである。戦略思考のニーズと会計情報をより戦略的な形式と伝達プロセスに統合しようというニーズによって，既存の知識と訓練を補完するいろいろな技能が求められる。しかし，伝統的な定性的データを定量化する能力は，今日とは異なる訓練と教育のプログラムが必要である。

4.1 会計担当者に求められる役割[42]

会計担当者は，多様な報告書と情報を作成し，検討し，分析することに長けている。統合報告は管理会計担当者が，経営者と利害関係者に将来を展望するための情報を送ったり指示したりできる手段である。

図表5-1に示すように，会計専門家は包括的に会計を考えるべきである。統合報告は管理会計専門家に望ましい環境を構築し，財務データと非財務データの両方を情報伝達するチャンスとなる。複数の資本モデルは業務，戦略思考，サステナビリティ，それにリスクマネジメントに結びつくその他の適切なデータを含めて，いかに企業が実際に業務を行っているのかの概略を示す。

複数の資本モデルは業務の多様な側面によって業績をいかに推進できるのか

訳注42 原文は"Building Bridges"である。

図表 5-1　複数の資本モデル

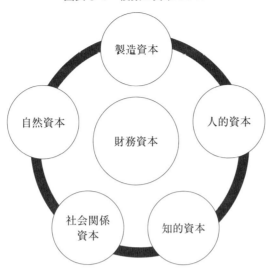

に焦点を当てるので，より戦略的で積極的な役割を志向する会計専門家にとって，統合報告は理想的なプラットフォームである。図表5-1に示したような複数の資本モデルを考えてみると，財務情報は，経営者層が分析でき，理解でき，将来の意思決定に用いる唯一の領域ではない点がはっきりする。複数の資本モデルの特質を企業に影響を及ぼす多様な問題に結びつけることは，管理会計担当者が企業内で自身の役割を向上させ，高めるような会計領域の変化を詳しく説明する論理的でわかりやすい方法となる。

4.2　移　　行

　事業を進展し成長するのに，既存の事業構造と事業境界で行う業務に制限される必要はない。分析と既存のアナリティクスを向上するための優れたツールと指標を構築する際，ITは会計専門家を支援するだけでなく，会計担当者自身のブランドと市場での地位，専門性を高める機会となる。ブランドを構築して維持することで，あるいは多くの会計担当者の場合，簿記屋から戦略的管理会計担当者へとリブランディング[43]することは口でいうほど簡単なことではない。従来，ブランドは広告，口コミ，そして対面顧客とのネットワークとイン

ターラクションの結びつきによる構築が中心であった。有効性が実証されているこれらのブランド構築の手法は，いまでも効果的であり，必ず取り組むべきであるが，現在はソーシャルメディアやオンラインエンゲージメント[44]で実施されている。以前と比較するとソートリーダー（オピニオンリーダー）としての会計専門家の育成は容易になっている。携帯端末を通じて全世界へアクセスすることが可能な現在，専門性を優位にするために会計機能の業務にこれらのITを利用しない手はない。

　だが，ブランドを構築して維持し，ソートリーダーを通じて模範を確立する点において，最新のあるいは多面性のあるソーシャルメディアキャンペーン[45]を必ずしも常に実施する必要はない。LinkedIn のプロフィールを最新の状態に保持するといった単純なステップは，多くの専門家がこれらの取り組みはソーシャルメディアやオンラインに関する常識であり単純なステップと見なしているが，情報の更新ができていないことが多い。専門性を高め，専門性の認識を他の専門家や外部パートナーへと変化させるには，会計専門家がナラティブを理解し専門的な会話のなかで，能動的な役割を果たす必要がある。トップの意思決定やリーダーシップに関連する用語をわかり易い言葉に解釈し活用することは，ソートリーダーを目指し，戦略的な会計概念や考えを伝える会計専門家にとって不可欠である。

　しばしば政治的なロビー活動や野心と結びつけられる支援運動とキャンペーンは，会計専門家の主張を支持してもらう際に利用できる。簡単な仕事ではないが，会計専門家は理想とする専門性と，市場で理想とする会計専門家像という両者の望みを叶えるために，声を上げる必要がある。優れたビジネスの中で

訳注43　すでに構築されているブランドを変えて，より効果的なブランドにすること。

訳注44　エンゲージメントとは，マーケティングの分野では，「つながり」「関与度」といった言葉で表される。オンラインエンゲージメントはオンライン上でつながりや関与度を高めることである。オンラインエンゲージメントを支援するツールに Live Person 社が提供する「ライブエンゲージ」というツールがある。ライブエンゲージは，「ウェブサイトを訪れるお客さまが目的をスムーズに達成できるよう，インターネット上の「おもてなし」を演出する SaaS 型のクラウドサービス」である《https://www.isid.co.jp/solution/liveengage.html》(2017 年 7 月 18 日閲覧)。

訳注45　SNS で行う双方向型の広告活動である。例えばある消費財メーカーがボディケア製品を顧客に無料で配布し，顧客に自社製品使用した感想をソーシャルメディアに投稿してもうという事例がある。自社製品を多くの消費者が投稿するため広告効果がある。

戦略的管理会計の概念を紹介し結束させるための最も効率的な方法の1つは，戦略的管理会計自体を重要な問題であると主張することである。言い換えれば，会計専門家の責任は，専門家とビジネス全体の両方に会計専門家が望む変革と考えを文書化し，記述し議論することにある。

断片的に述べてきたように，専門家から，ビジネスのパートナーや戦略の思想家というステータスの高いものへと認識を変えてもらうには，立ち向かうべき障害や課題があろう。しかし，業界や学会の支援者はすでに多数存在している。あらゆる専門組織や支持団体はビジネスやその専門家の本質が変化していることを口頭や文書および議論を通じて主張している。戦略思考を有する会計担当者は，このような意見を利用すべきである。

4.3 統合報告と戦略的管理会計に向けた行動

会計専門家が戦略的管理会計のために運動を起こしていくとき，分析が得意なコンサルタントはもちろん，伝統的な会計情報の利用者を含む多数のステークホルダー・グループとの対話が求められる。各ステークホルダーに会計専門家の価値を訴えたり伝達したりするためには，会計専門家個々人による支持と草の根活動に加え，対話はもちろんのこと，戦略的管理会計に関する文献の引用と言及が必要である。道は険しいものの，エンドユーザーに管理会計専門家は価値があると感じてもらうためには，これが最も確実な手段である。

いくつもの組織の中でともに働き，様々な利用者のニーズを探り当てることは，会計専門家が付加価値を与えることができるということを強調するための手段である。ある特定の組織で会計専門家が加えた付加価値を強調するための手段を講じるとともに，戦略的管理会計の賛同者たちに戦略的管理会計の考え方を広めてもらうことが肝要である。広範な会話の一環として，戦略志向の会計機能のメッセージと考えがあらゆる事業の専門家に読まれ，分析される資料の一部となることが重要である。戦略的管理会計の概念を統合して拡大することと多くの人々に戦略的管理会計の考えを伝えることは，戦略的な会計機能の考えをビジネスに広め，認知させ，そして維持する手段である。

戦略的でビジネス志向の会計機能を持った専門家の代表になることは，多くの会計や財務の専門家を根本的に変化させることであるが，これは必要不可欠

なことである。市場での転換や変化で優位になることを目指す専門家にとっては利用可能な様々な機会があるが，移行や変化に対応しようとしない人にとっては潜在的な落とし穴となってしまう。伝統的に扱ってこなかった情報のアナリティクスや報告，そしてこのような非財務情報をステークホルダーに伝達することは，伝統的な会計専門家や経理部内のサービスとしては必ずしも求められていない。専門家についてアカデミックに捉えるのも実務の内容について考えるのも重要ではあるが，部分的には専門領域で起こった大規模で全体にまたがる影響を受けている。専門家の代表として，広範なビジネスコミュニティーと対話することは，会計の専門領域にいる全ての専門家の責任である。

報告するために，あるいは対話するために特定のチェックリストや項目リストにまでドリルダウンすることは興味深いが，柔軟性，適用可能性，それに新たな概念と考えを統合するというレピュテーション構築にとっては正しいアプローチではない。個々人が働く特定産業の状況によって，個人としても会計専門家としてもレピュテーションを構築するいろいろな方法がある。とは言うものの，会計専門家は専門家としてのブランド構築と戦略的管理会計の概念の両方を広げるために，ソーシャルメディアなどの双方向ツールを利用するだけでなく，しっかりした著書を出版することにも強みや機会がある。

4.4　なぜ今なのか

懐疑的な専門家から，専門家や忙しい個人がなぜこの時代に学習して，市場で新しいブランドの構築に力を注ぐべきなのかと尋ねられるかもしれない。結局数十年間もビジネス界や世界全体を巻き込んできた変化で，いまは何が異なっているのか。この質問の解答がわかりビジネスが変革しているにもかかわらず，会計報告と財務報告の機能は活性化されていないという現実から，本書の包括的なテーマと結びついて，会計専門家の移行が叫ばれていることがわかる。事実，専門家がみなビジネスに活用されるITと意思決定の趨勢を無視してきたというわけではなく，むしろ現実は正反対である。財務のワークフロー全体をITで統合することによって，企業と実務家がコストをかけて，税務，出納，資金管理，それに調整項目を効率的で生産的に行ってきた。しかしながら，当該問題は会計専門家と財務専門家が行ってきた既存の仕事の延長線上に

ある IT とプロセス改善よりも難しい。すなわち，その問題は専門家の再構築，再創造という本質の探求である。身近にある機会を最大化するためには，専門家と学者が共同で焦点を向けなければならない重要な領域がいくつかある。

　老舗企業はいまのままであり続けようとして混乱と業界での大きな変化に抵抗し続けるし，スタートアップ企業は現状に挑戦するので，ステークホルダーはみな非常に多くの情報を必要としている。事業環境と状況は変わってきており，管理会計専門家は目的適合性を保持するために変化に適応しなければならない。戦略的管理会計は会計専門家が現在担っている役割を拡大させて，企業内でより戦略的な立場を担うための概念フレームワークとなる。統合報告のテンプレートとフレームワークは，戦略的管理会計の概念を強固にする。統合財務報告と統合報告のフレームワークの中に組み込まれた複数の資本モデルは，戦略的管理会計の概念を実現させようとする管理会計担当者にとって優れたツールである。

(1)　アナリティクス

　残念ながらアナリティクスやビッグデータという用語は本来の意味が曖昧になってきており，若干ありきたりで多くの異なる目的や文脈のなかで使われてきた。アナリティクスの中心的な目的は，またアナリティクスの経営でのあるべき活用法は，経営者によりよい経営意思決定をしてもらうことである。分析されるデータあるいはその意思決定でさえそれを特定することは，分析される情報と分析後の報告の両方で，経営者にとって効果的に利用でき有用でなければならないという事実に比べれば些細なものである。とくに，ガバナンスとサステナビリティ，そして定性的情報の定量化に結びつく分析と報告は，会計専門家と学者にとって課題であるが機会でもある。2015 年にハーバード・ビジネス・レビューのインタビューの中でロバート・エクレスが指摘したように[46]，伝統的には扱ってこなかった指標に対する保証基準と報告基準を構築して実行することは会計専門家にとって最大のチャンスであり，また課題でもある。こ

訳注46　Harrell, E.［2015］"How Accounting can help Build a Sustainable Economy,"*Harvard Business Review Digital Articles*.

のような指標と基準の構築は会計専門家にとっての義務でありチャンスでもある。

(2) ステークホルダー報告

ステークホルダー報告およびステークホルダー志向の経営は，報告とガバナンスとの相互作用において，これまでで最も大きなパラダイムシフトであろう。経営陣と取締役会は，株主と債権者の明示的なニーズではなく，ステークホルダー・グループの非財務的な情報ニーズをますます意識するようになっている。ガバナンス，サステナビリティ，およびデータの安全性は補足説明としての開示から，企業の財務業績に影響を及ぼすものへと変貌を遂げつつある。多様なニーズを持つ世界中の顧客に適合して，事業が進化し移行してきたのと同様に，ますます変わりつつあるユーザー志向のニーズへの移行を実現する必要がある。

2008年の世界的な経済危機以降，企業データの利用目的が広がり，データ利用者の多様な要求は企業が業績をいかに報告し分析するかを統合しなければならないことが明白となった。会計業務に関連する情報システムの主要な機能は，受け手に適切な情報を提供することである。企業データの広範で多様な利用者に共通した利用可能なテンプレートと報告フレームワークを構築することは，管理会計担当者が担う特有の領域である。外部ユーザーとの意思疎通に影響するマネジメント上の課題解決策をだせれば，管理会計担当者は同僚と経営者の両方からの知覚価値を増大させうる。

(3) 戦略の重要性

いかなる企業も戦略的計画や成長のための具体的な計画と予測情報を持っている。ところが，これらの戦略的計画が業績を評価するための定量的データによる支援がない場合には，入念に計画された企業全体の戦略的計画や実施項目は，本来得られるはずの効果を最大化させることが困難となるか失敗する可能性がある。実施項目の業績の定期的な振り返りと，実施項目それ自体を微調整したり再評価したりすることは，戦略的計画の立案プロセスにおいて健全で必要な行為である。企業が本当に実行したい戦略は，企業が未来に向かって進ん

でいくべき1つの考えであり概念である。状況や事実が変化すれば，しばしば計画を更新する必要があるので，企業にとって戦略はつねに現状の環境に合わせる必要がある。しかし，たいていの場合，戦略や戦略的計画は据え置かれ，その後のチェックや結果の測定が行われずに，それぞれ勝手に進められてしまう。

管理会計専門家は戦略と戦略的計画を構築し精緻化する中で，より卓越した役割を果たさなければならない。管理会計専門家はしばしば企業の戦略の業績を客観的に評価することができ，評価する上で最も適する情報を理解している。業務リーダーと経営者の間のギャップの橋渡し役となることが，会計部門の役割として暗黙裏に期待されている。会計システムと会計プロセスが比較検討後の意思決定のために業務データと業務結果を財務業績に変換する方法と類似しており，このような情報の解釈と説明は会計担当者が担う不可欠な役割である。とは言うものの，広範なビジネスコミュニュティの変化と移行が促進するにつれて，会計専門家は業績に責任を持つ役割と責任の変化を受け入れる準備ができていなければならない。行動を起こす上で，企業の財政状態を報告するだけではもはや不十分である。会計担当者は，企業が将来どこに進もうとしているのかも説明できなければならない。

5　協力して橋を架ける

特定の専門用語や概念を用いて記述しているにもかかわらず，変化を示す基本的なメッセージは異なっている。広範な事業の展望や会計専門家に求められている要求は変化している。競争と規制の見通しが変化するとき，企業は事業環境の急速な変化と転換に対する要求に適合する新たな報告と分析の構造を適用し，実行しなければならない。変化させたり，混乱を起こすにもかかわらず，管理会計担当者が担う役割とサービスは，事業のいろいろな局面で起きている変化に常に適応してきたわけではない。事業と経営意思決定者が情報のデジタル化，プロセスと報告の自動化に焦点を当てるにつれ，管理会計そのものを改革せざるをえず，管理会計機能が企業内でどのように見られるのかを意識

せざるをえなくなる。目的適合性を保持し，会計機能の重要性と知覚価値が増大することは，伝統的会計に求められてきたものと比較して，高い創造的思考と柔軟性が求められる。

これらのトレンドや革新のための議論は，一貫性がなくて曖昧な議論や分析がなされるような些細な事ではなく，厳格な議論や分析が求められる。変化するニーズを統合し，経営者と外部ユーザーの両者が変化するニーズの要求を満たすのは，容易に達成できない多面的課題であり，反復的なプロセスを伴う活動となりうる。すなわち，専門家は可能な限りこのプロセスをすぐに始める必要がある。

会計専門家は同時に2つの独立した役割を果たさなければならない。

第1は，専門家としての報告と分析，それにこの役割に付随する責任を持ち続けなければならず，市場で現状を維持しつつ発展していく必要がある。

第2は，エンドユーザーのニーズを捉え，成果物をより価値あるものとするために新たな戦術とITを活用することである。サステナビリティ，ガバナンス，経営意思決定におけるタスク・マネジメントと戦略とを統合する広範な分析と議論に関連して，会計の役割が進化していることが明らかとなってきている。

企業は財務報告と分析の責任に加えて，会計職能の主要なミッションと目的をますます重視するようになってきている。業務のデータと結果を財務情報に変換する媒介者や翻訳者であるために，会計専門家は企業の意思決定プロセスの中で重要な役割を果たす独自の存在である。理想とする戦略的な会計機能を生み出すためには，情報の量と種類の増加に対するニーズはもちろんのこと，非財務情報に関心のあるステークホルダーの要請，それに経営者のリアルタイム情報が求められる。しかし，ほとんどのケースも同様に，変化が専門家にまで至るという事実を認めるだけでは不十分であり，専門家メンバーはこの事実を捉えて，専門家あるいは関連企業を効果的に利用しなければならない。

会計担当者と財務担当者の中心的ミッションとを関連づけると，企業全体がタイムリーで一貫した情報を公表し，専門家の進化と移行のための基礎が敷かれているという証拠がある。内部と外部のステークホルダーはもちろんのこと，企業もタイムリーで定量的情報を多く要求している。一方，会計専門家は

こうした情報要求を満たさなければならない。アナリティクスの利用の増加とデータサイエンスの進展はチャンスでもあり課題でもある。データサイエンスとアナリティクスは歴史的には会計専門家とは関わらなかったが，これらの領域の重要性が増加したため，会計専門家はこうした移転を受け入れなければならなくなっている。幸運にも，意味のあるそして一貫した方法で情報を定量化して報告するという会計専門家の能力に関係しているので，このトレンドは専門家の歴史的な強みとして構築される。

　経営の専門家という強みを利用することで，会計専門家は，専門家全体を前進させ，事業環境の変化の中で明らかに優位性を有すると考えられる。実際のところ，常識的で正確な意思決定を行うには，会計データが不可欠である。経営者は最も効果的な意思決定を下すために，会計機能の既存能力である正確なデータを求める。タイムリーで比較可能なデータの要求を同時に構築するには，会計専門家の得意分野に関連しており，一般的な事業環境と対話の中に戦略的管理会計の概念と考えを導入しなければならない。事業環境がデジタル化やグローバル経済に転換してきたように，会計機能がこのような変革に適合し，戦略的管理会計を適切に導入する必要がある。進むべき方向は明らかであり，会計専門家は行動を起こさなければならず，こうした理論を実践しなければならない。

付録5　エーザイの複数の資本モデル

　統合報告では伝統的に財務報告で扱ってきた財務資本，製造資本，知的資本の一部の他に，人的資本，社会・関係資本，自然資本といった多面的な資本を扱う点に特徴がある。統合報告の中で，これらの複数の資本モデルが財務指標と非財務指標を通じた測定，あるいは記述情報で示される。

図表付-3　エーザイの統合報告書の表紙

出典：エーザイ株式会社［2017］『統合報告書2017』。

　複数の資本モデルを通じてどのように報告されているのかをエーザイ株式会社の統合報告書で確認する。同社の『統合報告書2017』は図表5-1で示された複数の資本モデルを連想させるような表紙となっている（図表付-3）。ヒューマン・ヘルスケア（hhc）を中心に5つの資本で構成されている。上から時計回りの順に，知的資本，社会・関係資本，自然資本，製造資本，人的資本を表していると考えられる。

『統合報告書2017』では報告内容ごとにどの資本に関連づけられたものであるのかがわかるようになっている。例えば「神経領域担当執行役のメッセージ，神経領域の進行中のプロジェクト」は知的資本に分類されている。社会・関係資本では「医療品アクセス向上への取り組み」，自然資本では「地球環境に配慮した事業活動」，製造資本では「グローバルな生産体制」，人的資本では，「グローバルなマーケティング体制」である。これらの報告内容は文章で示されるとともに，根拠となる数値情報も表示されているものもある。

第6章

理論から実務へ

　会計専門家にとっての指針および進むべき道は，広範囲にわたって継続的に変化しており，機会と挑戦に満ちている。本書は，会計専門家および一般的に会計という職業が，事業領域の変化に備え適応できる明快で定量的な方法を明らかにすることに焦点を当てて分析を行ってきた。業界のトレンドに依存して，企業ごとに実務家の地位や影響を受ける範囲は異なるにしても，個人と企業の双方に対して，企業を成功に導く方法や考え方，ステップがある。とは言っても，本章で述べる内容は，統合報告や複数の資本モデル[47]，および会計担当者の戦略的な方向づけといった概念に関わるものであり，実務家が実行できる具体的なステップと行動計画に焦点を当てることに主な目的がある。

　会計担当者がより戦略的に仕事に取り組むための提案と計画を実践する最初のステップは定量化に取り組むことであり，会計担当者の戦略的な役割が企業に対してどのような意味をもっているかを明らかにすることである。戦略的な会計担当者が企業にもたらす価値は，上級経営者の意思決定プロセスと直接的に結びついている。

　統合報告は複数の資本モデルを包含しており，意思決定に必要な多様なデータベースに基づいた常識的なフレームワークを提供している。簡単な例としては，原材料調達の意思決定，すなわち企業が地球的規模で業界の枠を超えて継続的に行う意思決定がある。戦略的な管理会計担当者は，定量化と企業の財務業績に関する細分化された意思決定を追求することはもとより，卓越した意思決定の波及効果についても理解し，分析することが大切である。

訳注47　国際統合報告評議会（International Integrated Reporting Council：IIRC）が2013年に発表した国際統合報告フレームワークにある6つの資本（自然資本，製造資本，社会・関係資本，人的資本，知的資本，財務資本）をいう。

統合報告の複数の資本モデルを活用することが，広い範囲に細分化された意思決定が行われるきっかけとなり，以下に掲げた質問項目の検討が，意思決定プロセスの一部として取り組まれることが望まれる。

> 自然資本（企業の過去，現在，未来の成功の基礎となる財・サービスを提供するすべての再生可能および再生不可能な環境資源（たとえば空気，水，土地，鉱物，森林など）と生物多様性や生態系の健全性）[48]
> ――自然資本に関わるサプライヤーの問題は何か。規制の問題か，安全性の問題か，コンプライアンス（法令順守）の問題か？
> 製造資本（製品の生産またはサービスの提供にあたって企業が利用できる製造物で，自然資本とは区別される。）
> ――製造資本の利用は，現在の物流資源および物流資産（logistical resources and assets）にどのような影響を及ぼすのか？
> 社会・関係資本（個々のコミュニティ，ステークホルダー，その他のネットワーク間，またはそれら内部の機関や関係において情報を共有する能力）
> ――エンドユーザーなどのステークホルダーからどう見られているか？
> 人的資本（人々の能力，経験，イノベーションへの意欲など）
> ――現有の知的財産または従業員からの提案，提供された情報を使って，よりよい問題解決の方法を見出すことができるか？
> 知的資本（組織的な知識ベースの無形資産（知的財産権，暗黙知・システム・手順などの組織資本））
> ――知的資本の開示は，特許で守られた技術またはプロセスを脅かされることになりはしないか？
> 財務資本（資金調達や事業活動もしくは投資によって生み出されたもので，企業が製品を生産し，サービスを提供する際に利用可能な資金）
> ――最も良く，かつ最も効果的に財務資源を利用しているか？

上記の複数資本モデルに掲げた各検討事項は，どれもとくに画期的なものではないが，問われている内容はどんな意思決定にも通じる広い範囲からの検討を必要としている。これらの検討事項に適切に答えを出すのは，多くの場合，

訳注48 原著には，（ ）内の6つの資本の内容に関する記述はないが，本書ではIIRCの国際統合報告フレームワークに従い，6つの資本の内容についての説明を追加した。

会計専門家ではなく，会計チームや財務チームとの連携を必要としている業務部門である。現代企業の階層組織と戦略的管理会計の概念モデルとの間で決定的に異なる要素は，戦略的管理会計の概念モデルが会計担当者の果たすべき責任と役割を変えようとしている点にある。会計担当者の役割が財務情報の提供とレビューに比較的限定されている。しかし今日，企業が興味と関心を持つべきは，上記の複数の資本モデルにみられる広範囲の領域の検討事項に答えることである。そのためには会計担当者がこれまで以上に意思決定プロセスに参加する必要がある。

　前に簡単な例を挙げたが，それを経営実務において十分に実践するために，管理会計担当者は，従来の会計専門家よりもさらに広い視点で，戦略的管理会計の実行に率先して取り組まなければならない。そうした行動は，業務部門に対して会計担当者が果たす役割についての長時間をかけた難しい話し合いになるかもしれない。しかし，それでも次の3つの事実があることを忘れてはならない。

　第1に，事業環境がますます複雑化しており，企業は，投資家のみならず，ステークホルダーを理解するとともに，エンドユーザーに対しても時代のニーズに対応しなければならない。

　第2に，企業は，情報が以前にも増して一層有用なものになっている。モノのインターネット（Internet of Things; IoT）[50]とソーシャルメディア・アナリティクスの2つは，まさに，製品やサービスに関する企業とエンドユーザーとの相互のやりとりを必要としている代表例である。

　第3に，事業および市場は，経営陣が以前に経験したことがないほど不安定になっている。不安定さの原因は，部分的にはグローバリゼーションと取引の障壁が低くなったことに起因する必然的な企業の位置関係の変化によるものであるが，不安定さをもたらしている別の要因も存在する。

訳注49　原文は management accounting function（管理会計担当者）であるが，役割として記述されている内容が管理会計の役割と異なるため，単に会計担当者とした。なお，日本では，会計担当者の役割は財務情報の提供とレビューに限定されないのが一般的である。

訳注50　IoT は，身の回りのモノがすべてインターネットにつながっている状態を表わした言葉で，今日，クラウドサービス，AI（人工知能）と並んで，IT の活用ツールとして不可欠なものになっている。

従来，企業と業界との境界は明確に定義，区別されており，経営者と投資家とによって，企業は事業を推進するために防衛的な対応をしてきた。実際，ビジネスモデルと企業に関する伝統的な定義によって分離・区別されてきたのは，まさにウォーレン・バフェットが推奨した「モート（moat）[51]」の概念がその典型である。

　競争的モートという考え方は，簡単に言うと，ある特定の有形資産，市場における位置関係，ないしは知的財産のために，企業は特定の市場で専門的な地位を確立し，維持できるということである。これまでバフェットが引き合いに出した企業，および永続的に競争優位を獲得している主要な市場は，アイビーエム（IBM），コカコーラ（Coca-Cola），ウェルズファーゴ（Wells Fargo）である。これらの企業は，財務的な影響と業務上の焦点とを組み合わせる多様な理由から，拡大した市場で，特定の重要領域を切り開いて防御してきた。

　このような事業環境の変化は今日さらに進展しており，すべての企業が，市場の細分化が進行している現実に気づいている。たとえば，アマゾン（Amazon）やグーグル（Google），近年ではフェイスブック（Facebook）のような企業によって，市場の多様化に拍車がかかり，企業の持つITや有形資産とエンドユーザーとの間の境界がぼやけている。ITの統合化の進展，線引きと境界とがぼやけてしまった結果として生じたシェアリング・エコノミー（共有型経済）[52]は，事業の分析と報告に関しても基本的な変化をもたらしている。

　エアビーアンドビー（AirBnB）[53]やウーバー（Uber）[54]のような企業は，業務遂行に必要な最低限の資産を所有し管理しているにすぎないが，貸部屋業界や自動車業界に対して絶大な影響力をもっている。そのような分割された市場構造

訳注51　moatには，本来，「都市や城壁，動物園の檻などの周りを堀で囲む」という意味があるが，ここでは，「競合他社が飛び越えることができない堀」と解釈できる。

訳注52　シェアリング・エコノミー（共有型経済）とは，シリコンバレーを起点として成長してきたもので，個人が保有する遊休資産の貸し出しを仲介するサービスがその典型である。シェアリング・エコノミーにおいて，貸主は遊休資産による収入を得ることができ，借主はその資産を所有することなく利用できるというメリットがある。次に紹介するエアビーアンドビー（AirBnB）がその嚆矢とされている。

訳注53　エアビーアンドビーは，2008年創業の世界中の空き部屋などユニークな民泊施設に関する情報や予約サービスを提供する情報サイトである。

訳注54　ウーバーは2009年に創業されたタクシーなどの自動車配車サービスのウェブサイトであり，一般人による有償旅客輸送サービスも行っている。

の下で，経営者は，これらの企業が情報をどのように分析・報告しているかという新しい視点を持つことが必要である。こうした変化は，伝統的な方法で事業を行っている企業にも当てはまる。しかし，この事実を現実として受け入れることと，異なる役割をもったグループ間における相互の関係と連携とをいかに実現するかということとは別問題である。

1　戦略的管理会計のクリティカルパス

　クリティカルパスは，プロジェクト・マネジメントの専門用語であり，プロジェクトが首尾よく実現されることを狙いとして，一定の時間と順序で実行されるステップとプロセスの組み合わせを示したものである。戦略的管理会計の展開と組織の再構築を支援するには財務資本と人的資本への投資が必要であるとして経営陣を説得しようとするとき，戦略的管理会計の実践のための思考様式を採用することが論理的で現実的な戦略となる。客観的に図示され，評価ができる各手順と段階によって構成された計画を綿密に立てることは，思考様式の採用プロセスにとって必須のステップである。

　さらにプロセスを理解しやすくするため，よく知っている専門用語や経営の手法を取り入れることも，当面の課題の検討と討論を行うことに役立つ。当面の中心的課題について深掘りして検討することは，企業の短期集中的なプロジェクトとして，会計担当者を戦略的に行動させ，さらにそれを持続させるための運動と努力に対して大きな効果がある。どのようなプロジェクトにもいえることであるが，プロジェクトを期間内に終わらせるためには，プロジェクトを適切に監督し，管理しなければならない。クリティカルパスを確立することは，プロジェクトの成功に最も力を注いでいる管理会計担当者の責任である。

1.1　クリティカルパス

　戦略的会計機能のより高い水準をめざして，クリティカルパスの分析を始めることは，合理的で比較的わかりやすい方法である。最終的なステップを実際に取る前に，クリティカルパスの概念と最終目標を理解しておく必要がある。

このことはまた，実際に戦略的管理会計機能の全体的な目的は何かについて検討する機会を提供する。重要な点は下記の3つの点に集約できる。

第1は，戦略的会計機能の目的を，意思決定プロセスで卓越した決定的な役割を成し遂げることとすることである。第2は，非財務情報，および伝統的には扱ってこなかった競争力に関する情報を深掘りし，定量化して理解することである。第3は，経営陣による経営意思決定の視点からみて，定量的財務情報，定性的データ，業務情報，事業の決定と計画とが1つに結びついていることである。

ステークホルダーに対して，業務に投入した資源と財務情報との関係について言葉で説明した情報を提供することは，管理会計担当者が果たすべき責任である。戦略的管理会計はまさにこの役割が拡大することを求めている。

クリティカルパスの実現は，検討すべきテーマを掲げるという簡単なステップから始まる。テーマを掲げた対話は，企業，業界，そして個人によって様々な形式をとることができ，またそうすべきである。

たとえば，対話の1つの方法は，これまで以上に企業の購買部門とIT部門に密接な関係を持たせることである。言い換えれば，これらの部門の中で，会計と財務がどのように入り込むことができるかということである。ITは，業務的意思決定プロセスのあらゆる局面とますます統合されており，財務担当者がこれらの問題により深く関わるようになるのは有意義なことである。

もう1つの対話のテーマは，報告書とテンプレートに関して，企業の中で会計担当者から別の部門の担当者に伝達される情報について検討することである。言い換えれば，現在伝達され報告されている情報が，受け手にとって適合性や有用性があるかどうかについて対話を行うことである。

プロジェクト・マネジメントの問題に戻ると，企業が与えられた目標を成し遂げるためのより効率的な方法を発見することは，戦略的管理会計に関する対話を促し，さらに発展させることのできるもう1つのテーマである。企業において，現場と中間管理職から最上位の意思決定者に対して伝達される情報の流れと質を改善することは，管理会計担当者の企業に対する役割をより先見的で戦略的なものとして考えるということである。

企業情報の流れを改善するには，その情報のエンドユーザーと適切に対話し

なければならない。そのため，会計チームはどのような情報が実際に役立つのかを知っておく必要がある。役立つ情報を明確にし，その特性を把握するという課題を実行可能なステップの中に織り込むことによって，クリティカルパスのステップは，エンドユーザーの特定グループとの建設的な対話を確約することになる。このアプローチをとるためには，定期的なコミュニケーションの実施や報告される情報内容について継続的に検討する時間が必要である。

1.2 アナリティクスと経営意思決定

　報告の形式とテンプレートから対話を始めることは，一見すると間違っており，情報源とは対極の最終業績からアプローチしているようにみえるかもしれない。しかし，より詳細にこの提案を分析すれば，最初の時点で最終業績を考えることは，一般的に財務報告に関連したいくつかの問題を処理するための理にかなった方法である。会計と財務の担当者は，エンドユーザーに提供した情報を通して，それらの情報が内部向けまたは外部向けのどちらの性質をもっているのか，それらは財務業績のみ，あるいは定量的データと定性的データの結合に対して焦点を当てたものなのかどうか，といった企業にとって価値ある洞察を提供する。

　戦略的管理会計を実践するためにクリティカルパスでどのようなステップが必要かということを説明するには，次のシナリオが考えられる。

　たとえば，毎月末を想定すると，財務諸表が財務と業務のチーム双方のメンバーによって集計され，検討される。そこでよく出てくる不満の1つは，データの有用性が不足しているという点である。すなわち，財務報告が月末にのみ締め切られるため，毎月のレビューの前に分析をするのに限られた時間しか提供されないという現実がある。これらの悩ましい問題の解決を手助けする選択肢には次のものがある。

　たとえば，支払給与総額と福利厚生費に関する情報に関して，それらの差異についての責任を任されている業務管理者は，支払給与総額のために直接作業時間をベースにして月間の支払給与総額と福利厚生費を見積もることができる。会計担当者は，互いに関係し合う2つの機能をもったサイロを置くことができるが，そこには支払給与総額という敏感な性質をもった細かなレベルのデ

ータを持ち込むべきではない。支払給与総額の不安定性の中には季節性や時間外労働の問題が含まれるので，このプロセスは，少なくとも所与の期間中にどこにコストが生じるのかを見積もる基準線の確立に貢献するにすぎない。

より深い分析を行えば，企業や業界に関わりなく，特別なセグメントや事業のタイプに対応したコストの大部分と原因が特定されたコスト・ドライバーとコスト項目との組み合わせは，比較的少ないことがわかる。これらのコストが，気候パターン，入場者数，または利用率のどれに原因があったかにかかわらず，全体に関わったり繰り返したりする点は共通している。主要なコスト・ドライバーが発生することによってコストが増加するので，これらに関連したコストが業務のどこで増加したのかという調査が多く行われる。

これらの主要なコスト・ドライバーについて認識し焦点を当てることは，業務と財務の担当者に対して2つの影響を及ぼす。

第1は，どの項目が統計的にコスト最大かを示すことによって，現場と財務担当者が，業務の効率化，減量化などの指標を通して，関連コストを低減する方法の発見に関心を持つようになる。

第2は，限られた時間と資源を伴った業務環境の重要性に関するものである。企業は，原価差異の最大要因となる時間と資源に着目した管理方法を，時間と人的資本のより効果的な活用に変えることが可能になる。

会計担当者は，計画的観点と部分的な視点から給与支払総額とコスト最大のコスト・ドライバーに焦点を当てることによって，実質的に適応能力と意思決定能力を強化することができる。こうした課題について検討を行うことによって，また，日々の業務の遂行や管理に関わる担当者全員と連携することによって，会計専門家は，業務に携わる全従業員と一層関わりを持つようになり，事業業績の誘因となる要素について熟知するようになる。こうした結びつきと将来を予測する視点から課題と向き合った結果は，会計担当者をより戦略的にする効果がある。

統合報告は，もともと経営陣と経営意思決定者たちが取り組むべき課題を与えており，意思決定を適切なものに，また適合性あるものにすることができる。加えて，事業の発展に貢献する要素と，実際に業務と財務の差異の原因となっている要素を理解することが，管理会計担当者に予測的アナリティクスの

概念を実践する能力を与えることになる。

1.3 予測的アナリティクス

　以上のことから，報告の質的な改善のために分析を続けることは，会計専門家としての質的改善を可能にする重要な拠り所となり，付加価値活動のもう1つの潜在的な源泉となる。会計専門家が他部門と生産的な関係を構築し維持すること，また事業の成功をもたらすものは何かについてより洗練された形で理解すること，さらに意思決定プロセスにより深く関わることは，会計担当者を戦略的にするための窓を開けることになる。

　たとえば，将来の財務業績を予測することは，長い間，財務担当者の財務計画チームと予算チームの役割であった。しかし，会計チームがこのプロセスを支援しない理由がはっきりしていなかった。会計チームのメンバーはすでに，実際の財務業績がどのように記録され報告されるかについて熟知しており，また，より広範囲のプロジェクトに会計チームを活用している企業が増加していることも知っている。将来の財務業績を予測することが，会計担当者をある程度戦略的にすると考えるのは論理的といえる。

　以上のことから，会計チームのメンバーが参加して将来の財務業績を予測することは，これまで伝統的に行われてきた予算や見通しの代替物または置換物ではない。戦略的管理会計の概念も，また予測情報を統合報告の中に統合することも，これまで伝統的に行われてきた見通しをそのまま予測的データに置き換えることではない。戦略的管理会計および統合報告も，与えられた期間で企業の最終目的は何かを構築すると同様に，ベンチマーキングと業務管理のツールとして重要な役割をもたらす。とは言うものの，現場の実際の業務は，予算で期待されているものとは全く異なった結果になるおそれがあり，まして将来を予測する業務はなおさらそうなる可能性が高い。

　予測値がそのときまでの実績値に対する残りの予算にすぎないなら，実際の業務の進め方を変えても，当初の予算を役に立たない効果のないものにしてしまう。こうした事態を防ぐためには，当初予算に対する差異分析を継続するだけでなく，予測的な見通しとアナリティクスに焦点を絞ったより柔軟な差異分析プログラムを立案することが効果的である。アナリティクス，とくに予測的

アナリティクスは，しばしば，かなり複雑なアルゴリズム[55]と公式，および他の技術的なものの組み合わせを連想させるが，これらの組み合わせはいつも必要とは限らず，また生産的ともいえない。

1.4　予測の意義

予測的アナリティクスは，情報を提示し活用することによって，もともと難しい仕事である企業の将来計画の作成を支援するために情報を探し求めることである。予測のプロセスを信頼できるものにするには，まず，生成された情報の適合性を改善するだけでなく，主要なステークホルダーからの同意を確実にするため，ドリルダウンした的確な検討事項を質問形式で掲げることである。面倒なのは，われわれはどのような質問を行うべきかを検討事項にする場合である。統合報告のような報告のフレームワーク，あるいは報告に関する技術ないし企業の考え方が確立されているかどうかにかかわらず，情報の真の価値は，経営意思決定プロセスを支援するものであるかどうかにある。

主要なコスト・ドライバーの事前分析を基礎にして，会計専門家は，その方法を定式化し，財務業績のドライバーは何かを追求する。すなわち，適切な検討事項を掲げ，全従業員がそれを追求するようになると，業務情報をどのように財務データに変換すべきかという考えになり，それを実践できるようになる。

予測的アナリティクスを行う対話の枠組みをつくり，事業課題や主要なコスト・ドライバーとレベニュー・ドライバー，さらに企業が直面する現実問題と結びつけた対話を行うことによって，戦略的管理会計の概念を首尾よく実践に移すことができる。定量的なアナリティクスに支えられながら，戦略思考を統合することで，企業は，会計が積極的で戦略的な役割を果たすことができるか，また果たすべきなのか，という現実的かつ今日的な課題に対応することができる。予測的アナリティクスと報告を前提にすると，解決が必要な残された課題，すなわち，予測的な報告または情報が役立つためには何を行うべきか，という次の課題に対応することになる。幸いなことに，経営意思決定のプロセ

訳注55　アルゴリズム（algorithm）とは問題を解くための計算手順，処理手順のことである。

スにおいて，管理会計担当者が，概念的ではなく実践的な報告を支援する戦略と方法がある。

　将来の業績を正確に予測するモデルを構築するには，正しい予測目標は何か，その目標はどうあらねばならないのかを理解する必要がある。予測的アナリティクスは，それがどんな種類の予測であっても，水晶玉のような占いであってはならない。また，将来の業績と成果の予測が絶対に正しいと想定すべきでもない。

　むしろ，予測的アナリティクスの真の価値は，会計専門家によって収集された情報を利用して，業務と財務のリーダーシップをとる者にとって，よりよい意思決定ができるように変化を起こすことにある。業務と財務のマネジャーが十分対話を行って，対話に参加したすべての会計スタッフは，何が企業の業績の主要なドライバーとなるかについて，コストと収益の両面から理解すべきである。すでに述べたところではあるが，予測的アナリティクスと戦略的な会計の役割の双方にとって，これらの要素について理解を深める必要がある。

　予測的アナリティクスと戦略的会計の役割の概念をレベニュー・ドライバーとコスト・ドライバーを含む運用モデルに組み込むことは，ほとんどすべての企業が今日何らかの方法で予測していることを考慮すると，それほど複雑でもなく，時間を浪費するような努力でもない。要するに，予測的アナリティクスを導入すると，多様な異なったシナリオのもとで実際の財務業績がどのようになるのかという，より現実的で柔軟なモデルを構築できるようになる。

　前述したように，このことは，業績管理と企業目標の実現にとって必要不可欠の伝統的な予算編成や予測プロセスを変更することではない。むしろ，予測モデルや予測ツールは実績の管理を支え，業務改善の機会に光を当て，企業業績向上のマネジメントを今日的に支援する。管理会計担当者は，予測ツールとアナリティクスの構築と実践で，指導的な役割を果たすことができる。会計チームにとって，伝統的な予測や分析に関わることは，差異分析の結果が何を伝えているかを理解するために必要な技能が身につくことにもなる。

1.5　アナリティクスの実践

　活動基準原価計算（Activity-Based Costing; ABC）のような伝統的原価計算制

度では，コストやコスト・ドライバーに焦点を当てているにもかかわらず，原価は企業の営業成績の一部であるという現実を認識しておかなければならない。収益とレベニュー・ドライバーもまた，経営意思決定者にとっては同様に重要である。とくに低金利および規制強化が支配的なグローバルな競争環境においては，増分収益の効果を現行事業と計画事業で理解し，効果的に提示することができる能力が必要である。管理会計担当者は，持ち合わせている技能を働かせ，さらに拡大させることによって，アナリティクスを機能させるプロセスを支援することができる。

　ABC の基本的な効果を掘り下げて考えることは，比較的簡単な仕事である。このような検討が実際には正確に行われているにもかかわらず，コスト・ドライバーとレベニュー・ドライバーの統合と先進的な分析は，アナリティクスのプロセスにおいて追加的なステップが必要である。すなわち，早めに問題を認識して取り組み，事後の改善ではなく先見性をもって対処することが，より効果的といえる。こうした対応を行うことによって，我々は予測的アナリティクスを実践するための連携関係の橋渡しと確立を行うクリティカルパスの次のステップに進むことができる。

1.6　関係の構築

　予測的アナリティクスや予測的アナリティクスの戦略，戦略的管理会計全般をより効果的に実行するためには，異なる職能グループや部門との結びつきや連携関係を積極的に確立し維持することが必要である。企業は真空の中で業務を行うことはできず，どの部門も他の部門のサポートと協力なしに業務を成功させることができない。組織の壁を崩し，サイロの中で行われていた各々の業務をつなぎ合わせて，業務とデータの透明性を高めることは，すべての人が同意できる共通の場を提示することになる。企業内のいろいろなチームやメンバーを連携させることは，企業が抱える問題に対して必然的に新しいダイナミクな問題解決の方法を創造し，それを実行するよう努力することになる。会計専門家がこれを行うプロセスはそれほど複雑ではなく，また，その能力の範囲を超えるものでもない。

　先に紹介し分析した KPQs の概念は，連携関係を確立し維持する分かりやす

い方法を強調したものである。とくに大切な点は，ビジネスライクに客観的な視点からの対話を行うことである。実務家は，企業内である特定の機能をもったグループが増加すると，他のグループの重要性が喪失することを気にするといわれているが，これは事実ではない。企業の中で流通する情報の質と速度を改善することは，企業にとって win-win の関係をもたらす提案を行うことであり，KPQs は，win-win の関係を目的として導入され，分析されるべきである。繰り返しになるが，KPQs は，主要なコスト・ドライバーとレベニュー・ドライバーの認識にあたり，予測的アナリティクスと戦略的管理会計の双方にとって重要である，とした理由がここにある。ドライバーを認識することによって，会計専門家は，提案した予測的アナリティクスが効果を発揮する定量的な方法を改善することができる。

　良質な情報がどのように経営意思決定を支援するのかという重要な事例を徹底的に調べる前に，ここで紹介したアナリティクスの考え方を要約すると，定性的情報と定量的情報とを結合させるプロセスであるということができる。複雑性の増大，事業および経営意思決定，競争環境との相互関係を反映させて，情報とデータを収れんさせることができれば，経営意思決定は合理的でわかりやすいものになる。とくに業界と企業の境界がぼやけて永続するものではなくなってきたため，業務データのインプットと財務見通しのフィードバック・ループを確立することが企業にとって大切である。予測的アナリティクスは必ずしも単純なプロセスではなく，正確な情報の組み立てには数回の反復が求められるが，提供される情報の価値は非常に高い。年間を通して，見通しとトレンド分析を見直すことは大切なことであるが，意思決定者は，何のために見直しを行うのか，見直しの原因は何かについて理解していれば，現実の意思決定を環境変化に対するより良い対応に導くことができる。すなわち，消極的マネジメントから積極的マネジメントへ変化すると，企業にある程度の予測的アナリティクスを導入するという重要な効果をもたらす。

1.7　実務への適用事例

　戦略的な会計機能を実現するには，前述したように，クリティカルパスが必要である。クリティカルパスのステップはまず，会計専門家と他部門のグルー

プとの間で対話を始めることである。予測的アナリティクスが，機能グループや企業全体に対して効果があるという考えは，疑問視されたり，一般で議論されたりはしていない。企業がデータや情報を公開することは，むしろ，アナリティクスの利用を高めて，事業活動を分かりやすく説明した多様な報告書や分析の活用を増加させる。こうしたクリティカルパスを構築し，会計専門家を含めた対話の道を始めることは必須の条件なのである。次に，様々なシナリオを検討することは，管理会計担当者が定量化を行う実務のクリティカルパスと予測的アナリティクスの概念を適用させる機会となる。

1.8 報　　告

　内部報告の仕組み作りを始めると，積極的で戦略的な会計機能が企業に価値をもたらすようになる。経営意思決定者は，日々，業務と会計担当者から継続的な情報の提供を受けている。経営者に適時に適合したデータを提供することは，会計担当者が価値あるデータをいかに提供するかにかかっている。とくに，定量的情報も定性的情報も，追加情報の開示要求が増加しているため，内部データの生成と報告は一定のペースを保って行われる必要がある。

　多くの現場や多くの企業で，会計専門家は，経営者に提供すべき情報の収集，データ・クリーニング[56]，作成に過度に時間を費やしているという状況が多々みられる。決められた手順に従って情報を検討し，データ・クリーニングしたあとでさえも，まだ対処しなければならない誤りや矛盾がしばしばみられる。仕事をやり直すことは，それが工場の工程であろうとオフィス環境であろうと，業務を行う部門にもエンドユーザーにも非付加価値活動である。

　主要なコスト・ドライバーとレベニュー・ドライバーを理解することに立ち戻ることは，極めて大切である。これらのドライバーが何であるのか，また，それらが経営意思決定にどのような影響を及ぼしているのかを深く理解することは，意義ある報告書を作成する鍵である。会計専門家がコスト・ドライバーとレベニュー・ドライバーを認識し分析することができるなら，意義ある報告書を作成する次の局面は，報告のテンプレートを理解し構築することになる。

訳注56　データの不整合や誤りを訂正したり，データセットを使いやすくすることである。

テンプレートという言葉は，特別な意味で用いている。なぜなら，頑強でありながら柔軟なテンプレートを設計することは，経営者が検討を行う上で，会計専門家がひとまとまりの報告書を用意し，書式設定に費やす時間と努力を削減することができるからである。また，テンプレートと報告の枠組みを確立することは，上級経営者と意思決定者に対して，会計担当者のコミュニケーションを通して，情報をどのように業務から集めるプロセスを標準化するのに役立つ。

テンプレートを構築し情報の流れを標準化することは，どのような情報が提供されるのか，エンドユーザーにはこの情報がどのように見えているのかということが分かり，製造プロセスの標準化が生産に役立つだけでなく，ほかにも多くの効果をもたらす。標準化された生産プロセスは，情報（製品）が生成されエンドユーザーに提供される速度を改善する。報告書の標準化と機能強化の主要な効果は，これらの報告書を改善することによって，会計専門家が企業にもたらす価値を明確に示すことである。

2　ビジネスプロセス・マネジメント

前述したように，ビジネスプロセス・マネジメントの考え方，あるいはプロセスそのものを改善することは，とくに会計や財務のような後方支援業務には，ほとんど適用されることのない概念である。ビジネスプロセスの改善とそのマネジメントは，業績を改善する方法以上に，ITの優れた利用との関わりが大きい。しかし，ITとITを活用したツールは，時代に適合したプロセスを向上させる方法を提供するものの，それらが企業業績を改善する中心的な概念や考え方に取って代わるものではない。管理会計担当者は，技術進歩に圧倒されることなく，市場において，技術進歩を見越した投資を行うまたとない機会を持っており，そのことが管理会計担当者の相対的な地位を向上させる。

どんなに大きな規模や事業領域をもった企業であっても，よく起こるフラストレーションの1つは，企業内の異なった情報システムの間に互換性がないことである。すなわち，情報の形式が異なると，コミュニケーションが容易に行

われずに，重要な情報が組織を通過してしまう。不幸なことに，管理会計担当者は情報とデータの多様な流れの中央に位置していることが多い。しかし，こうした事態は，課題であると同時に1つのチャンスでもある。実際，どのERP情報システム[57]をみても，給与支給，買掛金，原価差異報告書のような多様な領域に適合し，利用される多くのチャートフィールド[58]と報告の領域がある。1つの具体的な例として次のものが考えられる。

2.1 テンプレートの現状

プロジェクトID[59]のようなチャートフィールドを利用することは，より整合性のとれた簡単でコストに見合った報告とデータ分析を行うのに役立つ。比較的大きなサービス企業で，何らかのプロジェクトが進行していることを想定すると，そのプロジェクトには内部の従業員，コンサルタント，購入したハードウェアなど多様な構成要素が含まれており，これらの取得原価の一部は固定資産に分類される。

経営者は，プロジェクトの途中で，現在までの発生費用をタイプ別に，固定資産の金額，現在までの固定資産の正味簿価の更新に関する情報を必要としている。このことは，今日，多くの企業でみられるように，データが整理されることなくランダムに収集され，異なる源泉から得た情報がつなぎ合わされ，形式的に検討され，それなりの数値を示す結果となっている。

ある商品がどこでコード化されているのか，それらはどのようにコード化されているのか，それらの項目が一貫してコード化されていることに対する保証は誰に責任があるのかを考えると，すべての利害関係者がそのコードを受け入れるとはいい難くなる。そのうえ，情報のコード化と標準化が行われていないとき，コードがようやく最終決定されたとしても，そのコードが正しいかどう

訳注57　ERP（Enterprise Resource Planning）は，企業の購買・調達，製造，販売などのデータを統合データベースにより一元化し，企業内，ないしサプライチェーン全体の最適化をめざす統合的な情報システムの総称である。ERP情報システムの導入は大企業から始まり，今日では中小企業向けも含めて様々なERPシステムが普及している。

訳注58　チャートフィールドとは，ERP情報システムにおいて，たとえば，勘定科目，取引データ，予算データなどを分類するための基本構造を提供するフィールドのことである。

訳注59　プロジェクトIDは，ERP情報システムにおいて，各プロジェクトを識別するための方法の1つである。

かに疑念が生じる。

2.2 テンプレートの提案

　戦略的な会計担当者の本質を把握するには，会計チームは，企業の情報システムを通じて，商品のコード化とマッピングをより一貫性のある分かりやすい形にするためのネーミング会議の開催や属性を認識する方法の開発のために，ITチームと連携すべきである。

　たとえば，プロジェクトIDのようなチャートフィールド，あるいはERP情報システムの構成要素を活用することは，そのプロジェクトに要するコストを他のプロジェクトのコストと分離することによって，原価計算と報告のプロセスが単純化され，合理化される。そうすることで，異なるデータベースから情報を引き出すことや，マニュアルを片手に必要な情報を抽出するようなことがなくなり，管理会計担当者は，意思決定プロセスの分析や支援に多くの時間を使うことができる。それが普通に行われるようになると，会計専門家は，企業内における役割が向上するとともに，企業のいろいろなレベルで意思決定者を支援することができるようになる。

3　現状：業務のための会計

3.1　現　　状

　企業には，経営管理の機能だけでなく業務遂行の機能があり，企業成績の最大化には，両方の機能が同期して機能することが不可欠である。残念なことに，多くの企業では，業務部門と財務管理部門間の基本的な交流は，財務結果の向上に影響する業務遂行のストーリーではなく，もっぱら月次や四半期の財務結果に焦点を当てた対話に限定されている。実際，意思決定プロセスの価値を高める報告の指針とテンプレートの開発には業務部門，財務部門および上位の経営者間のつながりを構築する必要がある。上位の経営者と財務部門は，企業内で別々の役割を担っているが，業務部門と業務遂行を支援する従業員が意思決定を行い，事業活動に関与して結果的に事業を推進している。

3.2 提　案

本書の冒頭で紹介したように，業務部門と管理職間の関係は，オープンな対話が成立し，継続的な交流を行う必要がある．交流を毎週の電話会議やeメール，対話，対面式会議といったどの形式で行うかは，このような交流によって大きなバイアスが継続的に生じている現実に比べれば重要なことではない．成功に向けて，上手く機能する組織文化と環境の醸成には，業務部門と経営者間，とくに会計部門との間で建設的な関係を築き上げることが不可欠である．同時に，業務部門との協力関係を築き上げることに対する経営者の本気度を示す追加提案の1つとして，これらの機能を完全に統合するために，会計と財務の担当者を現場と業務拠点に配置することがある．

4　会計とIT

財務業務は，報告書作成とその結果を分析する技術とシステムに依存するため，ITと財務管理は，しばしば，様々な場面で複雑で曖昧な関係をもつ．同時に，IT担当者は財務チームの予算と報告書の要求事項に準拠しながら，情報を自由に入手することもできる．そのような要因の組み合わせは，しばしば，システムのどの機能がもっとも重要で，財務資源と知的資源をどこに割り当てるべきかについて，意見が食い違う原因となる．企業システムと報告を取り巻く問題に加えて，職場への「BYOD」[60]の普及によって生じる懸念と問題もまた，その軋轢を大きくさせる．一方で，従業員は，使い慣れた簡単に使いこなしている機器を普段と同じ直感的な入力方法で使用できることを望んでいる．他方で，企業データのセキュリティを維持するための全社的なITに関する責任も，等しく重要である．

4.1　現　状

ITと会計の間の対立関係は，通常，いくつかの要素にその原因を集約でき

訳注60　Bring Your Own Device の略である．従業員が個人保有の携帯用機器を職場に持ち込み，それを業務に使用することを意味する．

る。

　第1に，財務部門とIT部門は多くのプロジェクトや改修で緊密に連携するだけでなく，報告書作成とそのプロセス構築のために緊密に仕事をする必要がある。それは技術の正しい活用方法を知る専門技術担当者がIT部門にいるからである。

　第2に，第1の点と関連するが，IT担当者は，しばしば，報告書のフレームワークを構築しシステムを設計するだけではない。財務専門家が担うべき役割として，報告を通して流れる財務情報の理解を期待されているからである。

　第3に，現在の環境でおそらく最も議論を呼ぶことだが，職場で許可される機器に関連する話に戻ってしまうからである。

　この緊張と対立関係の着地点は，しばしば不信，不満および期限は守らなくても良いという雰囲気となる。批判が両方の側に向けられており，他人には自らが直面している問題が理解できず，予算は理不尽なものとなり，事が起こった後まで全体像が明らかにされることは決してない。ITプロジェクトは高額になっているため，このような状況がいかに防止できていないかを確かめることは簡単である。

4.2　提　案

　おそらく，IT部門と財務部門のギャップを埋める最も簡単な方法は，グループを一緒に働かなければならない状況に置き，他のチームの視点を正しく理解することである。要するに，支持が得られている1つのアイディアは，クロストレーニング（cross training）の概念である。しかし，これは，通常考えられる伝統的なクロストレーニングの概念に必ずしも置き換えられるものではない。残念なことに，従来のクロストレーニングでは，参加している従業員の多くが短期間の表面的なレベルしか関わらず，その経験についてのフォローアップやフィードバックはほとんどない。このようなクロストレーニングのアイディアは，機能横断的な従業員の育成に類似している。

4.3　考　察

　企業の一部門であるシェアードサービス組織は，実質的にすべての支援部門

と組織のための仕事に向かい合っている。説明したり理解することが単純明快であるこのような仕事は，サービス品質を犠牲にしないように，少ない資源でより多くのサービスを生み出すなど，現実には実行と達成が難しい場合がある。このような実施項目と業務に関連するおびただしい数のパワーポイントと会議などにもかかわらず，現状は，多くの場合，次のようになる。生産性と時間管理を最大限に行うために経営者と従業員がトレーニングしているのをよそに，高額なコンサルタントは，大規模なプロジェクトを主導したり促進するために招聘されている。単純にいうと，企業内の組織成員の中に，人的資本と専門技術の担当者は十分に存在していない。

ところが，才能ある人材の獲得と意思決定のアウトソーシングは，このような方法において，プロジェクト中にもその後でも軋轢と緊張を生み出している。すなわち，社内の従業員と担当者は，経営者が社内プロジェクトの実行に十分な資源やトレーニングを与えていないことに不満を感じている。その上，多くの場合，意思決定プロセスの重要な部分を担っているということを感じていない。次節で詳細に説明する機能横断チームの育成には，経営者，職能の指導者および現場従業員からのコミットメントが求められる。以下の組織成員と資源に関する合意と調整は，現実からかい離したマネジメント・シナリオのように聞こえるかもしれないが，そのようなフレームワークの実現を支援する具体的な手順がある。

機能横断的トレーニング・プログラムと機能横断チームの構築と実行の仕組みについて具体的に検討する前に，主要なステークホルダーにアプローチする方法に関する計画を立案することが重要である。すべての機能横断的な育成とトレーニング・プログラムでは，既存の資源に偏りや歪みがあり，実施項目を実施する中で，多様な従業員が多様な役割を担っている。多様な部門が必要な資源と時間に関する合意事項を前面に出すことにより，プロジェクト全体で過大に割り当てられた資源と時間の話と論争を最小限に抑えることができる。その上で，パイロット・プログラムに参加する従業員の選考プロセスに，多様な部門の合意を得る必要がある。全部門の全従業員が，機能横断的トレーニングと育成プログラムに同時に参加できるわけではないことは明らかである。それでは混乱が生じる。従業員がプログラムに参加するための選考プロセスは，企

業での階級や任期によって異なるが，一般的な階層で適用できる原則とガイドラインはいくつかある。

5　混乱した経営環境に応じたチームの構築

　機能横断チームは，戦略的管理会計をめぐる対話と討論に関わりながら，経営意思決定者にとって有意義で現実の問題に直結するつながりと関係性について迅速に説明する。管理会計担当者が，戦略的な態度をもって，正しく仕事をするには，その会計専門家は会計原則と概念を理解するだけでなく，これらの会計原則が幅広く包括的な企業の階層の中で，どのように影響するかを理解する能力も備える必要がある。つまり，このような専門家は大局観をもって仕事ができなければならない。会計と財務は，一般に，業績改善を支援する報告書，ITおよび多様なソフトウェアツールと統合されると，ITを理解する必要性は任意のものから必須なものへと変わる。

　機能横断チームの育成は，もちろん，企業の複数の階層で行われるべきであるが，プロセスを開始するために合理的な場所は，企業で2年未満の経験しかない従業員がいるところである。このような組織成員は，おそらく現状の仕事に対する期待と仕事量について満足しており，組織成員を協働し交流する他の職能領域に紹介する適切な時期である。個人のキャリアの早い段階でのこのような関係性とつながりを確立し，職能グループ間のプロセスで交流することは，機能横断チームの育成にとって非常に重要である。よく考えてみると，このようなトレーニングに戦略的に参加することが求められる会計専門家には，とくに重要である。

　IT部門と会計部門の2人の若手メンバーが，この機能横断トレーニングの参加のために選ばれる。次に，管理者に伝えられ，従業員が全面的に彼らの参加を希望した上で，経営者によってこのトレーニングにふさわしい候補者として承認される。初期の機能横断的トレーニングの目的において，プロセスがどのように働いているかを確認し，正しく理解するには，担当者を新しい報告書のひな形に基づいて共同作業させること，つまり，他の機能グループに参加し

ている間，プロジェクトで作業させることが最も適切である場合がある。他部門に担当者を参加させることで，その担当者は，他の機能グループからの要望，インプットおよび要求事項を処理する作業とエネルギーを確認し，正しく理解する重要な能力を得ることができる。さらに，最も重要なことは，参加している担当者から提案される視点である。

　戦略的な会計機能の目的との関連に戻ると，その１つは様々な機能グループに対して財務情報の解読者と翻訳者としての役割を担うことである。機能横断的トレーニングの考え方と機能横断チームの育成は，戦略的な会計機能の使命と目的に直接的に整合する。会計チームのメンバーが取り組んでいる機能的な問題を明確に理解するには，企業が直面している広範な問題を明瞭に理解し，分析のスキルを開発することが求められる。担当者を異なる部門に参加させることで，直ちに得られる経験が増える。そして，他の部門の組織成員と一緒に仕事をすること，および社内の他の従業員が直面している課題や障害を真っ向から解決することという両方のトレーニングができる。

5.1　事　例

　大企業では，現在の月次の実績，差異を報告するために活用している報告書およびアナリティクスのプロセスを改善し，主要なレベニュー・ドライバーとコスト・ドライバーを理解しようと試みている。前年度にシステム全体を更新すると，新たに更新され検証済みのシステムで改善でき効率化することを望まれる。しかし現実には予想されたものよりもやや期待に添うものではないことが分かっている。データを整理し利用しやすい方法で提示するために，報告で提供される情報は財務チームがこれまで通り手作業が必要となる情報であるといった現在進行中の問題がこれには含まれている。可能な解決策を見つけるために，経営者は，２人のIT担当者を財務部門に，そして２人の財務アナリストをIT部門に配置し，改善された報告書の作成方法とひな形の開発のために，機能グループに対して，４週間の期間を与えることにより，機能横断的なモデルを実行するという選択をする。

機能横断的トレーニングの重要な側面：

① 既存のスキルの改善に伴う，人的資本，つまり，部門間を移動する従業員の統合と調整。
② 軋轢と部門間の対立関係の低減。すなわち，互いに緊密に働くことにより，仕事上の関係を改善する可能性が高まる。
③ 堅牢で能力のある従業員の多くは，トレーニングによる交流の結果であり，新しい情報は，この実施項目の結果として得られる。

実施項目に含められるべきもの：
① トレーニングプロセスに関与する担当者の期待しているものに対する明確で合理的な期待。
② プログラム自体，確認されるべきマイルストーンおよび最終的に好ましい結果についての経営者からの確約とガイドライン。
③ 実施項目の開始時，実施中および終了時に実施されるプログラムの相互交流とフィードバック。

問われるべきこと：
① この機能横断的プロジェクトには価値があるか？つまり，企業は適切な方法で資源を消費しているか？
② 関連する従業員は，消費時間と消費エネルギーが自身の時間の利用にとって価値があると感じるか？
③ 達成可能で識別可能かつ定量的な便益があるか？

　もちろん，機能横断的なプロセス全体で分析し検証すべき最も重要な目的は，この実施項目が戦略的管理会計の目的と目標に，緊密に結びついているかである。ここに橋を架け，戦略的管理会計と機能横断的トレーニングないし育成の概念とを結びつけるのは，本書でこの題材を取り上げる重要な項目であり根拠であるからである。当初，機能横断的トレーニングは人的資源や経営課題に類似しているように見えるが，この概念は，戦略的管理会計の機能の創出に役立つ。

6 複数の資本と機能横断的チーム

　本書で議論しているように，戦略的管理会計の最も重要な役割の1つは，会計専門家が企業の意思決定プロセスで，主要な役割を担うべきであるという期待である。意思決定が，コーポレート・ガバナンス，サステナビリティもしくは知的財産に関係しているかにかかわらず，企業の意思決定者は適切な情報にアクセスできることが重要である。さらに，統合報告は，このような概念を実現する定量的な指針と概念のフレームワークを提供する。たとえば，統合報告フレームワークに組み込まれた様々な資本の概念に戻って関連づけると，統合報告フレームワークの要素には，機能横断チームを育成する必要性が明確に示されている。機能横断的な情報の開発と報告の担当組織は，そのような情報を一貫して生み出す機能横断チームを持たなければならない。さらに，様々な機能部門から様々な文書，報告書および情報源を受け取るエンドユーザーは，合理的な時間の範囲内で情報を理解し活用できなければならない。言い換えれば，経営陣は情報の量を求めるだけでなく，意思決定目的に役立つ方法で分析され提示された情報が必要である。

　積極的かつ戦略的な会計機能は，以下のジレンマを解決すると思われる。経営者の意思決定は，圧倒的多数の事例において，データと情報に依存しているが，意思決定を行う組織成員と，情報の収集，分析および報告を担当する担当者間に基本的なつながりはない。管理会計担当者はこのギャップに対処できるが，これを単独で行うことはできず，現状のトレーニングと職場規範を修正することもない。あらゆる規模の企業では，意思決定を行い，これらの決定によって企業にどのような影響を及ぼすかをリアルタイムに理解できる担当者がますます必要とされている。機能横断的トレーニングの概念に戻ると，企業が必要とするその種の従業員を生み出し，維持する役割を担っている3つの明確なグループがある。人的資源，ITおよび財務の支援サービスは，等しく重要であるが，すべて企業内で異なる役割を担っており，とくに，堅牢で戦略的な会計機能の開発に関連している。

このプロセスに人的資源がいかに関与するのかを具体的に検討する前に，戦略的な会計機能を設計して成功するには，このプロセスの重要性を認識することが重要である。リーダーシップというマントを着て，企業の事業推進の舵取りで決定的な役割を担うために，管理会計担当者は，企業の様々な分野で利用可能な概念，属性および機会を理解し明確に述べなければならない。これは財務の領域の中でほとんど注目されてこなかったことである。この戦略的ヘッドセットと展望の開発は，多面的な人材の育成，積極的および積極的に関与する機能の開発にとって非常に重要である。機能横断的トレーニングと育成は，会計とITの間の例として説明されているが，企業全体で機能横断チームを作ることにも適用できる。リアルタイムのデータと情報を活用した意思決定の増加に伴い，企業には日常的に互いの効果的なコミュニケーションを進んで行うことができる組織成員と部門が必要である。そのような環境を構築し醸成すると，人的資源のコア・コンピタンスの範囲内で，様々な機能グループ間でのさらなる協調と協力の機会が得られる。

6.1 人的資源および戦略的管理会計

戦略的管理会計の機能を構築することに関連した対話とそのための人的資源を投入することにはほとんど関係ないようにみえるかもしれないが，人的資源とその他の組織間に存在する関係が何であるかを理解することは重要である。本質的に，人的資源には二重の責任が課されている。

第1に，部門は，組織の目標と目標に応じた組織成員をタイプごとに配置しなければならない。別の言い方をすれば，この部分の管理は，企業にとって才能が魅力的かどうかに関係している。

第2に，組織成員が一旦，企業の一員となると，部門の第2の責任は，継続的な学習と改善の環境を奨励し推進する職場を醸成することである。多くの企業で，とくにサービス産業で事業を行う企業にとって，企業の中で最もダイナミックで付加価値のある資産は，従業員と知的財産である。

部門間の従業員育成プログラムの導入と維持には，当然のことながら，特定のプロセスに関与する機能組織の賛同と支援が必要になるが，人的資源の支援も必要となる。進行状況を監視し，そのようなプログラムの結果を評価するた

めの適切な指針とKPIを設定することは，人的資源と人材管理のコア・コンピタンスと密接に関わっている。しかし，この概念を提案する際には，それによって表面化する可能性のある緊張関係を認識する必要がある。つまり，部門のメンバーの中には，現状のトレーニングと育成の選択肢が不適切であるとき，このような緊張関係が見られるもしれない。それを念頭に置いて，機能横断的な育成の概念を win-win フレームワークで提案する必要がある。参加している2つの部門は，潜在的な問題の発見，コミュニケーションの改善および仕事上の関係改善，そして，従業員の関与と新しいスキルを教育するために特別設計のプログラムで重要な役割を担うことにより，人的資源の便益から恩恵を受ける。

7　アナリティクスとステークホルダーの意思決定

　本書で議論している会計のアナリティクスは，あらゆる産業で重要性が増し続けているアイディアと概念である。顧客や従業員などのステークホルダーは，企業が利用可能な大量の情報を効果的に分類し分析することを企業に期待しており，そのような事象が発生する環境を醸成することが最も重要である。他の経営意思決定要因であっても，利用可能な情報であれば，これを参考にして経営意思決定が行われていることは事実である。戦略的な会計機能は，この概念が機能的に実現するための分析と改善提案を提供する能力を備えていなければならない。アナリティクスは，会計担当者の視点から，KPQs，定量的手法，データの視覚化という3つの明確な手法に細分化できる。利用可能な情報を最大限に活用するためには，それぞれの手法が重要であり，適切に戦略に方向づける必要がある。

7.1　KPQs

　アナリティクス・プロセスにおけるおそらく最も重要なステップは，とくに会計の視点から，適切な質問が行われていること，つまり，現在の経営課題に関連して分析されたデータであることを保証することである。KPQsのアイデ

ィアであるこの概念は，その他の機能領域との関係構築で決定的に重要なものに直接結びつく。会計の機能が，業務遂行の観点から収益と費用への影響を判断できない場合，適切な質問をすることはかなり困難となる。だからといって，レベニュー・ドライバーとコスト・ドライバーを知っているだけでは十分ではない。管理会計担当者は，これらのコスト・ドライバーにリンクした情報を組織の他のメンバーに表明し，伝達できなければならない。具体的に検討すると，KPQs は，(1) 事業の業務に関連するものでなければならず，(2) 本質的に定量化が可能であり，身近にある組織資源を利用して分析できなければならない。

7.2 定量的方法

特定の情報をどのように分析するかを決定した後，分析プロセスの次の段階では，当然ながら，特定の方法論，つまり，提示された情報の分析手法の中からいくつかの手法を選択する。回帰分析と t 検定は，精度が高いこと，入力値に柔軟に対応できること，および両方の検定が要因とその他の情報間の関係を決定づけることという事実があるために，定量化することを好む人々の間で普及している。予測モデルなどのモデルにデータを取り込んで，関係性を発見し，これらを確立することが特に重要である。しかし，定量的な情報を生成しても，解釈と分析ができないときは，経営意思決定には使えない。

7.3 情報の視覚化

相関係数などの定量的なアウトプットが財務専門家にとって明快で明白である。ところが，多くの経営意思決定者にとって最も魅力的で分かりやすい提示方法と分析方法は，情報と分析結果を視覚化して記述したものである。情報と情報伝達のベクトルが明快で一貫性を確実にもつようにする方法の選択は，アナリティクス・プロセスとして重要である。幸い，そのような情報の明確な伝達を求める会計専門家には，様々なツールや選択肢がある。しかし，これらのツールを直接利用する前に，なぜ情報を視覚的に伝達して分析する能力が重要であるかについて，分析したり議論する時間をとることは，企業全体と戦略的役割を求める会計専門家の双方にとって価値がある。

7.4 印象の問題

経営者や経営意思決定者は，意思決定や企業を推進する舵取りのために定量的情報に依存しているが，経営陣は定量的情報に精通していても専門技術の担当者ではないケースがよくある。その理由は，定量的分析と報告の仕事は，企業のためにこれらの特殊機能の実行を任された組織成員が属する専門の部門に任すのが最善だからである。つまり，経営者は専門技術の担当者ではないかもしれないが，企業内のあらゆる階層の管理者は，質の高いデータとタイムリーなアナリティクスの重要性を理解することに気づくことが重要である。しかし，情報の重要性を理解し，意思決定して，このような情報を効果的に利用するためには，伝達される情報がエンドユーザーに簡単に理解されるように明示しなければならないという現実がある。

データそのものの取り扱いと視覚化を具体的に検討する中で取り上げる必要のある項目の1つは，探索的手法（exploratory manner）[61]と説明的手法（explanatory manner）[62]のどちらで集約した情報を伝達するかである。探索的研究により一連の結果を得るために複数の仮説を一連の条件下で検証する場合，諺にあるように，干しわらの中から一本の針を探すようなものとなる。対照的に，説明的研究は，実施された検定結果として統計的に有意な結果が生じる仮説と結果を丹念に調査することに焦点を当てている。様々な仕様のアナリティック・ツールを利用して，複数の情報源から複数回の収集と分析した情報を発表する場合，会計専門家は，説明的研究やプレゼンテーションに集中することが重要である。

聞き手やエンドユーザーに探索的データを通じた具体的な検討のためにデータ分析やグラフ表示を積極的に行っても価値のある議論とはならず，実際に有用であるとして発見された情報の価値を高めることはない。少し別の言い方をすれば，プレゼンテーションでは何が有意でなかったのか，そして何が棄却されたのかに焦点を合わせるべきではない。以前の試み，そして以前の実施項目

訳注61 探索的手法とは，仮説を発見するために，大量のサンプル・データから規則性や関係性を明らかにする手法である。たとえば，相関分析や回帰分析の統計的手法は，変数間の関係性を発見するために，しばしば利用される。

訳注62 説明的手法とは，あらかじめ設定された仮説の妥当性を検証するための手法であり，仮説と収集したデータが一致しているかを確認するために利用される。

から収集された事柄ですべての有用なデータは，箇条書きでリストアップされるべきである。関連するデータは，たとえ最終的な推奨項目に含まれていない情報であっても，常に注意を払う必要があるが，無関係な情報が対話の大勢を占めるべきではない。

　どの情報が発表されるべきかの決定に続いて，次の論理的なステップは，プレゼンテーションまたは報告が，それが伝えている聞き手に向けられていること，つまり，エンドユーザーが与えられる情報に確実に関心をもつようにすることである。その目的に向かって，あらゆる分析を準備している者は，事前に情報のいくつかの構成要素を知っておく必要があり，この情報を報告自体の作成に活用しなければならない。この報告と情報を受け取る聞き手は誰なのか。それはトップ経営者，中間管理職，個別に配置された作業員，もしくは定量化する企業の他の従業員であるのか。プレゼンテーションの対象となる聞き手を具体的に考え特定することは，戦略志向の会計専門家が習得し理解しなければならないスキルの1つである。プレゼンテーションの対象者を知ることだけでなく，会議，報告，またはプレゼンテーションの最終目的を特定する必要がある。

8　アナリティクスと戦略的管理会計

　すべてを一緒にまとめるということは，本書を通して繰り返しているアイディアとテーマであり，それは理由があって繰り返している。戦略的管理会計の概念は，会計専門家が，形態の異なる情報のテーマを共に関連づけ，前述したデータで適時に経営意思決定を行う能力をもつことである。企業レベルでデータの収集と分析に関与するにつれ，事業の経営者サイドに重点を置く管理会計担当者の現在の役割と比較して，業務的でマネジメント的な役割を担当する機会がより多く与えられる。しかし，アナリティクスを活用して管理会計担当者の仕事の範囲や機会を増やすための主要な要素は，フォローアップとフォロースルー[63]の重要性を念頭に置いておくことである。経営管理と経営意思決定の手順とパターンを確立すると効率と生産性が向上するので，そのような特性は意

思決定とリーダーシップの向上に必須である。

　アナリティクスの共通事項，報告書の変更および財務用語と統計用語の両方に堪能である財務専門家が必要なことは，明白である。定量的データが経営意思決定の基礎となるとき，組織階層内の関連性の維持と向上を求める会計専門家は，経営意思決定者に提示されるデータの影響について意見し，発言し，説明できなければならない。冒頭のデータの視覚化などのアナリティクスに関するプレゼンテーションよりも間違いなく重要なことは，この情報を再検討する確率と可能性である。もちろん，一時的に作成される報告書はすべての企業にあり，ステークホルダーのしばしば流動的に変化する要求に対応する。しかし，大量の一時的な報告書を作成している企業で働いている誰もが述べているように，この形式の報告書と経営管理スタイルは，長期的な経営管理や財務と業務遂行のための資源の財産保全に貢献しない。管理会計の専門家は，企業が生成する情報を明確に表現し，活用し，情報に基づいて経営意思決定できる必要がある。

　積極的で戦略的なアプローチとして，財務専門家が様々なエンドユーザーのニーズや要求事項を上手く予測することを支援する報告やテンプレートを事前に開発することがある。様々な職能グループ間で関係を密接にすることは重要なだけでなく，アナリティクスを実行して伝統的な会計上の役割と責任をアナリティクスと統合する理由でもある。アナリティクスと経営意思決定という概念を広範かつ包括的な観点からアプローチすると，次のような現実を認識するという重要性がある。企業は常に拡大する事業環境と，製品やサービス開発のための様々な選択肢に対応しているため，経営陣は意味のある情報にアクセスできなければならない。情報，経営意思決定，会計専門家間のこれらのつながりと関係性の構築は，戦略的管理会計の必須の役割である。本質的に，戦略的管理会計は企業の状況を多方面で変化させて発展し拡大するためにある。戦略と業務遂行上の意思決定は明確に関連づけられているが，情報とデータの統合を進めることが，ますます重要となる。

訳注63　最後まで遂行することを意味する。

9　一緒にまとめる

　データとアナリティクスは，企業がどのように意思決定を行い，機会を評価し，企業を導くかに役立つので，管理会計担当者が活用できるようにする必要がある。ソフトウェアと様々なツールが増加し改良することによって，広範な知識をもった専門家が情報やデータを入手できるようになり，管理会計担当者は他の専門家に取って代わられる可能性とリスクに直面している。データサイエンティストなど，他の経営管理の専門家および外部のコンサルタントは，すべての経営意思決定プロセスにおいて大きな役割を果たし，データ主導の意思決定フレームワークを実行する立場にある。前述したが，そのようなフレームワークと計画的に立案された道筋が，管理会計機能にとって有益であるという保証はない。端的に言えば，管理会計担当者は，企業内での役割を拡大し，リーダーシップを身にまとうのに，必要な潜在力とツールを有している。

　このプロセス全体を通して，戦略的管理会計，統合報告および具体的な手順と概略的なプロセス間のつながりを維持することが重要である。具体的には，本書で言及している統合報告の指導原則と関連づけることで，具体的な行動に導ける最も包括的なテンプレートが与えられる。これは論理的に思われるかもしれないが，経営管理と経営管理に類似するものの両方に魅了されると，実行，データ・クリーニングおよび検証の途中で，そのような原則を追跡できないかもしれないことである。[64]

　会計担当者は，すでに企業内に散らばって配置されており，ビジネスを推進する他の多くの機能グループに精通しているため，拡張可能な既存のビジネスをよく知っている。本章と本書で説明した手順の中で，こうした可能性を上手く実現するために，従業員が従うための潜在的なロードマップを提供している。おそらく，これらの手順の最重要な要素は，管理会計担当者が積極的かつ活発に企業内で主要な役割を担わなければならないという企業全体にわたる要

訳注64　原文では，次に統合報告のガイドラインの原則が記載されているが，第1章4.2にある5項目と同様であることから，ここでは削除した。

求事項である。会計と他の職能領域間のつながりと関係を追求し，洗練し，さらに発展させることにより，戦略的会計機能を実際に実施するときに必要な手順が定まる。戦略思考と事業計画の立案には，管理会計担当者のコア・コンピタンスの領域で既に存在している情報が求められる。企業内の管理会計担当者には，この概念を実現するために必要な手順を講じなければならないことが残っている。

　いろいろな職能グループ間の関係を確立し維持することはもちろんのこと，会計情報はガバナンス，サステナビリティ，トップの戦略的事業計画の意思決定で重要な役割があることを認識することが重要である。定量的情報と組織のリーダーシップ間のつながりを確立することが，戦略的な会計機能の最終目的である。しかし，重役のテーブルを確保し，意思決定プロセスで重要な役割を果たすためには，経営陣が意思決定プロセスに会計専門家を参加させることの妥当性と重要性を認識する必要がある。本章で概要を説明したように，そのような実現を促進するときに役立ち，実行可能な戦術の1つは，まずすぐに成果を出し，そして企業のドルに最も直結し，かつ最も目に見える刺激を与える実施項目に焦点を当てて実行プロセスを開始することである。これらの成功を基礎として，会計機能の立場を改善すると同時に，他の職能グループと経営陣の信頼関係を構築すると，会計専門家は，時間の経過とともに，広範で積極的なプロジェクトを立ち上げ，実行できる。時間の経過とともに，広範な組織体制の中で実施される実施項目の影響を認識したまま，管理会計担当者は組織上の勝利者を味方に引き入れ生み出すことができるはずである。

訳注65　活動による目に見える成果を意味している。

付録6　理論から実務へ

　持続的な企業価値創造の実現には，複数の資本を，企業のビジネスプロセスを通して，戦略的に活用しなければならない。本章では，財務データを中心として扱ってきた従来の管理会計担当者の役割を拡張し，企業を取り巻く大量で様々な情報（ビッグデータ）を統合し，企業の意思決定プロセスに積極的に関与する必要性とそのための具体的な方法について論じている。

　ICTの進展とともに，ビックデータを容易に入手できるようになった。ビックデータは，既存事業の改善だけでなく，事業機会の発見にも活用され，戦略的に重要な資産となっている。しかし，ビッグデータを保有しているだけでは価値を生まない。ビッグデータを，いかに日々の意思決定に取り入れ活用していくかが重要である。とくに，戦略的にビッグデータを活用するためには，企業内の製造や販売，経理などの部門に分散している情報を俯瞰して分析できる管理会計担当者の育成が課題となる。そのため，本章では，人材育成の方法として，異なる部門に所属する人材を参加させて行う機能横断的トレーニングを明らかにしている。また，具体的なアナリティクスの方法として，KPQsを利用した検討や統計的方法の利用を明らかにしている。さらに，このような管理会計担当者の人材の必要性を経営者が十分に理解することが必要であると論じている。

　ビッグデータの活用の具体的な実践事例として，世界的に有名となったKOMTRAXがある。コマツが開発したKOMTRAXは，建設機械に取り付けた機器から，車両の位置や稼働時間，稼働状況などの情報を提供するシステムである[1]。当時社長だった野路國夫・現会長の指示のもと，KOMTRAXによる情報に基づいて，マーケティング本部と生産本部の精鋭が，対等に意見をぶつけ合い，コマツの工場の生産計画に反映させて流通在庫の最適化を推進してた[2]。コマツのKOMTRAXにみられるように，部門間を越えた情報システムの活用は，今後，戦略的により重要な経営課題になると考えられる。

　（注）
1)　https://home.komatsu/jp/company/tech-innovation/service/（2018年2月4日

閲覧)。
2) http://business.nikkeibp.co.jp/article/bigdata/20140208/259472/ (2018 年 2 月 4 日閲覧)。

第**7**章

市場の事例

　戦略的管理会計の概念は，どちらかと言えば論理的で理解するのが容易であり，戦略的管理会計と類似の多くの概念を統合して根づき始めた考え方である。既に述べたとおり，本書で紹介し分析した概念に戻って考えると，戦略的管理会計の概念を具体化する方法の1つが統合報告である[66]。このような概念は，企業が最適な意思決定を行うために幅広い情報を統合しなければならないという考え方に基づいている。あらゆる概念的なフレームワークやアイディアと同様に，妥当性を検証するためにモデルの実務的な適用であるケーススタディを分析し，概念モデルが論理的で幅広く適用できるのかを評価する必要がある。幸いにも数多くの統合報告の事例があるので，説得力あるケースを利用して戦略的管理会計の妥当性を検討できる。

　本章では，統合報告を採用した企業と，その採用により得られた派生的または最終的な効果に焦点を当てる。統合報告は，分析のために入手可能なデータおよび情報を照会することができる多くの業種の様々な企業において採用されてきている。以下では，統合報告を採用するいくつかの企業のケーススタディとそれらの企業によって達成された結果を取り上げ，戦略的管理会計が統合報告とステークホルダー報告の両方にどのように関連しているかを分析する。さらに，戦略的管理会計に組み込まれている概念の多くが既に市場で使用されていることを実証することで，今後の検討に役立つだけでなく，経営者の疑問や懸念を少しでも解消することができる。

訳注66　戦略的管理会計は，企業内部だけでなく顧客，環境，地域社会などの外部ステークホルダーへの価値創造を目的とする。統合報告は，ステークホルダーとのエンゲージメントを行い，価値創造を説明するツールの1つであることから，戦略的管理会計を具現化する方法の1つと考えられる。

統合報告を採用し，活用している企業の事例を検討する前に，この現象が机上の空論ではないことを認識する必要がある。とくに金融危機以降，多くの企業では，財務に関心のある株主重視の思考から幅広いステークホルダーを重視する考え方に変わっている。この新しい経営パラダイムを受け入れて積極的にアプローチしている企業は，成功に最も近い位置にいる企業と見なされる。企業が組織構造にまで影響を及ぼすこの新しいパラダイムに対応できる方法を具体的に掘り下げてみると，さらなる分析にふさわしい1つの明確な概念が浮かび上がってくる。その代表であるベネフィット・コーポレーション（Bコープ）[67]は，ビジネスを行う新しい方法であり，ステークホルダーの社会志向性の向上を象徴している。

　Bコープと伝統的な企業の組織構造の最も重要な違いの1つを端的に言えば，伝統的に扱われてこなかったサステナビリティなどの経営目標を広範な企業の組織構造に統合しているかどうかである。クラウド・ファンディングのプラットフォームであるキックスターター（Kickstarter）からベン&ジェリーズ（Ben and Jerry's）までの幅広い企業で，このような目標は，企業憲章に盛り込まれており，取締役会の受託責任に含まれている。一見すると，そのような目標を盛り込むだけでは，他の長期的な影響や波及効果が見込めないまま企業が発言しているだけで，どちらかと言うと表面的な変化であるように見えるかもしれない。しかし，それではこの傾向を十分に読み取ることはできない。本質的に言って，伝統的には扱われてこなかった定性的な項目を企業の組織構造と階層に埋め込むことで，そのようなアイディアを定着させて育むための支援体制という重要な組織階層を構築する。

　わずかに異なるレンズを通してこの傾向を調べることで，変化の意義が明らかになる。サステナビリティの指標とガバナンス向上の目標を含むことが多い

訳注67　Bコーポレーションには2つの意味がある。1つは，アメリカのB Labという非営利団体が，「社会や環境によりよい企業活動を行うことを表明し，行動する会社」であることを独自に証明した企業群を指す。もう1つは，アメリカにおける新しい企業形態の1つである広義のベネフィット・コーポレーションのことを指し，(1) 経済的利益だけではなく，公益と持続可能な価値の創造を目指すこと，(2) 社会と環境に対する影響を考慮すること，そして (3) ステークホルダーなどへの社会的・環境的影響についての進捗状況を報告することが求められる。本書では，後者の意味で使用されている。

定性的な目標と目的を結びつけることによって，取締役会ではステークホルダー志向の事業運営に対するインセンティブと正当性を備えることができる。そのような目的と目標を企業の運営体制に組み込むことで，企業が一見すると株主にとって価値がないように思える目標と実施項目を追求することに，正当なビジネス上の理由がもたらされる。

個々のマネジャーがどのように感じているかにかかわらず，ビジネスや経営管理全般にステークホルダー志向のアプローチをより多く取り入れるという大きな変化が，生じている。そのような思考様式を率先して企業内に構築することによってのみ，競争力は向上し，目的適合的な企業になる。

1　サステナビリティ，ガバナンス，組織構造の重要性

サステナビリティは，様々な形でビジネスの構成要素として存在しており，過去数十年にわたって経営者の重要な話題になってきた。しかし，ここ10年の間にサステナビリティは，経営意思決定の最前線に躍り出てきた。電気自動車に基づくビジネスモデルを採用するテスラ（Tesla）は，サステナビリティとさまざまな種類の再生可能エネルギーを取り巻く議論が進展したことの好例である。テスラが製造する製品は市場の他の製品と似ていると主張する人もいるが，実際にはテスラと経営陣が電気自動車に対する熱意とエネルギーの潮流をうまく捉えたということである。サプライチェーンは，これまでに経験してきたやり方とは若干異なるが，企業で重要性が増している別の分野である。

ナイキ（Nike）などの小売業で最も注目を集めているサプライチェーンでは，しばしば潜在的な搾取や児童労働を中心にした労働条件や従業員の問題が検討の中心であった。しかしながら，サプライチェーンはさらに地球規模で多くの国々のベンダーとサプライヤーを統合するようになり，持続可能な事業運営がますます重要な課題になっている。これまで先進国では，サステナビリティと持続可能な事業運営が積極的に推奨され，支援もされてきたが，そのような実施項目については実際の財務面での検証はなされていない。

要するに，持続可能な方法で事業を運営し，継続的に管理するために必要と

なる設備の導入と従業員訓練のための初期投資は，相当な額になる可能性がある。企業内や様々な外部要因によるコストを計算し，その要因を理解することは，サステナビリティを十分に正当化し，階層構造をとる企業の意思決定に組み込むための重要なステップの1つである。

1.1 サステナビリティ

　サステナビリティ情報を管理するためには，適切なフレームワークと構造が不可欠である。さもなければ，ごちゃ混ぜで毎日洪水のようにあふれ出てくる情報のなかで，これらの種類の情報はいとも簡単に埋もれてしまう。サステナビリティ情報の提供によって，短期と長期の両方で企業に影響を及ぼすことができる。同時に，適切なフレームワークによって，そのデータの流れは，業務活動から意思決定を行う経営陣につながるようになる。さらに，全社的なフレームワークを適用することで，いくつかの明白なメリットを得ることができる。

　第1に，最も重要なメリットとして，サステナビリティのような問題が今では意思決定のフレームワークに統合されているという事実からわかるように，経営陣と経営者からの支援や賛同があることである。

　第2に，企業の経営意思決定にサステナビリティのような問題が組み込まれるようになれば，その問題を中心的に扱って，レポート，差異分析，電話会議などの馴染みのある形式で評価するようになる。

　定性的な会話から分析とプレゼンテーションに移行するだけで，重要な意思決定を行う前に，定期的にこれらの事項を取り込んで検討できるようになる。コカ・コーラ（Coca-Cola）からプロクター・アンド・ギャンブル（Proctor & Gamble）まで，さらにはグーグル（Google）などのサービス企業でさえも，事業戦略としてサステナビリティに重点を置いている。グーグルは，サステナビリティ・イニシアティブと結びつけることが，中核事業でもなければ本質的に資源に依存しない場合でも，持続可能性に関する経営意思決定によって業務効率を著しく向上したという興味深い例である。

　とくに，エネルギー効率の高いサーバーや再生可能エネルギー源に投資し，さらに設備の水道光熱費の改善に資金を費やすことで，グーグル（と多くの他

のサービス企業）は，生産性の向上と水道光熱費の削減を達成した。水道光熱費，とくに IT 企業の場合の電力料は，クライアントに課金することができない多額の費用になる可能性があることを考慮すると，これらの領域で達成されるコスト節減は企業の業績に大きな影響を及ぼす可能性がある。

1.2　ガバナンス[68]

　ガバナンスは，伝統的には取締役会における年次会議の範囲に止まっており，取締役，経営者，およびおよそ一握りの株主の間での議論に限られていた。1990 年代から 2000 年代にかけていくつかの不祥事で明らかにされたように，取締役会の品質と競合他社を比較して取締役会がいかにうまく機能しているかを判断するための比較ツールを客観的に評価し順位づけるしっかりした組織構造が欠落していた。2001 年のエンロン（Enron）の崩壊と 2008 年の金融危機で明らかになった受託責任の不履行によって，優れたガバナンスと企業資源の受託責任の重要性が増すこととなった。とくに，トップのリーダーシップが貧弱であれば，その失敗が企業の財務にどのような影響を及ぼすかは，財務および非財務に関心のあるステークホルダーにとって次第に明らかとなる。

　金融機関に対する政府の救済措置，甚大で深刻な大恐慌並みの景気後退，市場と企業のリーダーたちに対する不信感の増大などの予期しない結果として，新たにステークホルダーに対する関心が集まった。アクティビスト・キャンペーンの増加，規制による監督，および投資家グループの質問に至るまで様々な形で表明されてきたが，それらによって，企業はガバナンス，透明性，コミュニケーションの向上を目指すことになった。2015 年の終わりから 2016 年のフォルクスワーゲン（Volkswagen：VW），ヤフー（Yahoo!），それにバイアコム（Viacom）などの企業の不祥事やニュースによって，長期的な価値創造と受託責任を持つ企業資源との方向づけを行い，企業のトップレベルで一貫したリーダーシップを発揮することの重要性が増してきたことが分かる。

訳注68　この場合のガバナンスは，コーポレート・ガバナンス（corporate governance）のことである。参考までに，日本経済団体連合会（2006）「我が国におけるコーポレート・ガバナンス制度のあり方について」の定義では，「コーポレート・ガバナンスとは，企業の不正行為の防止と競争力・収益力の向上を総合的にとらえ，長期的な企業価値の増大に向けた企業経営の仕組み」とされている。

ビジネスが進化し続け、より相互に結びついたレベルでグローバル化しているため、GMIレーティングス（GMI Ratings）[69]のような調査会社があるのは、ガバナンスへの関心と監視が高まったことの好例である。国内外の市場における経営意思決定と選択の影響を分析し、理解することは、取締役会、経営者、および企業の計画設定と戦略的方向づけに関わるすべての人々の受託責任である。とくに、企業と社内外のパートナー、サプライヤー、およびベンダーとの相互作用がコーポレート・ガバナンスの基盤となり、それが提案された長期的な計画設定の実現可能性を理解するのに役立つ。前述の企業は多くの問題を抱えていたが、そのような問題が表面化する根本原因は、脆弱なガバナンス、貧弱なコミュニケーション、業務活動と戦略的計画の監視の欠如にあることに疑いの余地はない。

上述の企業（VW、ヤフー、バイアコム）の特定の問題を分析し詳細に掘り下げる前に、ガバナンス、戦略および意思決定を導くための基礎データ間の関連性を見直し、正確に分析することが重要である。すでに述べた通り、コーポレート・ガバナンスは、本質的に企業、内部ステークホルダー、外部ステークホルダー間の戦略的意思決定と相互作用に関係している。

要するに、コーポレート・ガバナンスは、競争環境と企業それ自体の両方を推進している課題と機会を企業がどのように扱うかということである。しかし、それにしたがって計画と戦略を立てるためには、経営陣に提示される情報が、(1) 定性的情報と定量的情報の両方を含んでいなければならず、(2) 現在の意思決定および現在のシナリオと以前のオプションの比較にとって有用で比較可能な方法で提示されなければならない。

1.3　ヤフー

ヤフーは、変化する市場環境に応じた計画設定と戦略立案のできない企業に何が起こるのかを示す典型的な事例である。かつては世界でトップの検索エンジンとポータルサイトであったヤフーは、グーグルやフェイスブック

訳注69　コーポレート・ガバナンス格付を行っているアメリカのGMI Ratings（Governance Metrics International Ratings：ガバナンス・メトリクス・インタナショナル・レーティング）社のこと。2014年にMSCI ESG Research社に買収されている。

（Facebook）などの企業との競争が激化するなかで，厳しい状況に陥った。さらに，インターネットの利用とやり取りがデスクトップPCとノートPCからモバイルデバイス（タブレットやスマートフォンを含む）に移るにつれて，1クリック当たりの収益と利益が減少するという新たな問題が発生した。収益が減少し，市場シェアが縮小するにつれて，ヤフーの取締役会は，成長を加速させ，市場シェアと収益性を回復するために外部の専門家に知識を求めた。

ヤフーはベライゾン（Verizon）によって2016年に48億ドルで最終的に買収されたが，その金額は同社が一度だけつけた1,400億ドルという時価総額には遠く及ばなかった。公開情報と意見を他の複雑な要因と絡めると，ヤフーが所有するeコマース大手のアリババ（Alibaba）株式の割合が，ヤフーで大きくなりつつあった組織上の問題を部分的に覆い隠したことがわかる。

ヤフーは，コーポレート・ガバナンスの観点から，アメリカに拠点を置く3つの主要な事業領域と海外に位置するその他の貴重な資産から構成されている。とくに，ヤフージャパンとアリババの持分から，その他のヤフーの事業で獲得するよりも多くの収益，利益，および企業価値がもたらされた。事後的な分析では常に割り引いて考えるべきであるが，以下の問題と考え方は依然として妥当するものであり，他の企業にも非常によく当てはまる。

結局のところ，2016年の第1四半期中に，ヤフーの取締役および経営者は，企業の戦略オプションの探索，すなわち中核事業の売却を試みることになる。一時のインターネット勢力にとっての不幸な終焉が，無能な経営者と貧弱な戦略的計画がいかに企業に悪影響を及ぼすかを明確に示している。一方で，ヤフーや調査のために選択された他の企業に関して行われた分析が示すように，この環境でも成功した企業もあることを覚えておくべきである。

1.4　ガバナンスはいかにヤフーに役立ったか

トップ階層のガバナンスの観点からヤフーを評価することは，グローバルかつ戦略的な視点から企業を分析するという点で理にかなっている。その可能性と実施方法を具体的に掘り下げると，企業の様々なビジネスラインを詳細に分析し，そのビジネスラインの収益と費用の主要なドライバーを特定し，競合他社の評価を行うことが考えられる。

例えば，ヤフーとヤフージャパンの間の事業運営や関係は，厳重な監視のもとにあったが，ヤフーに有利に働いていた。ヤフーによるヤフージャパンの事業およびインフラの立ち上げや初期投資は，ヤフージャパンがヤフーに対して適正に支払ったロイヤルティをはるかに上回っていた。別の言い方をすれば，初期投資と事業の立ち上げが終われば，親会社は事業運営に関与しない存在である。これは，旧経営陣が関係を再構築し，関係を深め，東南アジアの高度成長経済国に拡大するための重要な機会となった。

アリババは，ユニークな状況を表している。アリババは，ヤフーの価値向上にかなりの効果をもたらしたのだが，それと同時に，残念なことに，中核業務と中核事業の業績の低迷を隠すことになる曇りガラスの役割も果たしていた。2005年にヤフーの共同設立者であるジェリー・ヤン（Jerry Yang）によって購入されたアリババの株式は，中国のeコマース市場全体とともに成長し始めた。それにより，アリババの株式の価値はますます高まり，新規株式公開（IPO）が検討されたのである。

2014年のIPOで勢いを増したことにより，大規模かつ急速に成長する企業となったアリババが，事業運営と遂行に戦略的かつ将来志向の意思決定を下すようにヤフーに圧力をかけることになりかねないという見方が生じた。とくに，アリババのIPOの後，ヤフーとその経営陣に変化を促し，サービスを見直し，過去数年ほとんどあがっていなかった収益性を向上するよう圧力がかけられた。広くメディアとマーケットから報じられた通り，マリッサ・メイヤー（Marissa Meyer）らが始めた挽回策は，結局は失敗に終わった。

1.5　ヤフーの会計とガバナンス

ヤフーの問題は，ワン・レポートの書式や作成方法をいくら変えても対処できる範囲をはるかに超えている。ところが，ガバナンス手法と経営管理の改善の仕方は，企業に悪影響を及ぼす多数の問題への対応に役立つ。一般に管理会計担当者および経営陣は，ヤフーを悩ませる問題とその問題が最終的にヤフーにもたらした結果を間違いなく分析するであろう。

ヤフーが完全に買収されるか，ヤフー，ヤフージャパンおよびアリババの持分に比例させて分割されたとしても，最終結果は同じである。何年もの間違っ

た経営管理，知的資産などの権利の管理不足，競争力不足のために，一度天下を取った企業が公開市場で売却されるまで弱体化した。

　ガバナンスとは，用語の本来の目的に戻って考えるならば，取締役会と経営陣との間のやりとりを管理するとともに，社内のやり取りや社外の関係者との関係を管理し改善することである。ステークホルダー志向が高まりつつある企業環境において，企業のコーポレート・ガバナンスのプロセスが堅固であり，企業のコーポレート・ガバナンス能力に関連するどの情報が意味のあるものなのかを抽出して理解するための定量的な分析と基準が必要である。

　ヤフーでは，地域特有の基準で，企業傘下にある比較的遠く離れた事業の分析と経営管理を行っている。市場は明らかに世界の様々な地域で異なり，広告主，ベンダー，デベロッパーとの関係は市場ごとに異なる。これらの異なる市場の定量的な影響を分析し，ヤフー自体と競合他社の両方のSWOT（強み，弱み，機会，脅威）分析を徹底することが重要である。市場におけるヤフーの最初の分析に続いて，モバイル，デスクトップ，検索，バナー広告，アルゴリズム広告の市場の細分化を伴う市場自体の分析は，会計部門によって準備され提示される。市場のこれらの様々なセグメントを掘り下げることによって，ヤフーはいくつかの要因を定量化し客観的に追跡する能力を得ている。

　第1に，市場全体の変化や傾向は，この種の分析から容易に明らかになる。

　第2に，ヤフーと競合他社との相対的なポジションはより明確になり，定量的に議論しレビューすることが可能な基盤を持つことになる。このポジショニング分析により，特定の製品・サービス群に留まったらよいのか，そしてヤフーの提供するものがユニークで望ましくなるように，どこにポジショニングしたらよいのかという2点に関して，経営陣が比較的容易に評価できるようになる。

　第3に，最も重要なのは，経営陣と上級レベルの意思決定者にこの情報を伝えれば，変化し続ける市場環境に直面した際に将来を見据えた意思決定を行うことができるようになることである。

　もちろん，実際にはこれまでに説明した情報だけでは，企業はこの種の情報に基づいて意思決定を行うことはできず，ガバナンスと定量的データを組み合わせた情報が必要である。このデータを準備することを義務づけられた内部の

会計や財務の専門家から経営者にこの情報を伝えることは，重要なステップである。現実的で有用な形式でこの情報と他の情報を提示することは，データ分析自体と同じくらい重要となることが少なくない。利用されるグラフィカルツールとプレゼンテーションツールは，企業や特定の担当者によって異なる場合があるが，いくつかのポイントを押さえておく必要がある。

1.6　プレゼンテーションの課題

　プレゼンテーションに関して，まず，会計と財務のチームが使用するプレゼンテーションツールと図解は，情報を正しく示さなければならない。すなわち，データは実際の状況と定量的な基本情報の両方を反映しなければならない。情報をはっきりと伝えるために，凡例，カラーパレットおよび尺度についてグラフの調整を何度か繰り返す必要がある。エンドユーザーを混乱させたり，違和感を抱かせたり，あるいは不明瞭な情報を提示したり，容易に理解できない形式の情報を提示したりすることは，情報を有効に活用するうえで，大きな障害となる。

　このような項目に注目することは，データそのものに二次的な意義を持たせることのように思われるかもしれない。しかし，アナリティクスや情報の原則を覚えておくべきである。すなわち，データを利用するエンドユーザーの多くは，そもそもデータの専門家ではないし，とくに定量化が得意なわけでもない。このデータと情報は，厳密な分析用語ではなく意思決定と経営計画に適したものに変換する必要がある。

　企業内のIT，適切な階層の経営者，コミュニケーションの専門家と歩調を合わせて，将来志向に専念する会計部門は，増加するガバナンスの要求を満たす報告システムを開発できる。もはや年次で行われる定性的な話ではなく，財務に関心のある株主を含めたステークホルダーは，取締役会が企業の戦略的計画のプロセスに専念し，将来を見据えて積極的に関与することを期待している。経営者は，分析と意思決定に最も必要となる情報の準備と伝達を支援することができるが，その情報を財務情報だけに限定してはならない。

1.7 フォルクスワーゲン

フォルクスワーゲン（Volkswagen：VW）は，クリーンディーゼル技術のパイオニアとして知られており，アメリカや他の国々でこのような技術の利用が増加したチャンスに乗じて，2015年にはトヨタを抜いて世界最大の自動車メーカーとなった。この念願の目標は，VWによって行われた製品ラインに関する意思決定の永続性と成功を証明するものとして，社内で称賛され，また業界アナリストからも褒めちぎられた。

2015年の終わりに，VWのニュースが再び世界中を駆け巡った。しかし，これは称賛によるものではなかった。クリーンディーゼル技術は，企業の成功の鍵であり，チームの技術力を証明するものとして頻繁に宣伝されていたが，適切に報告されたものではないことが明らかになった。つまり，実際には公表されているほど環境に優しいものではなかった。米国および欧州の規制当局から，大規模なリコール，調査，制裁金がかけられ，売上高が大幅に減少し，劇的に収益性が悪化した。その結果，VWの将来の持続的発展が脅かされた。

1.8 ガバナンスをどう活かすべきか

ガバナンスは，企業が外部の取引先とどのように対話するかだけでなく，さまざまな分野の企業とどのようにコミュニケーションをとるかということにも留意しなくてはならない。VWの場合，現場の業務と経営管理との間に根本的な断絶があることがすぐに明確になった。つまり，特定のタイプの情報を処理し，VWのトップの意思決定者に伝える仕組みがうまく機能していなかった。

とくに，環境コンプライアンスと環境報告の基礎となる情報は，研究室で行われた試験では排ガスの量が閾値を超えていなかったにもかかわらず，研究室での試験の条件が路上で走行している車両の現実と合っていなかったことが露わにされたのである。言い換えれば，一般消費者と規制当局に報告する目的で排出レベルを決めるために使用された試験の基準と方法論が不正なものであった。

こんなことがどうして起こったのか，不正を根絶させる経営努力がなぜ行われなかったのかは，何年にもわたって議論され分析されるべき問題である。しかし，この分析は，優れたガバナンスと透明性の欠如，そしてそのことがVW

の排ガス不祥事で果たした役割に焦点を当てている。ヤフーで証明されたものとはわずかに異なる貧弱なガバナンスの形ではあるが，企業がガバナンス体制や報告ツールを構築し維持する方法に大きな役割を果たす企業文化そのものは，将来志向で，積極的で，挑戦的であることを許されなかった。

代わりに，調査が進むにつれて，VWの企業文化とガバナンス構造は解決策に導くための協調であり，合意であり，連帯の1つであったことが示された。これは，協力を促進し，対立を最小限に抑える理想的な状況のように見えるかもしれない。しかし，実際の状況では，コーポレート・ガバナンスを実行し，企業の戦略を管理する役割を担っている担当者やグループは独立してなければならないし，将来を見据えて行動しなければならない。

VWを覆うこの状況と結果としての不祥事は，現在の財務結果と販売計画の両方に悪影響を及ぼし続け，コーポレート・ガバナンスに関する非常に重要な概念を浮かび上がらせた。コーポレート・ガバナンス，企業文化，そして企業が適切な窓口（ホットライン）を通じて社内で建設的に批判を伝える能力こそが，優れたガバナンスの象徴である。

英米のガバナンスと，VWを含む西ヨーロッパの多くの企業が利用しているガバナンスの構造は大きく異なっている。英米モデルのガバナンス下では，取締役が事業会社や関係企業を運営する上で有しているその他の関与と同様に，取締役会を支援する独立取締役の数や取締役のさまざまな専門的能力に重点が置かれている。

VWが本社を置くドイツ（実際には，VWの本社はグローバル本部を置く城下町であるヴォルフスブルクにある）を含む西ヨーロッパでは，コーポレート・ガバナンスに対するアプローチに多少の違いがある。VWの場合，ドイツのザクセン州がVWの発行済株式の約20％を支配しており，労働組合の複数の人間が取締役会レベルの代表になっている[70]。

利害関係にあるグループが複数関係すると，それぞれの立場の利害がお互いに整合しない状況，つまり，ステークホルダー集団の利害が整合しない状況に陥る。州と労働組合の両方が取締役会レベルでかなりの影響力を行使するとい

訳注70　ドイツにおける労働者代表が経営者とともに取締役会や監査役会などの企業の最高意思決定機関に参加する共同決定制度を法的，公的に制度化した「共同決定法」のことである。

う事実からもたらされる複雑な合併症は，英米流のガバナンスモデルの下で生じる場合よりも，この種の状況においては，事業の安定と雇用者数の維持により大きな役割を果たす．

　このような状況や環境の下では，コーポレート・ガバナンスの担当者は，潜在的な問題を企業レベルで分析して明確にし，その情報を意思決定者に伝えなければならない．VW における主な情報断絶は，排ガス試験を実施した研究室のエンジニアと専門家，試験担当者を監督する中間層，トップの意思決定者という三者間で起きていた．担当者がどのような情報を知っていたか，いつこのデータを認識したのかを明らかにするための調査が 2016 年までに数多く行われたため，全体にわたる問題が明確にされた．

　VW では，排ガス量に関連する業務データを経営陣に伝達するための透明なプロセスが存在せず，研究で赤旗を上げられないようなある種のプレッシャーが存在した．簡単に言えば，企業全体をみて明確で純粋なデータフローを独立して担当するプロセスがあれば，プロセスの初期段階でこれらの試験の矛盾を明らかにできる可能性があり，この問題を前向きに解決できるという結果がもたらされる．

　データのさらなる定量化，すなわち既存のデータの問題や状況に関していろいろと報告しても，VW に降りかかる複数の問題に対して将来を見据えて解決できる策がとくに提示されるわけではない．世界中で 10 万人以上の従業員を擁し，イノベーション，工学的成功，製品の優位性で数十年にわたる実績があるにもかかわらず，VW はかつても今もビジネスの専門知識を欠いている．同様の規模の企業でもそうであるし，VW においては，とくに，企業が直面しうる潜在的な危機に関する透明でオープンな対話が欠如している．

　別の言い方をすれば，多くの企業にとって何度も失敗という選択肢があってはならないという現実があるため，企業目標を示す情報は改ざんされるか，そうでなければ損害を少なくするように修正される．会計専門家は，現実を正確に反映している定量的データを準備して伝えることに精通している．すなわち，会計専門家は，社内でコミュニケーションをより効果的に行えるシステムと報告様式の作成を支援するのに有効な立場にある．

2 重要なポイント

　後に詳細に考察するように，将来を見越してガバナンスとサステナビリティを実行できなかった企業だけが，ガバナンスに関連するニュースや見出しに登場しているわけではない。事業活動や報告の実務でガバナンスをうまく効かせている組織は，ステークホルダーとの関係を改善したり，金融市場と金融当局とのコミュニケーションが良好になったり，意思決定の透明性が向上したり，資源配分の方針がより客観的になったりするなどの便益を自ずと享受している。

　中央銀行が資金の供給を行って流動性を増大させるときでさえ，財務資本がなお希少な資源となるビジネスの分野では，より有利で費用効率の高い目標に資源を配分することは，受託責任の遂行例である。管理会計担当者は，質の高いガバナンスの実務を展開し，維持するために必要となるデータ収集プロセスのいくつかの側面にすでに関与している。そのため管理会計担当者は，企業の透明性を求める声が高まり，組織資本の長期的な監督と報告の責務に対して再び注目が集まりつつある機会を活用する唯一の適任者である。後に考察するように，良好なガバナンス，サステナビリティ・イニシアティブ，そして組織のパフォーマンスの関係は測定可能である。そして，それらの関係の範囲は拡大しつつあり，財務成果に対する重要性も増大しつつある。

3 サステナビリティ

　サステナビリティは，財務的に正当化できない支出，すなわち投資のハードルレートと目標額を十分に上回るリターンを生み出すことができない支出を正当化するために利用されるはやりの言葉に過ぎないとして，しばしば揶揄されている。残念ながら非常に多くの場合，それらの主張には真実も含まれており，過去数十年にわたってサステナビリティや環境を志向した実施項目とプロ

グラムは，悪習と持続不可能なビジネス慣行だらけの財務的に賢明ではない意思決定であったことが結果として明らかになってきている。しかし，多くの持続可能な企業を求める市場の期待とステークホルダーのニーズに技術とプロセスが追いつき始めたため，そのような状況も変化しつつある。サステナビリティと持続可能な業務活動は，コスト・センターや収益を生み出さない活動と必ずしも常に直接的に結びついている必要はない。むしろ，それらの活動や実施項目は，業務効率を改善し，利益をもたらすために利用することができる。

シューズおよびアパレルの世界的なメーカーであるアディダス（Adidas）は，サステナビリティの向上，エネルギー効率，および生産的な業務活動から便益を受けている理想に近い企業の一例である。とりわけ国家間の世界貿易および輸出入に関する協定による監視が増加していることを考慮すると，サプライチェーンとパートナー企業が持続可能かつ倫理的な業務活動を確実に遂行するようにすることは，もはや本当に任意の検討課題ではなくなっている。シューズの製造，流通，小売は，財務上の期待と顧客満足の要件を厳密に達成する必要があるため，業務，財務，マーケティング，経営陣の間で緊密な連携が必要となる資源集約的で資本集約的な活動である。これは，事実上，サステナビリティの支援を財務上の意思決定とともに行うための理想的な状態である。

伝統的に，持続可能かつ環境志向の事業活動を経営意思決定の重要な側面に位置づけようと努める専門家が直面する障壁の1つは，このような実施項目の財務的なリターンを測定することが容易ではないという現実である。正確に評価し，環境に優しいという言葉でごまかす多くのコンセプトの餌食にならないようにするために，企業は次の現実を認識することが重要である。

第1に，真のサステナビリティによる節約と企業に対する持続的な効果を達成するために，必要となる設備とシステムに投資（支出）することが不可欠である。とくにステークホルダーから四半期の利益成長と株主への増配を実現するようにますます圧力を受け，業務上および財務上のコンプライアンスを遵守しなければならないなかで，意思決定を行う経営陣にとってそうした投資をすることは常に容易なことではない。この問題に関する単純な事実は，サステナビリティと持続可能な事業活動には先行投資が必要となることである。

第2に，間違いなく，このテーマのより重要な側面は，時間をかけてサステ

ナビリティのパフォーマンスを貨幣額で測定し,追跡することの必要性である。別の言い方をすれば,持続可能な開発とサステナビリティに対する投資は,目に見える改善として直接的に測定する。特定の実施項目の焦点がエネルギー効率,廃棄物削減,リサイクル,あるいは生産工程におけるその他の天然資源の使用の制限にあろうとなかろうと,最終目標は同じである。企業によって行われる他の投資意思決定と同じように,投資評価は,全体的な見地に加えて,財務的にも支持されなければならない。すべての企業は明らかに独自性を有しているが,ハードルレート(切捨率),IRR (internal rate of return: 内部利益率)などのベンチマーク基準は,業界や企業の枠を超えて一般的となっている。アディダスはそのような企業のうちの1社であり,経営陣が環境に配慮した事業活動に対する投資を評価し,維持することを支援するためのユニークな方法を採用している。次節においてより詳細に考察するように,アディダスは,伝統的な資本投資のツール,尺度,そして考え方を採用し,それらをサステナビリティ・イニシアティブの資本投資に直接的に応用している。

3.1 アディダス

アディダス(Adidas)は,中核事業にサステナビリティを統合するためのユニークな方法を採用し,意思決定の過程で財務分析も取り入れている。アディダスが発展させ独立した事業に育っている環境保護基金(Environmental Defense Fund: EDF)は,MBAの学生を募集し,1週間の教育訓練を提供するプログラムを2008年に開始した。そのプログラムをひと言で言うと,サステナビリティとサステナビリティ・イニシアティブに関して,財務に関する意思決定者を論理的に納得させるように話す能力を学生に身につけさせるというものであった。

ブルームバーグのビジネスウィーク誌の記事によると,このプログラムに在籍する学生の1人は,アディダスのグローバル本社でインターンシップを経験した。その学生は,1年後に正社員として採用され,エネルギー消費を明らかにし,同社の資金を節約するために,以前に学び分析したことをそこで応用する仕事を割り振られた。

財務分析とサステナビリティを志向した目標を関連づけることによって,ア

ディダスは，最低20％のリターンを獲得すると見積もられたサステナビリティ・プロジェクトに75万ドルを投資することにした。これらの初期の成功を実現した後，アディダスは，今日までに IRR で平均33％のリターンが得られるサステナビリティ・プロジェクトに550万ドル投資している。さらに，アディダスは現在，これらの実施項目に対して特別に毎年200万ドルから300万ドルを投資している。これは，持続可能な業務活動の結果を定量化する組織能力の直接的な結果である。アディダスの成功は，戦略的会計担当者の観点から以下の2つの主要な理由のために重要である。

　第1の理由は，財務分析，業務改善，それに経営陣の支援が直接的に結びついたことは，会計担当者が将来を見据えた行動をとることを奨励したことの現れである。定量的な結果を知った後，アディダスが財務チームのメンバーによって提案されたサステナビリティの実施項目に数百万ドルを投資することを厭わなかったという事実は，将来志向の財務と会計の機能の可能性を現実世界で証明したものである。

　第2の理由は，アディダスが特定のプロジェクトおよび期待する成果に焦点を当てた企業内ベンチャー・キャピタル・モデルを実現した点である。範囲の限定された特定のプロジェクトに資金を割り当て，これらのプロジェクトが組織によって定量的に測定される一定のハードルレートを満たすように要求する。このようにしてアディダスは，コーポレート・ベンチャリングと呼ばれるモデルを活用している。

4　戦略的な賭けと戦略的管理会計

　企業と経営陣は，データと情報が従来よりも大量かつより迅速に入手できる市場の現実に反応し，対処することができるし，またそうすることをあらゆるステークホルダーから期待されている。しかし，このことは，当該情報を分析し，統合することができるだけではなく，企業が新しいアイディアをテストできなければならないことをも意味する。明らかに，新しいアイディア，製品ライン，サービスなどの提供には，不確実性を伴う先行投資として資本とその他

の内部資源が必要となる。それは，企業に対するリターンと改善につきものである。したがって，企業が戦略的実施項目を実験し，実践し，あるいはヘッジすることができる手法が必要である。この手法は，多くの巨大企業において頻繁に利用されている。このような手法があることは，経営陣が利用可能な様々なオプションを評価し，分析し，報告するための戦略的会計担当者にとって理想に近い状況である。

4.1 コーポレート・ベンチャリング

アディダスの事例で先に紹介したコーポレート・ベンチャリング[71]などの従来と異なる投資手法は，新規の，革新的な，あるいは平均以上にリスクのあるサービスラインの製品の実験を目指す企業の間でますます人気を博している。詳細に考察すると，コーポレート・ベンチャリングにはいくつかのパターンがありうるが，いずれを選択してもその概念の本質が変わることはない。ポートフォリオ・マネジャーの場合と同様に，上位組織は，組織内の特定のプロジェクトやアイディアに資金提供を行い，それらの投資をモニターし，結果を管理する。このようなモデルの主な便益は，事業の中核ではないかもしれないが，大きな組織の資源と人員を活用するプロジェクトに限られた資本を割り当てることができることである。さらに，新しい革新的なアイディアを促進し，実験するためのこのようなモデルを利用することで，企業全体をリスクにさらすことなく，企業は資本と資源のリスクを回避できる。

コーポレート・ベンチャリングの概念は，巨大企業，とくに製薬分野とテクノロジー分野におけるスタートアップの取り組みに対して資金提供するために歴史的に利用されてきたが，今日ではますます受け入れられ，幅広く利用されるようになってきている。また，このようなモデルを活用すること，つまり，Google Ventures[72]社のような企業内でベンチャー・キャピタルの役割を担う部門を設定することのメリットは，既に述べたようにリスクを限定的にすることができることなど多くある。コーポレート・ベンチャリング構造を介して生み

訳注71 コーポレート・ベンチャリング（corporate venturing）は，企業がベンチャーを創出したり，外部ベンチャーを取り込んだりすることを言う。
訳注72 現在では，GV 社に名称変更している。

出されたスピンオフ企業において，開発され，上市された活動やアイディアを学習し，改善する能力は，重要なメリットである。これは付随的な便益どころか，アイディアとコンセプトの継続的な学習，実験，改善は，競争優位を維持し，激化するグローバル経済の競争の中で生き残っていくための重要な側面である。

4.2 時限組織

時限組織（temporary organization）という用語は，一見すると矛盾しているように思われる。一般的に一時雇用の従業員やコンサルタントは，既存の従業員のギャップを埋めるために雇用されるのであって，新しい実験的な実施項目を開始するためではない。また，確かに特筆すべきことは，一時雇用の従業員やコンサルタントは，時給や日給ベースで，常に社員より高くついているという事実である。これらの現実を認めた上でも，時限組織を設定すること，すなわち，イノベーションのワークショップを走らせるためにコンサルタントを利用することや新しいアイディアに特化した下位組織を立ち上げることには，大きなメリットと可能性がある。理想的には，時限組織は，このような業務を実行するための適切なレベルの専門知識と経験を持つ企業の従業員によって管理される。しかし，これらの人々以外で，時限組織の中心となってアイディアやコンセプトに取り組んでいる人々の大半は，外部の人々に違いない。このアプローチのメリットの1つは，企業にもたらされる柔軟性である。この実施項目が成功しない場合，それは簡単な話で，事業を中止し，社内の従業員を組織内のその他のニーズや重点分野に再配置するにはそれほど費用はかからない。

戦略的会計担当者の目を通してこのオプションを検討すると，このような実施項目に適用すべきいくつかの興味深い洞察が得られる。具体的には，経営陣や企業のリーダーは，企業自体をリスクにさらすことがなく，様々なアイディアや概念の財務上の実行可能性を評価することができる。時限組織は，これを達成するための1つの手段である。時限組織の調整は，定量的および定性的な評価プロセスを伴う多面的なプロセスである。たとえば，一時雇用の社員に業務を遂行させることによって，教育訓練が必要となる企業の正社員を段階的に減らすためには，人的資源および財務的な観点から計画を練り，追跡し，管理

する必要がある。このような問題に対処するように権限を与えられている社内の管理会計担当者は，そのようなアイディアが企業に及ぼす可能性のある財務上の影響と直接的に関係するリアルタイムの分析と情報を提供する。

4.3 フレキシブルな工場

モジュール製造とフレキシブル生産というアイディアは，いまや新しい概念ではない。世界中の新興市場のメーカーは，大企業の競争相手よりも価格を引き下げ，市場シェアを獲得するために，フレキシブル生産と状況に応じて生産能力を変えられるスケーラビリティという考え方を活用してきた。しかし，詳細な検討を行うことによって，フレキシブル生産と真の時限的な生産設備の規模が明らかになる。中国企業は，短期間で工場を建設し，その有用性が失われたときにはそれらの工場を解体することでよく知られている。しかし，この分析は，この概念とアイディアを時限的な工場や生産能力が正確に何を意味するかを理解することで恩恵を受けることができるスタートアップ企業と大企業のサービス部分への適用に焦点を当てている。品質を維持しながら，あるいはサプライチェーンを調整しながら，製品とサービスの供給量を変更する能力は，グローバルな事業環境において不可欠な経営スキルである。

シェアードサービスに対するこのような見解への移行は，理解するには比較的簡単な考え方であるが，アクションプランを立案したり定量的な分析を行ったりする際に重視すべきいくつかの重要な点がある。まず，ビジネスとマネジメントの実践のほぼすべての側面でITの利用度を高めることが，企業全体の効率性と改善をもたらすということである。つまり，現在の情報のプロセスとコミュニケーションに技術と技術の進歩を取り入れて統合する際に，管理会計担当者にとって比較的大きな機会がまだ残されている。サービスの観点から，生産能力のスケーラビリティの考え方をこれに適用することは，将来を見据えた戦略的管理会計担当者に適した仕事の1つである。それには以下の仕事がある。

第1に，利用できるツールとITは，合理的に評価されなければならない。つまり，当該シェアードサービスに現実的に適用可能なツールは何か。第2に，特定のプロセス改善活動を実行することの潜在的なコストと便益は何か。

第3に，IT，教育訓練，そして革新的なアイディアの採用に間違いなく必要となる導入研修に対する投資から企業は何を享受するのか。第4に，最も重要なことは，プロセス改善のメリットをどのように表現し，企業の他のメンバーやステークホルダーたちにどのように伝えるか，である。

4.4　戦略的な賭けと戦略的管理会計

　企業の意思決定に関する経営管理のフレームワークにおいて，様々なヘッジ戦略を理解するだけではなく，それを実践する能力を柔軟に持つことは，グローバル環境に置かれた企業の成功にとって重要である。戦略は進化し続け，経営陣の意思決定のために以前は確保されていた情報と要素がますます戦略に含められるようになってきている。アナリティクス，リアルタイム情報，そしてそのようなアナリティクスとダッシュボードの経営管理への統合は，必要条件ではなく，会計部門において考慮され，内包されるべきオプションである。財務の専門家は，このような情報を分析するだけではなく，データ自体の他にそのような情報が企業に及ぼす影響を明確に示すことができなければならない。

　意思決定を行う経営陣に対してデータを作成し，提供する際に重要かつ守るべきことは，エンドユーザーが必要とする情報を理解しやすくすることである。企業には，増え続ける膨大な量の情報がある。しかし，情報は確実に，(1) 意思決定者にとって有用となり，(2) 意思決定プロセスを支援するように作成され，利用されるように，その情報を準備し，分析し，提供する必要がある。企業によって行われる戦略的な賭け，実施項目，努力の考察にとってとくに重要なことは，データを企業が検討している代替案と比較するだけではない。むしろ，競合他社が現在進めている比較可能な市場の実施項目とも比較し，分析することである。戦略的な賭け，現在の経営管理手法，そして戦略的会計担当者の間の結びつきは，比較的明確に容易に理解し，分析することができる。

　戦略的意思決定と戦略的管理会計を収斂させる際にまず最も重要な点は，複数の情報源から生成され，分析される情報の必要性である。つまり，そのことが統合報告の基礎概念である複数の資本モデルを支持することになる。新たな戦略的実施項目を計画する，すなわち当該情報と実施項目の信憑性を評価する

ときに，経営陣はそのオプションを効率的に評価するために，最も正確かつ適合性の高いデータを持つ必要がある。事業活動から得られる情報を経営意思決定に携わる縦横の組織やチームに提供することは，高度に競争の激しい市場における戦略的なヘッジ，事業活動，意思決定の重要な側面である。次に，このデータを収集し，分析と評価の支援を行うために経営陣に効率的に提供するために，会計部門は，他の職能領域と調整し，協働する必要がある。この結びつきと関係を構築し，維持することは，会計部門が企業にもたらすことができる価値を高め，企業が最高の意思決定を行えるように支援するために必要な条件である。

4.5　戦略的情報の提供

　意思決定プロセスの妥当性と行われた意思決定が成功する確率を向上させるためには，定量的なデータと統計を，意思決定を論理的に導き出すための定性的な議論と枠組みに取り込む必要がある。具体的には，企業が検討する可能性のある投資と実施項目の面でそれが関係するので，情報が提供されるエンドユーザーと意思決定に役立つような方法でその情報を示すことが重要である。これまでに議論し分析した話題に立ち返ると，実務や研究に従事する専門家，そして情報検証のために雇われている会計専門家にとって，提供された情報が専門家の付加価値提供プロセスの一部に過ぎないということは明らかである。提供された情報とデータが情報の特定のエンドユーザーに適したものにすることは，情報伝達プロセスの重要な側面である。したがって，情報それ自体は情報提供プロセスのほんの一部に関係するだけである。また，データの表示方法を情報のユーザーに適合させることも重要である。

　会計と財務の部門から情報を受信する可能性のある様々なユーザーを具体的に詳細に検討すると，分析を開始する最初の場所は，必然的にコミュニケーションの媒体となる。Skype，WebExのようなアプリケーションによる遠隔プレゼンテーションと同じく，電子メール，パワーポイントによるプレゼンテーション，報告書，スクリーンキャスト，ビデオ録画によると，経営陣は，事実上どこにいても，会議を開き，議論し，意思決定を行うことができるようになる。

しかし，この柔軟性に欠点がないわけではなく，長い説明なしに情報を理解しやすいようにすること，つまり限定的にすることが，これまでよりも間違いなく重要となる。会議に先だって示されたり配付されたりしたデータを容易に理解することができない場合，対人コミュニケーションの不足のためこの伝達不良が増幅される可能性がある。このことは，戦略的意思決定，戦略的管理会計，そして管理会計専門家が意思決定プロセスに価値を提供する方法の関係を示す重要な側面を強調している。

　テンプレートと報告のフレームワークは，貴重な近道であり，財務情報を迅速に準備し，分析することを容易にしてくれるが，このようなテンプレートを準備する際に考慮に入れなければならない特定の要因が存在している。まず，テンプレートとそこに含まれる情報は，実際の報告書を作成する人に関係なく，すべての報告書において再現されなければならない。とくに，これが管理会計担当者にとって意味することは，特定の情報を優先する必要があるということである。つまり，業務データと財務データのすべてを報告書に含めるべきではない。さらに，その情報は，定期的に複製可能な方法で入手する必要がある。つまり，補助元帳や他のシステムからデータを抽出するプロセスは，反復可能である必要がある。

　確実に継続してデータを抽出できるようにするだけではなく，抽出されたデータの品質を有用なものとして確保することが管理会計専門家にとって重要である。仮にデータをエクスポートするときに膨大な手作業すなわちクリーニングが必要となる場合，情報自体の有用性が疑われる。このような状況において，企業によって利用されるさまざまなシステムから情報を抽出するための代替的な方法を開発するためには，業務あるいは報告書の作成を行う職能領域を起点にするほうがよい。そうすることで，3つのメリットが導き出される。

　第1に，職能横断的な協働は，必要条件に慣れ親しみ，職場のダイナミクスが構築されるにつれて改善される。第2に，他の職能領域を手伝って連携することは，会計担当者のより戦略的かつ将来を見越した積極的な役割を表しているという事実である。報告書の作成と分析は，データの分析と統合の一要素にすぎない。第3に，多くの管理会計専門家が苦労して職場の実施項目にデータ分析を統合すること，すなわち情報提供である。

4.6 戦略的情報の提示

パワーポイントによるプレゼンテーションは，事実一般的であるが，これはまたほぼ一般的に質を軽視するものであり，対話をもたらさない側面もある。文字と口頭による当たり障りのないプレゼンテーションは，いかなる関係者にとっても，魅力的でなく，また，将来のことを考える経験ともならない。司会者も聴衆も，聴衆にとって関連性が強く魅力的な方法で情報を配信しない限り，ほとんど結果に興味を持とうとしない。(特定の職能領域にかかわらず)プレゼンターの提案やアイディアに関心と興味をもってもらうためには，提供する情報はエンドユーザーに適合するものでなければならない。聴衆がプレゼンテーションを見て，データの影響を理解していない場合，プレゼンテーションに含まれるデータは活用されないだろう。データが妥当であるか，定量的に正確かどうかは問題ではない。聴衆を引き込むための工夫がない場合，その影響は弱くなる。

効果的なプレゼンテーションを実施する最初の要素は，特定の聴衆のためにすぐに利用できる適切な方法を理解することである。たとえば，プレゼンテーションをストリーミングや Web ホスティング・プログラムを介して配信する場合，ストリーミング・サービスでも上手く送信できるかを最初にテストすべきである。また，プレゼンテーション自体の視聴テストを実施した後，ハードウェアとソフトウェアのインターフェースのテストを行うべきである。さらにこのようなテストのつきものはと言えば，スピーカー，モニター，スクリーンなどの周辺機器を確実に正しく機能させるために，単純にプレゼンテーションの予行演習を行うことである。加えて，音声または映像の伝送において遅延なく聞くことができ見ることができることが重要である。音声や映像の遅れは不便であるが，事前に発表者がそれらを認識している場合，通信の遅延の厄介な影響を軽減するために，利用できる回避策(一時停止や質問の時間など)がある。

次に，プレゼンテーションの内容そのものに立ち返ってみると，「私たちはここからどこに向かうのか」という質問をプレゼンテーションや分析の結論に取り込み，上手く扱う必要がある。聴衆に対する情報，アナリティクス，データのプレゼンテーションには，データのエンドユーザーに対する影響を要約し

た結論，提案，助言などをいくつか含める必要がある。プレゼンテーションにこの点を統合できないと，結果として，プレゼンテーション全体が効果的ではなくなる。製品やサービスの開発と同様に，内部および外部の意思決定者のために情報を作成し，提供する時，エンドユーザーのニーズと要件をすり合わせることが常に重要となる。会計部門の本当の価値は業務データを財務情報に変換することであり，そのような報告書の受信者の大半は財務の専門家ではないという2つの事実は，あらゆる報告書，テンプレート，情報源の作成と絞り込みにおいて記憶に留めておく必要がある。

5 すべてを統合する

　将来志向の戦略的会計の役割は，学術的な議論についてはすっかり下火になっているが，市場主導の現実としてますます明確になってきている。営利組織と非営利組織の両方を含む市場のイニシアティブによってこの点が例示され，異なる種類のデータを定量化し，報告する組織の重要性が高まっていることが強調されている。GMIレーティングスは，企業をコーポレート・ガバナンスの実務で順位づけることに焦点をあてるだけでなく，人的資本，環境イニシアティブなどの領域を測定するための追加的な指標を含めている第三者機関であり，その一例である。証券取引委員会（SEC）への報告のためにいくつかの企業によってすでに使用されているSASBとSASBによって開発されたフレームワークは，大量の企業データを定量化し，内部と外部の両方に報告する方法のもう1つの例である。

　市場における傾向および学術的な研究と議論の動向を活用するには，会計専門家が会計部門の役割と今後の市場ダイナミクスを理解することが不可欠である。批判的思考を用い，財務諸表分析の伝統的な枠組みを超えて思考し，それを容易にするためにITの進歩を活用できるので，会計専門家は選択するための幅広い専門的なオプションを持っている。要するに，管理会計の専門家が利用できる多数のオプションや様々なキャリアパスは，進化しているビジネスの性質と市場全体を映し出している。

しかし，専門家の中で発生するこれらの変化に効果的かつ積極的に関わっていくためには，これらの変化を認識するだけでは十分ではなく，これらの変化に対処するスキルを採用し，習得することが会計専門家には必要となる。会計の資格や証明で必要となる継続的な教育は，新しいスキルを学習し，既存のスキルに磨きをかけることを開始する絶好の場所である。ところが，需要のあるデータ管理者と専門家の役割に向かって完全に進化し，展開していくことが必要である。とくに，これらの新しく，開発途上の役割に必要となるスキルを教え込むには，段階的なアプローチが必要となる。明らかに，定量的分析と他のデータ中心の能力は，意思決定プロセスでのデータの信頼性と利用を増大させるために，開発され，探求される必要がある。また，研究者と実務家がこのプロセスを前に導くために，間違いなく重要なことは，現実問題として，批判的思考と広い視野が必要となる。これらの新しいスキルと能力は，より幅広い視野での統合報告や伝統的にはなかった報告に利用したり，21世紀へと進んでいく会計の将来の役割を直接的に導き，構築する。

付録7　エーザイの統合報告書

　エーザイ株式会社（2017）では，企業価値の向上をはかるために，顧客，株主，地域などの幅広いステークホルダーとの信頼関係の構築に努め，患者様価値，株主価値，社員価値の最大化，ならびに企業の社会的責任の遂行を経営における重要課題と捉え，企業活動を展開している。そのようなエーザイにおける統合報告書は，次のページの図表付-4で示す通り，国際統合報告評議会（IIRC）のフレームワークをそのまま適用するのではなく，価値創造プロセス（オクトパス・モデル）とバランスト・スコアカード（Balanced Scorecard: BSC）の4つの視点とを結びつけて，戦略マップとして開示している点に特徴がある。

　具体的には，6つの資本を投入して事業活動を行い，付加価値を創出し，インプットした以上に資本を増加させるプロセスを，価値創造のプロセスとして捉えている。そして，価値創造のフローについては，BSCの4つの視点に基づき，最終的に財務の視点に焦点を当てた形で把握している。これは，事業活動の唯一の目的は，患者様満足の増大という社会価値創造であり，その結果として売上や利益といった経済価値を創出するという，エーザイの企業理念に基づいており，社会価値と経済価値を同時に実現するというCSV（共有価値の創造 ; Creating Shared Value）に近い考え方である。

166

図表付-4 エーザイの価値創造プロセスと戦略マップ

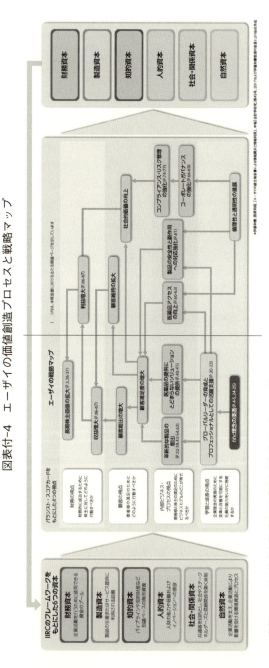

出典：エーザイ株式会社［2017］『統合報告書 2017』10-11 頁。

第8章

統合報告と会計の将来

　統合報告などの伝統的にはなかった報告一般は，現状，企業によってステークホルダーに対して開示されている情報の量や種類を劇的に変化させている。とりわけ，実際に企業が情報，資本およびデータという複数の源泉を生み出していること，企業が様々な外部の力によって動かされ，統治されていることを意味する。とくに，このことは，複数の資本モデルおよび複数の資本報告フレームワークの考え方を含めて，これらの概念をいかに本当の意味で実現するかが正念場にあることを意味している。様々な種類の資本を掘り下げていって，財務資本が別の形態の資本や資源の創造をモニターし発現させるような流動性や財務上の柔軟性を提供することを思い起こせば，このような移行を促進する比較的明快な指標および方法論が存在するように思われる。

1　複数の資本モデルの実行

　複数の資本モデルを構築し維持するには，このようなモデルが持つ効果，リスク，可能性を明らかにすることと，このようなフレームワークにおいて生み出される情報が意思決定者にとって有用であることが求められる。意思決定者にとって有用で，適合的，適時的な情報を生み出し広めるための最も明瞭でより直接的なやり方は，既存のフレームワークや技術を利用することである。よりはっきり言えば，それは，しばしば定性的データを含む伝統的には扱わなかった情報をトップの意思決定者にとって有用であるようにすることである。また，会計専門家は情報のエンドユーザーにとってなじみのあるテンプレートやフレームワークにこのような情報を取り込む必要がある。どんな企業も唯一無

二であり，異なる種類の資本は異なる種類の評価を必要とするが，この移行を促進する一連の企業にあてはまる共通の特徴がある。この考え方を敷衍すると，比較可能かつ有用な方法で，資本の個々の領域がどのように結びつけられ，説明されるかを理解するために，それらを検討し分析することが重要である。

1.1 資本とは何か

特定の資本について探究する前に，資本という言葉が使われたときに厳密に何を意味するのかもう一度検討する必要があろう。伝統的な財務的意味では，資本は，構想を立ち上げ，プロジェクトに資金を供給し，エンドユーザーに価値を届けるための，企業の必要な資力を表す。しかし，これでは多様なグループのステークホルダーを考慮したとき，資本に対する不完全な見方となる。トップの意思決定者は，企業のために複数の種類の資本間の密接な関係を定量化し，比較可能で再現可能な方法でそれができるような情報にアクセスしなければならない。この状況では，資本は，戦略上の目標や目的を成功裏に実行するために企業にとって利用可能な資源，財務能力ないし組織能力を表す。要するに，会計専門家の仕事は，単に株主に対して歴史的財務情報を作成し分析することから，データや定量的情報を準備し，そのデータを意思決定者に届ける，より包括的な役割へと進化してきているということである。

1.2 製造資本

製造資本は，本質的に，価値が届けられるのが製品かサービスかにかかわりなく，企業が最終消費者や顧客にいかに価値を届けるかに関わる。製造資本が測定しているのは，企業が価値を届けるシステムをいかに効果的かつ持続可能な形で管理するかである。より具体的にいえば，ある定量的比率は，いくぶん漠然とした概念を会計担当者がいかに定量化できるかの例であるといえる。既存の資産あるいは資本ベースの減価償却費と投資活動に向けられたキャッシュフローとを比べると，比較しようとするときの優れたベンチマークがもたらされる。この比較は，企業がその固定資産をいかに管理するかを知る手段となり，前期との比較にも市場の同業者との比較にも用いることができる。たとえ

ば，もしある期の減価償却費が投資活動に配分されるキャッシュフローを超過していれば，それは情報利用者に次のどちらかのことを伝える。

1つは，企業が少ないコストで既存の資産を取り替えることができるので，それは将来的に減価償却費が少なくなる。もう1つは，投資に比べて減価償却費の方が多いことは，企業が単に既存の資産をアップグレードしなかったことを示している。これは，費用を抑えることで収益性を短期的には高めることになる一方で，固定資産の再投資を抑制することが長期的に意味することは深刻である。この指標は，製造資本を評価するために用いることができ，また用いるべきである多くの指標の1つに過ぎないが，比較のための明瞭で客観的な出発点となり得る。

1.3　知的資本

市場から求められる知的財産を所有する必要性に注意を向けることなしに知的資本について議論することは，ほとんど不可能である。アップル（Apple），アルファベット（Alphabet），ディズニー（Disney）のような企業は，知的財産や知的資本から巨額な市場価値やポジショニングを引き出す企業の例である。知的資本の価値に，それが新しい構想やコンセプトを立ち上げるために企業にもたらす柔軟性を統合することで，企業が市場に対して生み出し，もたらす真の価値を完全に理解できるようになる。この価値評価や分析ができる2つの主要な方法がある。どちらの方法論も，効果的な報告フレームワークを確保するために組み込んで利用することが重要である。

第1は，知的資本の伝統的な源泉を価値評価し保護することである。それには，知的資本の開発の礎石を形成するライセンス付与協定，法的保護，ロイヤリティ合意が含まれる。

第2は，知的資本が戦略上の選択肢や障壁，投機的事業で処理しなければならない結びつきを明らかにすることである。妥当な技術やプロセスを強化したり，資金を提供したりすることで，様々な企業が革新し，新しい様々なタイプの共有価値を創造し，最終消費者に価値の高まった資源を提供することが可能になる。知的資本を新しい市場やアイディアの跳躍台として考えるべきである。この環境において，経営陣は，この価値ある必需品の効率的な財産管理人

にして守護者でなければならない。これらの資源を効果的かつ率先して管理することは，企業の十分な開発や，新しい構想のための資源の将来性あるテコ入れにとって肝要である。

1.4 人的資本

人的資本の特徴や，それが企業にとって何を意味するのかについて述べる前に，人的資本と企業とのつながりに関して基礎的な真実を理解する必要がある。業界，利益志向（非営利か営利か），規模のいかんにかかわらず，企業は個々人によって管理され統治される。グローバル経済が，個別企業によって実行されるプロセスや手続きに従業員が付加する知識やコンピテンシーにますます依存し続けているとき，このことはとくにあてはまる。

はっきり言えば，恐らく最も論理的には，予想以上の従業員離職率が生じているときに新規従業員を採用し，訓練し，配置する，とても現実的かつ定量化可能なコストを見積もることから始める。新規従業員の訓練や配置のコスト以外にも，従業員の離職が競合他社からの脅威に関係するとき，離職の波及効果が存在する。従業員を効果的に引き止め，企業内で効果を現す人的資本を最大化する戦略を構築するために，従業員の雇用を保証して，積極的に訓練し，意思決定プロセスに組み込まなければならない。ダイナミックで急激に変化する事業状況において必要とされる従業員を引きつけ，維持し，開発するために，従業員および人的資本は可能な限り効果的に活用されなければならない。

1.5 社会・関係資本

社会資本やブランディングは，ソーシャルメディア，ツイッター，オンライン上のレピュテーションの構築にしばしば結びつく。とはいえ，理解され，意思決定プロセスに統合されなければならない社会・関係資本の概念と関係する，性質の異なる次の2つの領域が存在する。

第1に，ソーシャルメディアやブランディングは，実際のところマーケット・ポジショニングで目につきやすい。企業は，幅広い種類の発言の場を使ってオンライン・メディアでの存在感を出すとともに，チャネル横断的なプロモーションのための機会を利用しなければならない。購買の動因と顧客とのかか

わりあいが進化しつつある時代には，顧客と潜在的な売上を適切に方向づけることが肝要である。とりわけ，このような変化を起こし，これらの変化を企業レベルで実行することの潜在的なコストと効果を定量化する能力は，管理会計担当者が成功し成長する機会を意味する。

　第2に，経営者の意思決定の視点から恐らくさらに重要なことは，企業が外部のステークホルダー，パートナー，サプライヤーなどの他社と持つ関係性である。端的にいうと，社会資本の概念は，一見したところ形がなくて定量化しにくいように見え得るが，ビジネス・ネットワークの力と関係する馴染みがよりある概念と結びつく可能性がある（Andriani and Christoforou, 2016）。手頃な割合で資本を投入し，新しいマーケットに参入し，新しい構想を立ち上げる能力は，外部の支持者と質の高い関係を発展させ，維持することに大きく依存する。コーポレート・ガバナンスの概念と戦略的管理会計を結びつけることは，比較的わかりやすい。その上，これらの関係を維持し発展させるには，定量化のフレームワークや分析が必要である。

1.6　自然資本

　自然資本は，現代の環境において最も理解しやすい，わかりやすい概念である。サステナビリティ，環境志向の構想，エコ・フレンドリーな行動は，程度を変えながら数十年間，企業によって着手されてきた。プーマ（Puma）[73]は，供給会社やもっと大きな企業の全体で製造や製品の配送が環境に及ぼす影響に関する情報を追跡し，定量化し，報告するべく，ライフサイクル会計（Lifecycle Accounting; LCA）を利用している。LCAのような会計フレームワークが成し遂げようとするのは，サステナビリティ，サステナビリティ・イニシアティブ，環境にかかわる行動に関して起こり得る違反が企業全体に対して与える効果を定量化・金額化することである。サステナビリティが企業の財務諸表に強く影響を及ぼすとき，このギャップに橋渡しをし，サステナビリティの現実を十分に理解することは，企業業績のより全体的で包括的な見方に向けた重要なステップとなる。

訳注73　プーマは，2011年に，サプライチェーンを含めた事業活動全体が自然資本に与える影響をコスト化した「環境損益計算書」を公表した。

1.7 財務資本

財務資本はレンズとしてそれを通して資本と企業業績を評価することが確立し，理解できるので，複数の資本モデルの文脈で財務資本について議論することは見慣れないステップに見えるかもしれない。とはいえ，経営陣の責任が金融資産や財務資本にかかわるように，とりわけ*財務資本*という用語が組織の点から見て何を意味しているのかをあらためて検討する価値はある。

財務資本，その源泉，および企業が資本の源泉を容易に増大させ，利用できる程度は，順位づけられ，定量化され，管理されなければならず，それは管理や財務の中心的な役立ちである。財産保全，組織の資源や資産の適切な管理・成長は，状況に対処するためにこれら職能グループによってもたらされる価値提案の決定的に重要な中身を構成する。これらの資源を最も効果的に管理するために，経営陣は，伝統的には扱われなかった資本や資源が企業の計画や構想の実行力に及ぼす影響を正確に評価し定量化できなければならない。

2 複数の資本

複数の資本とは何か，その構成要素は何か。これらを理解することは，組織的柔軟性のさまざまな源泉を最もよく管理するためのデリバリーとアナリティクスのシステムを構築するための重要な最初のステップである。とはいえ，これらの資本の基本的な知識を理解し表現できるだけでは不十分である。このプロセスにかかわる経営陣と会計専門家は，これらの資本と結びついた情報の流れを管理できなければならない。一見すると，複数の資本の考え方は資本に対する根本的な見直しであり，伝統的な財務報告と財務管理からの逸脱であるように見えるが，まさにその通りである。とはいえ，以下のことを心に留めることは重要である。すなわち，現状からのこのような根本的な逸脱は，経営陣がこのような考え方を受け入れるか否かに関係なく，市場で起こっている変化に歩調を合わせるためには必要だということである。

事業環境が進化し続け，よりステークホルダー志向になると，現実には，経営陣は内部と外部の両方の利用者に報告する情報にこれらの変化を統合しなけ

第 8 章　統合報告と会計の将来　　173

ればならない。情報を報告し，それを意思決定プロセスに組み込むことで，このような情報を生み出し保持するための内部プロセスも同様に更新することが求められる。この基本的事実は，統合報告および複数の資本モデルが企業に対して持つ 1 つの最も重要な結果を意味する。より包括的な方法で情報を提出し報告するために，企業が用いる方針や手続きを変えて，こうした新しい要請に適合することが重要である。別の言い方をすれば，より包括的な形式で情報を生成し報告するためにビジネスを違った形で管理し経営しなければならない。

3　統合報告：戦略的管理会計に基づく実行

　戦略的管理会計機能をどのように捉えるべきかについて，統合報告の発展と実行のための実行計画と全体的な戦略計画に基づかなければ，その議論は不十分なものとなる。コーポレート・ガバナンスのフレームワークは，サステナビリティなどの伝統的には扱われなかった指標といった効果を生み出したが，統合報告は戦略的管理会計にこれまで以上の効果をもたらす。端的に言えば，統合報告の考え方と究極の目的は，企業業績を包括的な視野でエンドユーザーに提供するように情報を公表することである。そのフレームワークに組み込まれるのは，①6つの資本，②将来志向の情報，そして③企業が直面するリスクと機会の戦略的な評価である。このような劇的なやり方によって報告することや，あるいはさしあたりそれを伝統的な 10-K による報告と結びつけて発表することを綿密に検討することに伴うコストが存在することは事実である。しかし，このモデルにかかわる現実は，市場はディスクロージャーと関連情報をますます期待しているということである。一度は企業が支持した最適なディスクロージャーと報告からの移行が期待され，そして伝統的には扱われなかった資源についての議論と報告がますます期待される。

　このような多面的な事業環境に直面すると，経営者は伝統的には扱わなかった情報や要因を情報のエンドユーザーになじみのある利用可能なフォーマットに含めなければならない。フォーマットには，テンプレート，報告書，アテステーション基準，および特定のタイプのデータが信頼できる方法で開示される

ための基準が含まれる。管理会計専門家は，より多くの情報への同時的ニーズや，伝統的には扱わなかった財務情報を定量化し，標準化しなければならないという必要性の拡大に対して優位に立つ唯一無二のポジションにいる。会計専門家は，データや情報を編集し，分析し，報告するために必要とされる訓練を受けているためにスキルを既に持っているが，複数の資本のビジネス視野が要求するものを満たすためには，さらに多くのことが求められる。現在の状況で活動する企業について求められる情報を作成するには，基本構造やシステムの適所への確実な配置を支援するように，ステークホルダーを組み込んで，必要な実施項目を遂行していく必要がある。

データの質や正確さの重要性が高まることは市場からの要求であり，企業とその経営に関連する事実上すべての対話の透明性を向上するための必要条件である。ヘルスケア，高等教育，金融，小売，食品加工の業界は，消費者や規制当局によって事業の継続性のための透明性と説明責任の要求が高まっている数少ない業界である。これらの急速に発展している必要要件に効果的に対処するには，これらの組織の経営陣は，より透明性を持った対話の礎石をなすような類いの情報を正確かつ首尾一貫して報告できなければならない。しかし，この高水準の透明性を得るために必要となる情報やデータは，株主や債権者に支持される伝統的な財務情報ではない。事実，標準化および報告規準化する必要性があるのは，企業で既に作成されている定性的で伝統的には扱わなかったデータなのである。

3.1 統合報告と複数の資本モデル

統合報告は，会計専門家が企業内でより戦略的な役割を受け入れる総合的なフレームワークを提供する。その統合報告の下で，複数の資本モデルの機能的構造は，会計担当者が企業により多くの価値をもたらすことができるような方法を提供する。統合報告と複数の資本モデルの両方を考えるとき，このような移行は容易には現れないし，組織的な妨害なしには現れてこない。報告フレームワークや組織構造を変容させる定量的と定性的の両コストを説明し，適切かつしっかりと管理することは，会計担当者にとって企業内でより戦略的かつリーダーシップ志向の役割を果たす好機である。本書のなかで既に分析した概念

や方法論に立ち戻れば，戦略的ヘッドセットの概念は，どのような専門家にも内包されるコンピテンシーとなるべきである。

統合報告と複数の資本モデルとをつなぐ鍵となるパートナーはITである。それは，業務から会計チームを通じてエンドユーザーへと流れる情報を能率的にする助けとなる。会計と財務の専門家はサブシステムから抽出された情報を変換するのに必要な専門知識とスキルを持つが，一方，ITチームは，情報の実際の抽出において支援する方法，試験，およびプロセスの開発にあたって決定的な役割を果たす。とりわけ，会計と財務のチームにとってより直接に関係があることとして，公表可能なデータの作成に必要な仕事は，チャートフィールド[74]，組織構造，および情報の流れを支えるワークフローである。

変化しつつある報告環境に向けていかに準備し適応するかという手順をより明確に盛り込むと，現実には多くの組織や事業構造は競争環境での劇的な変化に適応するには必ずしも柔軟あるいは適合可能ではないということが明らかになる。1つのデータ・マッピング・システムあるいはERPから別のものへとシステムを変換するために，対応づけして準備する際にはとくに，様々な報告テンプレートや報告書のフォーマットを作成する準備をすることが重要である。実際のところ，複数の資本モデルの情報開示には，提供が必要な情報の源泉が利用可能であることが前提であり，この基礎的なステップでは様々な規模の企業のなかでしばしばギャップが明らかになる。業務実績や財務業績の主要なドライバーを明らかにし，経営者と同様に現場ともこれらの事実を検証することは，この種の関係を維持するためのシステムとプロセスを構築する最初のステップである。しかし，統合報告の潜在性と複数の資本モデルのなかで明細に示された資本によって裏づけられた変化を実現するためには，より大きな努力が必要になる。

訳注74　オラクル（Oracle）のホームページでは，次のように説明されている。「PeopleSoftアプリケーションでは，勘定科目表を保存したり，取引データや予算データを分類するための基本構造を提供するフィールドのことをチャートフィールドと呼びます。」
《https://docs.oracle.com/cd/E68591_01/hcm92pbr5/eng/hcm/hhaf/concept_UnderstandingPeopleSoftChartFields-e32743.html#topofpage》（2018年1月28日閲覧）

3.2 思考様式

統合報告，とくに複数の資本モデルの考え方に組み込まれている潜在性を実現するためには，会計専門家が，変化と，企業が従わざるを得ない変化による副次的影響とを分析するための正しい戦略思考を構築し維持しなければならない。とはいえ，市場と研究分野の両方のなかで支援を維持し発展させるために専門家にとって重要なのと同じくらい，会計専門家にとって戦略的ヘッドセットを構築することは重要である。本書を通じて概要を述べたいくつかの技術を強化することは，また IT やその他職能領域からの賛同を得るために，市場や学術分野からの支援を受けるためにも役立ち得る。

財務と業務の報告に関連する，幅広い民間市場の支援には，10-K 報告書，とりわけ持続可能志向や環境志向に特化している投資ファンドのなかで増大した情報開示が含まれる。金融界が伝統的にはなかった財務報告のなかの潜在性を明確に取り込んできたことから，こうした効果は誇張して言うことが難しいくらい大きい。より重要なことは，持続可能な方法で経営するために，また意味のある方法で定量的情報を報告し公表するために企業にとって必要な変化は，投資家に企業の評価方法を変えさせることである。現実的に，市場での財務的な要因とダイナミクスが伝統的には扱わなかった報告と情報を取り込みつつあることは，維持し，継続的に発展すべき重要なリンケージである。

市場には，この橋渡しを構築することに取り組み続けるいくつかの企業がある。別言すれば，現在ある会計専門家からあるべき会計専門家へと変わりつつある。サステナビリティ会計基準審議会（SASB）と，モルガン・スタンレー・キャピタル・インターナショナル（MSCI）の1部門であるガバナンス・メトリクス・インターナショナル（GMI）は，市場によって促進されたイニシアティブの2つのもっとも顕著な例である。それらによってなされた進歩とこれらの組織の特質を理解するだけでなく，この進歩を前進させた，根底にある動向の理解が重要である。

3.3 指標と戦略的管理会計

ハーバード大学のロバート・エクレス（Robert Eccles）教授は，認証，サステナビリティ，会計専門家の統合を長年にわたり主張してきた。とくに，標準

的な報告テンプレートやフレームワーク，財務情報の報告を統治するのを助ける基準，これらの開発の前に報告領域に多大な曖昧さが存在するというのが，教授の立ち位置である。企業は，様々な質，タイプ，量の情報を報告しているが，このことが，企業が実際にどのように活動しているかに関する，非常に大きな混乱につながった。増大する標準化や財務報告テンプレートの作成よりも重要な，財務報告専門家の無秩序な性質と，伝統的には扱わなかった情報の報告は，現在発展途上の領域である。まさにその性質によって，伝統的には扱わなかった非財務報告の領域のまとまりのない性質は，標準を開発する機会を会計専門家に作り出している。

　上記の機会について詳しく述べると，意思決定プロセスに組み込まれるべき1つの重要な事実が存在する。すなわち，業務から外部利用者への情報の流れを良くするために企業内で内部的になされる改善や意思決定は，市場の要求を反映したものでなければならない。報告プロセスを促進し，市場の需要や要求を満たすために，会計部門による決定は合理的かつ客観的に行われなければならない。このことは，適切な指標を開発するために，意義ある研究や努力が展開されなければならないことを意味する。サステナビリティおよびその他の伝統的な定性的情報のための指標を開発することは専門家にとって挑戦であろうが，必要なスキルは既に存在する。この文脈で考えると，挑戦となるのは，必要なスキルを開発することに伴うのではなく，職場での新たな挑戦に対処すべく既存のスキルを強化する会計専門家の能力である。

3.4　品質指標の構築

　伝統的には扱われない定性的な情報のために指標を設定するという考え方を明らかにする。というのは，企業業績を測定する既存の指標や方法論に並列させることが最も理にかなっているからである。会計と財務情報をトップの意思決定者にとって有用なものにするには，2つの部分がとくに重要である。第1に，情報はタイムリーでなければならない。つまり，情報の作成，検証，報告に過度に長い時間をかけることはできない。第2に，データは比較可能でなければならない。この基準は，別個の，しかし等しく重要な，2つの要素からなる。

第1の要素として，データは比較可能でなければならない。このことは，同一のサブセットの情報が継続的な基盤に基づいて提供され，かつ現行の基盤で再現可能な一貫したフォーマットを用いて提供されるという意味である。

　第2の要素として，データは，明瞭で，簡潔で，理解可能でなければならない。単に再現可能で期をまたいで容易に伝達できるフォーマットや方法で情報を提供するだけではない。情報提供のための適切な方向を選択することに立ち戻ると，データは独立的基盤の下で理解可能でなければならない。要するに，それが会計と財務の機能にとって意味することは，データは，クリーンで，直截で，そして近い将来に事業環境と明確に結びついていなければならないということである。この部分をもっと掘り下げると，事業情報が独立的基盤の下で一貫し，理解可能である必要性は，会計専門家にとって，ステークホルダー志向の環境において成功するために必要な，より強力な戦略的ヘッドセットを受容することの重要性に直接的に帰結する。

　指標を構築することそれ自体は，言ってみれば，何を測定しようとしているのかで始まるべき多面的な会話である。その答えは，明らかに，問われている企業によって，あるいは企業の固有の環境によって変わるだろう。しかし，この問いを発することは，トップの意思決定者のニーズに効果的に対応できるようにする最初のステップである。特定の経営課題を明らかにし，続いて，伝統的には扱わなかった事業情報を定量化することに取り組む会計専門家は，費用効果の高い方法でどのようなドライバーが特定され，検討され得るかを問わなければならない。事実上すべての事業指標あるいは定量化可能なアウトカムは，企業を前進させる様々なコスト・ドライバーとレベニュー・ドライバーである。これらの項目を測定できるように開発される指標の効果性を決めるのは，これらのドライバーが効果的に特定できるか否かである。

3.5 指標の焦点

　スマート・テクノロジーと相互に繋がったシステムによってますますデータ主導でデータ支配的な事業環境において，事実上どのようなものも測定し報告することができる。とはいえ，会計専門家が価値を付加するとともに，既存のスキルや能力を強化するために利用できる鍵となる領域は，どのような指標が

用いられるべきかを選択することである。内部と外部の両ステークホルダーに提供されるべき特定の情報やデータを選択し変換することは，常に，定性的と定量的のどちらを選択するかの問題である。企業内の業務に精通しているデータ専門家である会計専門家は，指標と情報開示プロセスを発展させるのに中心的な役割を果たす。

効果的で意味のある指標や情報を本当の意味で作成し維持するために，会計専門家と情報開示のコアとなる柱を検討し直すことは絶好の好機である。開示される情報がデータの受け手にとって関連性と意味を有するものであるためには，次の３つの特性がなければならない。

第１に，データは正確で，簡潔で，明瞭でなければならない。すなわち，提供されるデータは企業に精通した人が比較的容易に理解できるものでなければならない。

第２に，データ，情報，指標は適時的でなければならない。というのは，統計や前期からの情報に基づく報告は比較分析には十分であるが，予測や将来を見据えた情報には十分ではない。

第３に，情報は，性質上，比較可能なものが提供されなければならない。すなわち，提供された情報は現在の報告期間を超えて意味と妥当性を持たなければならない。

財務指標を作り出し維持するために，既存の基準や方法論に対してそれ以前の基準を分析する際に示される類似性や思考は明白であり，はっきりしている。広い事業視野のなかで変化を促進するためには，会計専門家が新しい能力を獲得するだけでなく，既存の能力を強化することも重要である。固有の指標や伝統的には扱わなかった情報を報告する頻度は対象とする企業によって変わり得るが，効果的で適合的な財務報告のレンズを通して分析することができ，また分析されるべきいくつかの幅広い領域やアプローチが存在する。管理会計担当者は，外部のコンサルタントや監査人とのやり取りを通じて，外部の情報利用者が望むことの解釈と当該情報ニーズを実現する実務を経験する。

3.6 サステナビリティに関する指標

サステナビリティや環境志向の実施項目や活動は，伝統的には扱わなかった

報告の基礎を長い間形成してきた。分析や研究，市場からの支援についてのそれらの実績から考えると，このことは，指標や情報ニーズの分析を始めるところとして理にかなっている。広い層に支持を得たアプローチをとることで，事実上すべての企業が報告を望むような，そしてステークホルダーがより多くの情報を得ることに関心を持つような，2つの領域が明らかになる。

　第1に，規制や産業が求めることを順守することは，最も確実にステークホルダーへの利益となる情報の基礎になる。同時に実務上のサステナビリティのための最低限の要求事項を満たすことにもつながる。この基礎を構築すること，指標を設定すること，そして法令順守の追跡システムは，多くの企業で既に効果をあげている。しかし，この構想のもう一歩先には，会計専門家が標準的な業務手続きや業務方針から足を踏み出すことができるところがある。

　第2に，当該企業が製造プロセスで使用した電気，水あるいは天然ガスの量をより良く理解することに関心を持っているのであれば，サステナビリティは，始めるところとして理にかなっている。加えて，この種の情報を業務報告や業務管理のために企業が既に追跡しているという事実は，この種のサステナビリティ情報を市場に対して定量化して報告する助けになる。データは既に企業内に存在し，一貫したフォーマットで既に編集され報告されている。この段階で唯一残ったステップは，これら業務上の変動と財務数値をつなげることである。公共料金は，支払いにあたって企業に提示される明細記入請求書に示されるので比較的素直に理解でき，両者の間のつながりを説明する計画案やモデルを構築することは会計専門家にとって比較的わかりやすい。

　会計上と財務上ますます過酷にはなるが，意思決定プロセスが向上し得る別の領域には，サステナビリティ・イニシアティブに関連したプロジェクトを算定して評価することが含まれる。本書を通じて述べてきたように，プーマやアディダスのような企業は変化を実現するために包括的に組織変革してきたが，どの企業も二酸化炭素排出量あるいはエネルギー使用量を削減したいと考えている。しかしながら，これらの目標を達成する適切な技術やプロセスに投資することは，正確かつ客観的に評価されなければならない大きな金額を要する提案である。将来の期待キャッシュフローを正確に計算する正味現在価値，および内部の基準と比較できる利益率にこの情報を変換することは，会計専門家が

サステナビリティ・イニシアティブの評価で価値を付加して既存のスキルを強化できる領域である。

　サステナビリティ・イニシアティブとこの構想の評価に関しては，持続可能な変化と開発を実現するための装置あるいはプロセスの初期段階での評価や導入の後で行き詰まることは明らかである。これまでの議論に基づくと，事実上すべての他の戦略的投資あるいは資本プロジェクトが評価される方法だけでなく，リスクの性格およびプロジェクトから得られるリターンは，企業の財務状況の変化と並んで，変化する市場状況に照らして再検討され，評価されるべきである。戦略的管理会計の重要な議論に立ち戻ると，先進的な会計機能の柱の1つは，経営意思決定者に対して作成され届けられる固有の指標や報告書を更新するサステナビリティや能力である。エネルギーやサプライチェーンでの廃棄物削減というサステナビリティ・イニシアティブを市場価値としてあらためて評価することは，会計担当者がいかに既存のスキルに磨きをかけるかという例であり，それはまた知的な適合能力も示すことになる。

3.7　ガバナンスに関する指標

　ガバナンスの測定およびガバナンスの質の高低が，企業に及ぼす財務的効果を定量化しようとすることはもともと困難な作業である。この構想を担わされた組織や個人は，定性的指標を定量化し，それを外部の情報利用者に報告可能かつ持続可能な方法で実行することが求められる。とはいえ，業界や市場のベンチマークが存在し，これらは企業が自らのコーポレート・ガバナンスの現状を評価する内部的なツールや手法を開発し高度化するのを助けるべく発展してきた。加えて，市場には，経営者チームにとても強力なメッセージを届け損ねた企業の例もある。ガバナンスは，伝統的にニュースの見出しになるような話題ではなかったが，状況は間違いなく変わった。コーポレート・ガバナンス，および企業の資産に対して貧弱な管理や財産保全を行ったとき企業に定量化可能な影響を及ぼすことがわかる。この情報を効果的に表現し伝達できるようにすることが，管理会計専門家の役割の1つである。

　ガバナンスの検討に当たっては，ガバナンス，ディスクロージャー，ステークホルダーとの関係に関連した，市場のベンチマークやベスト・プラクティス

を調査することが最も理にかなっている。GMIやISS[75]のような組織は、コーポレート・ガバナンスについての報告書や業界内と業界横断的の両方の包括的なランキングを発表し、ガバナンス実務の強度や実行可能性について意見を表明している。これらの外部ベンチマークに基づいて事を進め、当該企業に当てはまる独特の要因を統合することで、会計部門がコーポレート・ガバナンス機能の強度や健全性に関連した定量的なサポートや分析を提供することが可能になる。

加えて、企業レベルで価値を付加する視点から重要なことは、ベンチマーキングや外部コンサルテーションを求めることを含めて、アクティビストなどの外部集団による略奪的行為を防御するガバナンスへと率先して取り組むことである。多くのアクティビストの攻撃や作戦行動は、そのほとんどが取締役会を含めた経営陣が長期的な価値創造や組織資源の財産保全にとって利益になるようには行動していないというものである。これは、コーポレート・ガバナンスのいくぶん不定形で定性的な領域を定量化しようとしている企業と会計専門家にとってのパラドクスである。アクティビスト的な株主の運動あるいはその他の攻撃的ステークホルダー主導の活動という非常に現実的な事業リスクをうまく防ぐには、つまり最善のコーポレート・ガバナンスの防衛は財務状況に焦点を当てることである。

一見すると矛盾に見えるこの現実を理解することは、コーポレート・ガバナンス、それが企業に対して持ち得る副次的影響、そして会計専門家がいかに価値を付加できるかをより良く理解することに向けた避けることのできないステップである。端的にいえば、ガバナンスの良し悪しの真の尺度は、株主などのステークホルダーのために企業が生み出した利益と価値を順位づけすることである。これに照らしていえば、企業をより良く管理し、順位づけ、定量化するガバナンスの実施項目は、簡単に頭に浮かび、必然的に実行に移される。会計専門家は、企業レベルと個別のプロジェクトレベルの両方において、プロジェクトと実施項目の絶対的業績と相対的業績を跡づけて報告する。残されたリンケージは、株主とステークホルダーのために創造された価値を含めて、市場の

訳注75 Institutional Shareholder Services 社。株主総会議案の内容を分析し、コーポレート・ガバナンス等の観点からその評価を機関投資家などに表明する議決権行使助言会社の1つ。

なかで既に利用されている指標と比較可能なやり方で，このデータを表現し分析することである。

3.8 社会・関係資本

コーポレート・ガバナンス，社会資本，関係資本の間の繋がりは，立証したり理解するには比較的筋道立っているが，経営陣からこれらの異なった種類の資本の関連性を表現し説明する仕事を負った会計専門家にとっては1つの課題である。社会・関係資本を掘り下げると，焦点を当て，一層深く分析する価値のある2つの主要な領域が明らかになる。

第1は，社会資本，チャネル横断的マーケティング，および財務的成果の間の繋がりが表現され分析されなければならない。企業は，ソーシャル・マーケティング作戦や顧客に対して複数のチャネルを通じて製品・サービスを抱き合わせで販売促進を行って売り上げを増進させる組織能力によって得られる利益を最大化できなければならない。

第2は，関係資本あるいは関係性資本のいくぶん不定形な概念を含むが，社会資本，関係資本，およびコーポレート・ガバナンスが同一のフレームワーク内で相互に結びついて存在するという認識を持つことである。

経営陣がパートナー，サプライヤーなどの企業を含むステークホルダーと生産的な関係を構築し維持することは，ますますステークホルダー志向になる事業環境において避けられない。新たな構想を立ち上げる，ジョイント・ベンチャーの業務や新たな市場での業務に乗り出す，直接金融もしくは間接金融の形で資本調達する，これらはみな，外部のパートナーとの良好な関係に依存する。産業のいかんにかかわりなく，新たな製品やサービスを始めるのに関連したリスクを低減して効率性を高めるだけでなく，パートナーとの良好な業務環境を維持することが，実用的なビジネス上の助けになる。

3.9 製造資本と人的資本

製造資本と人的資本は，一見すると比較的関係がないように見えるが，深く掘り下げて，これらの形態の資本が本当は何を表しているのかを真の意味で理解することが重要である。一見すると，製造資本は，工場，不動産，設備の投

資や維持に焦点を当てるべきであるように見えるだろう。製造資本の分析に当たっては，固定資産の取得に向けられた投資活動と既存資産での減価償却費からのキャッシュフローを比較しながら，製造資本の側面をとくに掘り下げることは価値がある。しかしながら，これは，製造資本が企業にとって本当は何を意味するのかの不完全な見方である。製造資本が真に表すのは，企業が，自らが提供した各々の製品やサービスの最終消費者に製品やサービスをいかに届けるかということである。この文脈で言えば，最も労働集約的な企業や資本集約的な企業においてさえ代替的なサービスや顧客と対面する部分があるという事実を思い出すと，人的資本とのつながりがすぐに明らかになる。

　クライアント，顧客，パートナーに製品やサービスを届けるには，効率的なやり方で実行するためのいくつかの要因が必要となる。特定の製品あるいはサービスを生産するために，基礎となるプロセスや技術が連携して効率的に仕事をする必要があるだけでなく，よく知られたラスト・マイル[76]，つまり人間の相互作用が市場の期待を満たす必要もある。これは月並みなように見えるかもしれないが，企業によって生産される製品・サービスと，製品・サービスがその利用者に届けられる方法との間の繋がりを理解することが欠かせない。事実，財務業績の向上を助けるために経営陣は人的資本という，いくぶん定性的な測定用具を利用することができる。ますます多くの割合の組織価値と経営陣の努力が無形資産や知的資本に配分されるにつれて，必然的に，人的資本の概念が意思決定の枠組みのなかで重要性を増している（Mahoney and Kor, 2015）。人的資本とそれが組織業績に持つ効果の分析に当たっては，確固とした効果的な資本政策を実行しないことによる潜在的なマイナス面や不利益を掘り下げるのが最も理にかなっている。たとえば，新規従業員を配置し，再訓練するのに関連するコストは相当なものである。仕事の流れにとっての不便さや混乱と合わさって，従業員にとっての良い関係と能力開発の機会を維持しないことがいかに高くつくかが，急速に明らかになり始めている。

　戦略的な会計機能にかかわる文献で基礎となるテーマは，全般的に，企業は賢明な経営意思決定をするのに必要な情報を持っているということである。た

訳注76　主に通信業界で使われる言葉であり，通信業者と利用者とを結ぶ最後の区間。一般には，サービスを顧客に提供するための最後の区間。

いていは，意思決定者にとって，ユーザーフレンドリーで意味のあるような方法で情報を分析し提供するといったことである。とくに，いくつかの局面で事業と競争状況は進化・変化し続けているので，それと歩調を保って企業も一緒に進化することは，企業と会計専門家にとって避けられない。このような移行と変化の1つの主要な例は，知的財産や知的資産が企業にとって持つ重要性や価値の増大である。

3.10 知的資本に関する指標

知的資本は，市場性という点から見ると，知的財産と同じくらいあまり知られていない，あるいは人目を引くようなものではないかもしれないが，知的資本の考え方は知的財産の存在があったが故である。知的資本および知的資本の指標が伝えようとしていることは，知的財産や知的資本を効率的かつ効果的に用いることが企業にもたらし得る価値や財務的機会である。定量化が容易で最も実現しそうな財務的側面にとくに焦点を当てることで，いくつかの領域が有望なものとしてはっきり見えるようになる。しかしながら，会計専門家は以下のことを心に留めることが重要である。それは，情報や定量的データを作成するだけでは不十分であり，より戦略的な役割を求める会計専門家はトップの意思決定者に対して定量的情報の重要性を表現し，説明し，伝達することもできなければならないということである。

知的財産と知的資本およびその両者が企業に対して持つ効果についての会計処理と報告に一層の厳格さと標準化をもたらそうとする会計専門家にとって，次の3つの領域がとくに関連がありそうに見える。

第1は，ライセンス付与協定やロイヤリティ協定などの現金回収の仕組に関して，知的財産を最も生産的かつ効果的に利用する企業か。

第2は，知的資本の基礎をなす権利侵害に対して，保護され保障された知的財産であるのか。人的資本に対する先行投資は相当になるかもしれず，また，常に財務的効果を得る前にそれが発生するのだが，企業にとってそのことは避けられない。従業員の離職は，モラル，知的財産と知的プロセス，そして最終利益にダメージを与える。会計専門家は，これらの出来事を差引勘定するスキルや情報を持つ必要がある。

第3は，IoTや一般に全体としてつながりが増していると説明されるようなグローバル経済において重要なことは，企業の情報と知的資本が保護されているか否かである。事実上すべての産業で，企業の大小を問わず，企業のデータ漏えいはニュースの見出しを支配し続け，最も包括的な事業計画や戦略を蝕む恐れがある。これらの結果を最もうまく扱う技術を強化することは，ステークホルダー志向の環境において上手に競争できる，たくましくて柔軟な企業を構築してくれる。

3.11 自然資本

自然資本は，伝統的には扱わなかった資本に属するがゆえに，分析を始める箇所として最も理にかなった素直なものだろう。サステナビリティと自然資本は基礎的なレベルで相互に繋がっており，このつながりは，最良の結果を得るために十分に理解すべきである。自然資本の視点から戦略的管理会計の考え方を評価することは，鉱業に従事する企業，あるいは石油，天然ガスなど天然資源に依存するビジネスモデルに関連するその他の企業にとっては，とくに比較的わかりやすい概念である。現在の市場価値とともに，市場の状況や趨勢に基づく将来予測も組み込んで埋蔵量が評価され，価値評価されなければならない。現在と将来の両方の市場価値を生み出すための組織能力という点から見て，既存の埋蔵量を評価するだけでなく，鉱業や天然資源に依存する産業に含まれない企業にとっても自然資本を評価することは重要である。

現行の業務に対する天然資源や自然資本の副次的影響や効果を分析し調査するだけでなく，鉱業以外の企業において，自然資本および伝統的には扱わなかった資本の意味を十分に理解することが重要である。エネルギーなどの天然資源を節約することは，グーグル（Google）からアマゾン（Amazon）まで，持続可能なエネルギー構想や動力節約プロジェクトに何十億ドルを投じてきた企業にとって，収益性を維持し向上させる基本的なステップである。技術領域にもっぱら集中した企業が実現できるコスト削減に関連した効果だけでなく，エネルギー効率性とサステナビリティへの訴求がテスラ（Tesla）のような企業を生んできた。このビジネスモデルと企業の成功は，電気自動車や動力設備へのバッテリーのようなその他の製品に対する市場の需要に依存する。

自然資本は，財務諸表の開示のなかで脚注による開示や大雑把な記載に属するようなまとまりのない概念ではなく，むしろ現行の基盤の上で企業によって行われる報告や分析に統合されるべきものである。

3.12　財務資本

　財務資本は，市場性があり，今後もそうあり続けると考えられるので，会計と財務の領域を理解し評価する基礎である。全般的な報告要求事項や業績の定義にどのような変化が起ころうとも，企業は株主などのステークホルダーのために獲得した財務的リターンに基づいて評価され順位づけされ続ける。とはいえ，経営陣と会計専門家の主要な責任が持続可能なやり方で株主と企業に対して価値を創造することであることを思い出して，実行する分析にそのことを組み込むべきである。

　四半期報告書やその他の短期的要求事項の点から見て，企業に向けられるプレッシャーを考慮すれば，会計専門家や経営者が資本を引きつけ維持するのに必要な価値創造で長期的視点に焦点を当て損ねてしまうことは比較的容易に起こり得る。意思決定と評価のプロセスに複数の資本を含めることで，企業業績に対するより包括的な見方を統合することが持続可能な価値創造に資する組織的思考を養うことの支えになるだろう。財務的成果，業務的指標，および複数の種類の資本についての分析と報告の両方を通じて，会計専門家は戦略的意思決定プロセスにおいて中心的な役割を果たし得る。戦略的な会計機能の重要な側面として，このストーリー性のある説明を通して参照してきた戦略的ヘッドセットは，複数の資本を利用すること，継続的に報告すること，また長期的価値創造とステークホルダー志向のモデルに結びついた効果に焦点を当てることにより，企業を改善し発展させる。

　会計専門家が現在と将来の両方の市場でスキルを開発し改善するときの主要な要因は，ステークホルダーと複数のステークホルダー・モデルに関連した報告要求事項を強調することである。ステークホルダーとの意味のある対話，ステークホルダーの関与，そしてデータ要求事項が一時的な市場の現象ではないことは明らかである。むしろ，ステークホルダーとの意味のある対話はウナギ登りの傾向であり，企業にとって重要性を増し続ける。この現実と本書を通じ

て言及し分析してきたその他の関連する事例を受け入れることで，戦略的管理会計の開発と拡大に向けた進路が見えてくる。実質的に，会計専門家に残されているのは，その機会をつかんで市場で起こっている変化を受け入れることだけである。

付録8　本章の解説

　本章では，複数の資本モデル（Multiple Capital Model; MCM）に焦点が当てられる。IIRCが示す「国際統合報告フレームワーク」では，組織がその成功のために依存するさまざまな形態の資本を，財務資本，製造資本，知的資本，人的資本，社会・関係資本，自然資本の6つに分類する。本章では，複数の資本モデルとともに，ステークホルダー志向やコーポレート・ガバナンス，サステナビリティ（持続可能性），財務情報と非財務情報についても取り上げられている。

　企業は持続可能な企業価値創造を追求するが，そこではガバナンスが重要となる。コーポレート・ガバナンスは多義的であるが，コーポレート・ガバナンスの議論は遡ると企業観，すなわち企業は誰のもので，企業の目的は何かに至る。実態としての企業を見ると，企業価値創造に必要な経営資源を企業に提供しているのは株主だけではない。たとえば，従業員は人的資本を提供している。さらに，6つの資本の重要性の相対的な高低は時代によっても異なる。

　コーポレート・ガバナンスの議論は「企業は誰のものか」という企業観に遡るが，「企業は誰のものか」は「ガバナンスを主体的に行うのは誰か」ということをほぼ決定づける。「ガバナンスの主体」が決まると，企業はその「ガバナンスの主体」にとっての価値を中心的に追求するため，「企業価値は何か」が次に決まる。また，その「企業価値」を生み出すために「企業が使用する資本（経営資源）は何か」もそれにあわせて決まる。また，「企業が使用する資本」を「企業価値」に変換するのに適した「より良い価値創造の視野はどのようなものか」が決まってくるとともに，「創造された価値の測定や報告にどのような情報を用いるか（必要な業績評価の方法）」も決まってくる。このように，主要なステークホルダー，コーポレート・ガバナンスの主体，企業価値，持続可能な企業価値創造のために必要な資本，企業価値を測定し報告するための情報，これらはいずれも強い関連性を持っているのである。

《参考文献》
　内山哲彦［2015］「企業の社会性・人間性と企業価値創造―統合報告と管理会計の役割―」『管理会計学』第23巻第2号，45-59頁。

第9章

戦略的管理会計：展望

　ビジネスは，業界の枠組みや地理上の領域を超えて，数多くの利害関係者，そして特定の企業の業績に注目している企業と直接的に関連しあいながら，劇的に変化し続けている。事業環境の変化に応じて，企業そして組織の構造は変化し続け，発展し続けている。市場環境に適合するために会計専門家と経営者も進化し，自身の位置づけを見直す必要がある。そのためにも，会計担当者は，この変化を簡潔かつ生産的にするために利用可能なツール，概念，戦略的会計が存在するという分析と考察を心に留めておく必要がある。新しいパラダイム，報告上の要件，経営者のヘッドセットに関わる話し合いについては，客観的な方法でアプローチする必要がある。より戦略的な会計の機能を実施しようとしている会計専門家や，戦略的な役割を果たしたいと考えている会計専門家は，他の職能グループと調整し，協力しなければならない。

　戦略的管理会計が何を意味するのかという重要な概念にもう一度立ち戻ろう。戦略的管理会計とは，企業の業績を評価するための，より広範かつ全体的な方法である。また，戦略的管理会計は，より積極的，決定的かつ意識づけられた会計の機能の実現に向けて，導入および実施という局面へと混乱なく進むための展望と視点を提示してくれる。伝統的な業界の境界が統合され，不明瞭になっているように，様々な職能グループと彼らに報告される情報との間の境界や区分が不明瞭になっている。IT，会計と財務，予算編成，予測そして業務といった領域を横断する調整とコミュニケーションを実施することによって，マネジャーは，より戦略的で積極的な方法を用いて，質の高い情報，広範なデータの外部利用者および自らの位置づけを見直している会計の機能にアクセスできるようになった。このように，業務を通じて得られた情報とデータの提供とコミュニケーションは，会計と財務というプロセスを通じて，様々なエンド

ユーザーに対して，戦略的管理会計の基礎そして専門家にとっての機会を提供してくれる。

重要度を増しているアナリティクス，ステークホルダー志向の報告書，そして既に会計専門家の間に存在している相互連携を結び付けることは，それほど難しくはない。いまだに手つかずの領域は，必要とされている変革をもたらそうとするモチベーションと思考様式である。つまり，専門家自身の変革と様々な企業の変革を実現するためには，会計専門家は変革を促す行動を起こすことを意識しなければならない。市場および専門家の基本的なトレンドは，会計の機能をより戦略的かつ積極的に発展させるため，そしてその状況を維持するために評価すべき事項を示した未完成の絵に過ぎない。本書で述べてきた戦略的ヘッドセットを完全に導入し，統合することは，変革の分析に向けたいくらか心理的なアプローチを伴うものであり，会計専門家の変革を推進する。

最も渇望され，頻繁に追求される経営属性の1つが，イノベーションである。革新的な思考および経営者の創造性は，現在の市場における多くの企業を前進させ，推進させる。アップル（Apple），テスラ（Tesla），ディズニー（Disney）のような企業は，市場全体で共有された革新的な思考，創造性，新鮮なアイディアによって，その業界および市場における主導的な地位を獲得してきた。しかし，より詳しい検証が示すところによれば，イノベーションの重要な柱は，個人や組織が革新的であることと同時に，事業の職能間で連動していることである。イノベーションは，ゼロから全く新しいアイディアを創造することではない。むしろ，事業や情報のエンドユーザーのための価値を生み出すという意味においては，イノベーションや創造性とは，既存のデータ，情報そして方法論を，新しい創造的な方法によって結びつけることである。

1 創造性と展望

創造性と会計という機能との間には，従来，正の関係が存在するとは考えられてこなかった。つまり，多くの場合，創造的会計（creative accounting）という用語は，不正な活動や株主価値の毀損を生じさせる会計手法および考えを説

明するために用いられてきた．この意味での創造的会計という用語は，会計専門家による創造的な会計ないし創造性へのアプローチを意味していないことは明らかである．これに対して，本書で主張する創造的会計とは，価値創造に向けた将来への展望を意味している．財務報告，戦略的管理会計，これらのトレンドと関連する領域の視点を統合することによって，会計専門家は常識にとらわれず，新しい発想で考えるべきである．会計専門家には，制約は存在しない．会計専門家には，イノベーションを起こす機会が与えられている．

　端的にいって，会計専門家および会計に携わる者には，成功し，イノベーションを起こす機会が与えられている．しかし，専門家がこれらの変革にどの程度まで関与すべきかが明示されているかと言えば，非常にもどかしい．専門家の躊躇だけでなく，制度的慣性，企業内での競合する関心事は，変革を必要とする困難な環境を生み出す可能性がある．従来のやり方に反対して新しい方法論や考えを提示することは，発案者だけでなく，企業にもリスクを伴う試みである．新しい取り組みや考えが成功する保証は，どこにもないからである．したがって，変革に関わるプロセスに少なくとも着手することが重要である．すなわち，会計専門家は行動を促すバイアスのかかった意思決定を行わなければならない．このバイアスは，最も基本的な次元では，ある一定の方法に従って行動することへのこだわりに過ぎない．会計専門家は，前向きな行動や進歩に貢献しうる方法で準備された行動および取り組みを実施する必要がある．

　とりわけ，本書で繰り返し述べてきたように，変革を促し，戦略的管理会計という理念をさらに発展させるために，管理会計の専門家が実行可能かつ実行すべきステップと行動がある．行動を促す意思決定および行動の例としては，他の職能グループと協力すること，より積極的かつ戦略的な会計の機能を統合するための様々なシナリオを提示すること，これらの会計の機能の結果として生じる潜在的な付加価値を示すことなどがある．言い換えると，積極的かつ戦略的な会計の機能の導入とその維持を促進する方法としていま述べた行動選択の例が意味することは，会計専門家は市場と専門家に影響を及ぼすような行動に着手する必要があり，そのような変革を促す必要があるということである．

　企業において，意思決定または変革を導くような行動を行うだけでは不十分である．明確な目標が存在している必要があるし，仮に目標が存在していなく

ても，最低限，実行した行動が望ましい成果を導いたか否かを示すフレームワークが必要である。つまり，企業を導き，成長させ，発展させる意思決定を行う会計専門家および経営意思決定者は，行動がもたらす実際の成果と，期待されている成果についてのメンタルモデルもしくは描写とを比較できなければならない。メンタルモデル[77]や予測を構築したり，あるプロジェクトまたは項目の望ましい最終結果を可視化したりすることは，従業員が進捗度を確認するための，そして問題が生じたときに警鐘を鳴らすための強力なツールになる。

1.1 まず変革を促し，次に変革を導く

メンタルマッピング[78]，変革を可視化すること，そして着手すべき行動を必要とする意思決定を受け入れることは，積極的な戦略的管理会計の導入と展開に着手するための強力な方法である。しかし，その構想をサポートするためのデータが必要である。会計専門家は原点に立ち返って，意思決定プロセスに関与する者すべてが定量的なデータにこだわるわけではないにせよ，意思決定者はほぼ全員，タイムリーに提供される高品質な情報の重要性を理解していることを思い出さなければならない。この前提に基づけば，たとえ提示された情報と機会とが定量的な分析に完全に合致した方法で正確に示されなかったとしても，この定量化という課題を新たな考えと概念に取り込んでいくことこそが，当面の問題として取り組むべき最初の第一歩となる。

企業の意思決定は，トレードオフを伴う環境においても，そして最も重要なことにその他の考えうる選択肢を包含する環境においても，不完全な情報を伴うことが常である。考察と実施のために企業およびトップ経営者に対して提示される選択肢には，多様な成果尺度が存在する。また，すべての成果尺度について，想定しうる結果には幅がある。たとえば，上場している不動産投資信託（REIT）が，アメリカの東海岸でソーラーパネルを設置すべきか考慮しているとしよう。この取り組みの効果を有効に評価するためには，数多くの考慮すべ

訳注77 メンタルモデルとは，認知心理学で扱われるもので，人が「何らかのモノやヒト」に対して持っているイメージのことである。

訳注78 メンタルマップとは，認知心理学において，記憶の中に構成される「あるべき姿」のイメージを指す言葉である。このマップを作成することを，メンタルマッピングという。

き要因が存在する。例をあげると，パネルのコストと設置費用，州税や地方税の税額控除，国が支給する報奨金と税額控除，電力会社からの報奨金と減額措置，現状の電力料とこのプロジェクトで発生する電力料，この取り組みを実施することで予想されるコストの節減額などがある。しかし，これらの要因だけでは不十分である。企業が取り組みを実施するためには，それがどのような取り組みであっても，その実施項目を評価，着手するために必要な正味現在価値の分析や必要内部利益率といった社内の要請を満たさなければならない。

　プロジェクトの規模は様々であり，時間の経過と共に変化する。一方で，プロジェクト評価の基礎，そして使用される評価基準は，広く普及している。定量的なフレームワークについても，すでに経営上の評価と意思決定のプロセスが存在している。他方で，経営上の評価と意思決定の定性的な解釈のプロセスは，以下の通りである。まず，議論と分析とが考察され，経営陣に対して提示する際に，提示した側と提示された側の双方が，様々な成果の様々な可能性について見積もる。多数の施設へのソーラーパネル設置について検討する先ほどのREITの例に戻って説明すると，様々なシナリオの下で異なるすべての可能性は，税額控除や政府の子会社の認定から，ソーラー技術の導入によって達成される実際の節約額に至るまで多岐にわたる。ある事象が発生する可能性を経営陣がどの程度見込んでいるかを示すために，事象ごとに可能性が割り当てられる。

　経営陣に対する説明というプロセスは，多くのプレゼンテーションや評価のなかでも時間を要し，悩ましい部分である。経営者たちは，自分たちが眺めている数値の計算過程，結論に到達する計算において考慮されている要因について理解したいと考える。これらは気まぐれな要求に思えるかもしれない。しかし，管理会計担当者は論理的かつ常識的な方法で，起こっていることを説明できるように準備しなければならない。実際には，経営陣や分析を準備する作業を担当した会計担当者にとっては当然のことであるが，提示された数字は将来の予測にすぎず，最終的な会計数値の基礎となる数多くの見積もりを含んだものである。これらの事実を経営者に対して提示するための技能と能力，これらの事実が何を意味しているのかを理解する技能と能力，それらを最終的な意思決定プロセスに取り入れる技能と能力が，管理会計担当者には必須である。

1.2 変革のモデル

　エンジニアリング，アナリティクス，そしてその他の定量的な領域は，集中的な訓練を受けていない専門家や現場の経験の浅い専門家が理解できる範囲を超えていると思われることが多い。上記の研究領域は，しばしば変革を促進する特定の尺度および計算を含んでいる。他方で，これらの領域は，最終的には情報の利用者による優れた意思決定を支援するために設置されたシステムおよび手続きに帰着する。山のように積み上がった情報の階層化は，個人がどのように学んでいるのかを評価するため，つまり複雑な意思決定と事実のパターンとを管理しやすい情報のセグメントや要素へと分類するために確立された方法である。エンジニアリング，アナリティクス，そして情報加工は，戦略的な会計の機能を支援するものとして同列に考えることができる。

　様々なタイプのプロジェクト群から1つのプロジェクトを選択するための基本的な方法論と合理的根拠を測定し，説明することと同じように，目の前の意思決定も管理可能なデータの断片へと分解しなければならない。より積極的な会計の機能を追求すべきか，もしくは現状維持すべきかといった意思決定に関連するコスト，便益，機会を定量的に提示することは，人的資本やコーポレート・ガバナンスのような要因を定量化して継続的にランク付けすることがなぜ重要なのかといった定性的な概念を説明するときにも有効である。このような議論や考え方を最重要課題として取り上げることが，その考え方の内容に関する生産的な話し合いや議論を生み出し，このプロセスに従事する会計専門家に対しても新たな利益を提供する。

1.3 戦略的ヘッドセット

　戦略的ヘッドセットの概念は，本書を通して，修正され，検討されてきた。その理由は，非常に単純であるが，強力な市場ニーズに依存する。言い換えれば，積極的かつ戦略志向の会計の機能は，通常の会計機能および財務機能と考えられているものの境界の内部や制約内では存在しえないからである。月次，四半期そして年次の報告書および様々なタイプの分析を一定の手順で準備するだけでは，企業からの様々な量とタイプの情報の要求が高まっている事業環境においては不十分である。市場からの要請に対して効果的に取り組むために

は，その市場には規制機関，政府機関，伝統的な株主などのステークホルダーが考えられるので，企業はより柔軟であると同時に分析的でなければならない。

　市場および外部利用者からの要請を認識することと，これらの要請が及ぼす影響を企業の意思決定プロセスに取り込むことは，戦略的ヘッドセットを開発し，維持するために必要なステップである。統合報告やより戦略的な会計の機能は，いったん発生したらその後は管理の不要な，1回限りのイベントではない。むしろ，いかに企業が社内と社外の両方の意思決定者に対して情報を報告するか，そしてその情報を公表するかという点に関する大きな変革である。会計専門家は，このような変革を長期間にわたって持続させることに関わる，リーダーとしての役割，挑戦，そして機会に関与していかなければならない。すなわち，戦略的な会計の機能を実施し，維持するために，会計専門家は行動を実行に移すための方法，そして変革を受け入れる方法について，今まで以上に戦略的にふるまわなくてはならない。戦略的ヘッドセットを装着すること，そしてその装着した姿が専門家の現在と未来にとって何を意味しているのかを理解することは，より決定的な役割を得ようと努力している専門家にとって非常に重要である。

　戦略的ヘッドセットは，様々な挑戦と機会に関連する会計専門家の認識を変えるだけではない。戦略的ヘッドセットという思考様式と意思決定プロセスとを統合することができれば，専門家そのものについての，そして専門家として働いている個人についての，同僚と上司による認知と評価までも変えることができる。他の人と同様に，本書で述べてきた考え方を分析と話し合いのために会議体へ持ち寄るだけで，会計の機能は決定的なリーダーの役割を果たすことができる。企業の問題を解決するために，課題と機会に対して様々な角度から積極的にアプローチすること，財務業績の決定要因について問いを発すること，先進的な市場思考と戦略の利用を提案することが，戦略思考およびリーダーシップの基礎となる。会計専門家は，業務，経営，社内外のステークホルダーに対するデータの提供において，中心的な役割を果たすことになる。このような状況に置かれれば，周囲の専門家も戦略的かつ包括的な方法で考え，行動するようになるだろう。

2 結　語

　統合報告だけでは，経営者の過失，標準以下の業務，イノベーションや創造性を抑圧する企業文化に対する処方箋にはなりえない。その名称が示すように，統合報告は，外部の利用者に提供される財務報告の1つのフレームワークにすぎない。フレームワークそれ自体は，報告書に記載されている情報と比べれば重要度は低い。また，このような報告のフレームワークの公表を価値ある試みにするために，一部の企業に対して要請される修正と比べても，フレームワーク自体の重要性は低い。統合報告のようなシステムおよび構造を導入することから生じる機会を活用するためには，従業員を訓練し，開発することに伴うコストと煩雑さだけでなく，システムおよびプロセスを開発するために要するコストと煩雑さを考慮することに大きな意義がある。

　さらにいえば，戦略的な会計の機能の導入を一気に完了させる必要はない。革新的な考えや思考の導入を完了させ，社内の賛同を得るためには一定の時間が必要であるし，それが既存の手続きおよびプロセスと効果的に調和するためにはさらに時間が必要である。会計システムは，ゆっくりとしたスピードで，健全な理由をもって移行させるべきである。なぜなら，作成され，証明され，最終的な利用者に対して提供される情報は，非常に重要な役割を果たすと同時に，非常に重要なものとして取り扱われるからである。専門家が目指すべき道は，信用を失うことがないように，新しい方法論と考え方を導入しながらも，業界標準および業界における優位性を維持することである。

　統合報告に含まれるトレンドと概念，そして決定的かつ積極的な管理会計の機能という考え方は，忘れ去られてはならない。むしろ，その概念および考え方の重要性は増大している。ステークホルダーは，株主や債権者に限定されるべきではないし，彼らは企業業績への関心をこれまで以上に高めている。しかも，その関心の対象は，現行期間の財務諸表だけではない。2008年から2009年にかけて起こった金融危機の余波で，その後に続いて起きた規制の強化とグローバル競争の激化によって，企業に課せられた圧力と要求は増大した。これ

らの様々な情報の要請に効果的に対処するには，様々な指標の情報を生成し，証明できなければならない。本書で複数の資本について考察し，現在だけでなく将来の修正と分析とが注目されているが，これは会計専門家にとって非常に興味深い領域である。複数の資本モデルに包含されるドライバーや要因の多くには，経営者の意思決定にとって重要なことは明らかであるにもかかわらず，いまだに定量化がされていなかったり，報告がされてこなかった情報が含まれている。これらの形の定まっていない概念を標準化して一貫性のあるものにすること，これらの考え方，意思決定に対するインプリケーション，そして企業業績の間の関係性を示すことこそが，会計が定量的に価値を付加し，意思決定のプロセスを改善する方法である。

　不確実性に満ちてはいるが，目指すべき道は明確になりつつある。ステークホルダーへの報告，複数の資本，アナリティクスの利用の拡大，そして，より積極的な会計の機能は，これまで以上に重要となる。これらの機会を認識し，手にすることができるかは専門家次第である。なぜなら，既存の能力に対する適合性および適用可能性は一目瞭然だからである。では，もっとも重要なポイントは何だろうか。最も重要なことは，会計専門家が行動を促す意思決定を行うことと，より戦略的な会計専門家になるための行動を起こすことである。

付録 9　管理会計担当者の役割とグローバル管理会計原則

　本書では，管理会計担当者の役割をより拡大すべきことが述べられている。管理会計担当者は，戦略的な役割を果たしながら，他者の行動を促して，進歩に対して貢献しなければならない。具体的には，どのような役割を果たすべきなのだろうか。米国公認会計士協会（AICPA; American Institute of Certified Public Accountants）と英国勅許管理会計士協会（CIMA; Chartered Institute of Management Accountants）は，管理会計担当者のための実務指針としてグローバル管理会計原則（Global Management Accounting Principles; GMAP）を公表している。GMAP は組織業績の管理や管理会計機能の実務領域に対して適用される原則である。そのなかで，管理会計は，業績管理システムを通じて戦略をビジネスモデルに結びつける役割を果たすと位置づけられている。

　GMAP は，「コミュニケーションは影響をもたらす洞察を提供する」，「情報は目的関連的である」，「価値への影響が分析される」，「スチュワードシップは信頼を築く」という 4 つの原則に基づき作成されている。管理会計には 14 の主要な実務領域があり，そのすべてに上記の 4 つの原則が適用可能であるという。

　GMAP で想定されている管理会計の実務領域は，非常に幅広い。投資評価やマネジメントコントロールと予算統制といった伝統的な管理会計の領域に加えて，財務戦略，規制と法令順守，戦略的な税務管理，リスク管理といった広範かつ戦略的な領域を含んでいる。GMAP においても，管理会計担当者は広範かつ戦略的な内容を取り扱うことが期待されているのである。

　GMAP の詳細な内容を知りたい読者は，CGMA（Chartered Global Management Accountants）の以下のホームページに全文の翻訳が公開されているので参考にして欲しい。

《https://www.cgma.org/resources/reports/globalmanagementaccountingprinciples/principles-framework.html》

参考文献

Abeysekera, I. 2013. "A Template for Integrated Reporting." *Journal of Intellectual Capital* 14, no. 2, pp. 227–45. doi:10.1108/14691931311323869

Andriani, L., and A. Christoforou. 2016. "Social Capital: A Roadmap of Theoretical and Empirical Contributions and Limitations." *Journal of Economic Issues* 50, no. 1, pp. 4–22. doi:10.1080/00213624.2016.1147296

Bouten, L., and S. Hoozée. 2015. "Challenges in Sustainability and Integrated Reporting." *Issues in Accounting Education* 30, no. 4, pp. 373–81. doi:10.2308/iace-510936

Carlon, D.M., and A. Downs. 2014. "Stakeholder Valuing: A Process for Identifying the Interrelationships between Firm and Stakeholder Attributes." *Administrative Sciences (2076–3387)* 4, no. 2, pp. 137–54. doi:10.3390/admsci4020137

Cheng, M., W. Green, P. Conradie, N. Konishi, and A. Romi. 2014. "The International Integrated Reporting Framework: Key Issues and Future Research Opportunities." *Journal of International Financial Management & Accounting* 25, no. 1, pp. 90–119. doi:10.1111/jifm.12015

Cheng, M.M., W.J. Green, and J. Chi Wa Ko. 2015. "The Impact of Strategic Relevance and Assurance of Sustainability Indicators on Investors' Decisions." *Auditing: A Journal of Practice & Theory* 34, no. 1, pp. 131–62. doi:10.2308/ajpt-50738

Cohen, J.R., L. Holder-Webb, and V.L. Zamora. 2015. "Nonfinancial Information Preferences of Professional Investors." *Behavioral Research in Accounting* 27, no. 2, pp. 127–53. doi:10.2308/bria-51185

Garriga, E. 2014. "Beyond Stakeholder Utility Function: Stakeholder Capability in the Value Creation Process." *Journal of Business Ethics* 120, no. 4, pp. 489–507. doi:10.1007/s10551-013-2001-y

Golan, L., C.A. Parlour, and U. Rajan. 2015. "Competition, Managerial Slack, and Corporate Governance." *Review of Corporate Finance Studies* 4, no. 1, pp. 43–68.

Hagel, J. 2014. "6 Tips for Integrated Thinking." *Journal of Accountancy* 218, no. 6, pp. 20–21.

Hagel, J. 2015. "Bringing Analytics to Life." *Journal of Accountancy* 219, no. 2, pp. 24–25.

Hasan, U. 2015. "Five Financial Reporting Priorities for the Modern CFO." *Financial Executive* 31, no. 3, pp. 21–23.

Hawas, A., and C. Tse. 2016. "How Corporate Governance Affects Investment Decisions of Major Shareholders in UK Listed Companies." *Journal of Accounting, Auditing and Finance* 31, no. 1, pp. 100–33. doi:10.1177/0148558X15590226

Héroux, S., and A. Fortin. 2013. "The Internal Audit Function in Information Technology Governance: A Holistic Perspective." *Journal of Information Systems* 27, no. 1, pp. 189–217. doi:10.2308/isys-50331

Hiller, J.S. 2013. "The Benefit Corporation and Corporate Social Responsibility." *Journal of Business Ethics* 118, no. 2, pp. 287–301. doi:10.1007/s10551-012-1580-3-71

Hsihui, C., C.D. Ittner, and M.T. Paz. 2014. "The Multiple Roles of the Finance Organization: Determinants, Effectiveness, and the Moderating Influence of Information System Integration." *Journal of Management Accounting Research* 26, no. 2, pp. 1–32. doi:10.2308/jmar-50802

Hughen, L., A. Lulseged, and D.R. Upton. 2014. "Improving Stakeholder Value Through Sustainability and Integrated Reporting." *CPA Journal* 84, no. 3, pp. 57–61.

Irwin, T.C. 2015. "The Whole Elephant: A Proposal for Integrating Cash, Accrual, and Sustainability-Gap Accounts." *OECD Journal on Budgeting* 3, pp. 95–112. doi:10.1787/budget-14-5jrw6591hns1

James, M.L. 2013. "Sustainability and Integrated Reporting: Opportunities and Strategies for Small and Midsize Companies." *Entrepreneurial Executive*, pp. 1817–28.

Jhunjhunwala, S. 2014. "Beyond Financial Reporting-International Integrated Reporting Framework." *Indian Journal of Corporate Governance* 7, no. 1, pp. 73–80.

Krishnan, R. 2015. "Management Accountant—What Ails Thee?" *Journal of Management Accounting Research* 27, no. 1, pp. 177–91. doi:10.2308/jmar-10461

Lampikoski, T., M. Westerlund, R. Rajala, and K. Möller. 2014. "Green Innovation Games: Value-Creation Strategies for Corporate Sustainability." *California Management Review* 57, no. 1, pp. 88–116. doi:10.1525/cmr.2014.57.1.88

LeBlanc, B. 2012. "Sustainability Rises: On the CFO's 'To-Do' List." *Financial Executive* 28, no. 2, pp. 54–57. Retrieved from www.highbeam.com

Lourenço, I., J. Callen, M. Branco, and J. Curto. 2014. "The Value Relevance of Reputation for Sustainability Leadership." *Journal of Business Ethics* 119, no. 1, pp. 17–28. doi:10.1007/s10551-012-1617-7

Lynch, N.C., M.F. Lynch, and D.B. Casten. 2014. "The Expanding Use of Sustainability Reporting." *CPA Journal* 84, pp. 18–24.

Mahoney, J.T., and Y.Y. Kor. 2015. "Advancing the Human Capital Perspective on Value Creation by Joining Capabilities and Governance Approaches." *Academy of Management Perspectives* 29, no. 3, pp. 296–308. doi:10.5465/amp.2014.0151

Misangyi, V.F., and A.G. Acharya. 2014. "Substitutes or Complements? A Configurational Examination of Corporate Governance Mechanisms." *Academy of Management Journal* 57, no. 6, pp. 1681–705. doi:10.5465/amj.2012.0728

Monterio, B.J. 2014. "Integrated Reporting and Corporate Disclosure." *Strategic Finance* 96, no. 3, pp. 54–57.

Murphy, M.L., and K. Tysiac. 2015. "Data Analytics Helps Auditors Gain Deep Insight." *Journal of Accountancy* 219, no. 4, pp. 1–5.

Peters, G.F., and A.M. Romi. 2015. "The Association Between Sustainability Governance Characteristics and the Assurance of Corporate Sustainability Reports." *Auditing: A Journal of Practice and Theory* 34, no. 1, pp. 163–98. doi:10.2308/ajpt-50849

Quinn, F., E. Ewing, and M. Sellberg. 2014. "The CFO and the Sustainability Reporting Chain." *Financial Executive* 30, no. 2, pp. 95–99.

Ramlukan, R. 2015. "How Big Data and Analytics Are Transforming the Audit." *Financial Executive* 31, no. 3, pp. 14–19.

Roth, H.P. 2014. Is Integrated Reporting in the Future?" *CPA Journal* 84, no. 3, pp. 62–67.

Sabbaghi, O. 2011. "The Behavior of Green Exchange-Traded Funds." *Managerial Finance* 37, no. 5, pp. 426–41. doi:10.1108/03074351111126915

Sharma, J.P., and S. Khanna. 2014. Corporate Social Responsibility, Corporate Governance and Sustainability: Synergies and Inter-Relationships." *Indian Journal of Corporate Governance* 7, no. 1, pp. 14–38.

Skærbæk, P., and K. Tryggestad. 2010. "The Role of Accounting Devices in Performing Corporate Strategy." *Accounting, Organizations and Society* 35, no. 1, pp. 108–24. doi:10.1016/j.aos.2009.01.003

Smith, S. 2014. "The Expanding Role of CPAs in a Changing Business Environment." *CPA Journal* 84, no. 6, pp. 13–14.

Starbuck, W.H. 2014. "Why Corporate Governance Deserves Serious and Creative Thought." *Academy of Management Perspectives* 28, no. 1, pp. 15–21. doi:10.5465/amp.2013.0109

Tihanyi, L., S. Graffin, and G. George. 2015. "Rethinking Governance in Management Research." *Academy of Management Journal* 1015, no. 1, pp. 1–9. doi:10.5465/amj.2014.4006

Tschakert, N., J. Kokina, S. Kozlowski, and M. Vasarhelyi. 2016. "The Next Frontier in Data Analytics." *Journal of Accountancy* 222, no. 2, pp. 58–63.

Tullberg, J. 2012. "Triple Bottom Line—A Vaulting Ambition?" *Business Ethics: A European Review* 21, no. 3, pp. 310–24. doi:10.1111/j.1467-8608.2012.01656.x

Warren, J.D., K.C. Moffitt, and P. Byrnes. 2015. "How Big Data Will Change Accounting." *Accounting Horizons* 29, no. 2, pp. 397–407. doi:10.2308/acch-51069

Wildowicz-Giegiel, A. 2014. "The Evolution and the New Frontiers of Social Responsibility Accounting." *Problems of Management in the 21st Century* 9, no. 1, pp. 95–102.

訳注参考文献

Bromwich, M. [1990] "The Case for Strategic Management Accounting: The Role of Accounting Information for Strategy in Competitive Markets." *Accounting, Organizations and Society*, 15(1/2), pp.27-46.

Dixon, R and D. R. Smith [1995] "Strategic Management Accounting." In: Young, S. Mark (Ed.). *Readings in Management Accounting*, N.J.: Prentice Hall, 1995, pp.144-145.

Institute of Cost and Management Accountants (ICMA) [1982] *Management Accounting: Official Terminology of the Institute of Cost and Management Accountants*. London, UK: CIMA Publishing.

Shank. J. K. and V. Govindarajan [1993] *Strategic Cost Management: The New Tool for Competitive Advantage*. New York, NY: The Free Press.（種本廣之訳 [1995]『戦略的コストマネジメント：競争優位を生む経営会計システム』日本経済新聞社。）

Simmonds, K. [1981] "Strategic Management Accounting." *Management Accounting*, 59(4), pp. 26-29.

延岡健太郎 (2017)「顧客価値の暗黙化」『一橋ビジネスレビュー』Vol.64, No.4, pp.20-30。

索　引

［あ　行］

アクティビスト･･････････1, 35, 90, 182
アクティビスト・キャンペーン･･････26, 38,
　　　　　　　　　　　　　　　40, 143
アディダス････････････････････153, 180
アテステーション････････････････････43
アナリティクス･･････11, 51, 83, 97, 159, 192
アマゾン･･････････････････････････9, 186
アリババ･･････････････････････････････12
ERP 情報システム････････････････････120
意思決定････････････････････････････159
5 つの競争要因･･････････････････････89
イノベーション････････････････････192
ウォーター・スチュワードシップ･･････41
英国勅許管理会計士協会･･････････････200
エーザイ株式会社･･･････････････････165
エンゲージメント･････････････････････94
エンロン･･････････････････････････････2
オンラインエンゲージメント･･････････94

［か　行］

会計専門家の責任････････････････････95
会計データ････････････････････････101
会計ヘッドセット････････････････････60
ガイドライン････････････････････････22
外部性････････････････････････････････5
外部報告基準････････････････････････87
価値創造････････････････････････30, 41
価値創造プロセス･････････････････････3
活動基準原価計算････････････････････115
ガバナンス････････････････143, 181, 189
ガバナンス・イニシアティブ･････････34
ガバナンス・メトリックス・インターナショナル････････････････････････36, 176
ガバナンス構造･････････････････････150
株主の利益･･････････････････････････26
関係資本････････････････････････････183
管理会計担当者･････････････････99, 152
キー・ドライバー････････････････････10

機能横断的トレーニング・プログラム
　　　　　　　　　　　　　　････124
機能横断チーム･････････････････････124
凝集性････････････････････････････････10
企業のサステナビリティ業績････････46
グーグル････････････････････9, 142, 186
グリーン・イノベーション･････････････45
クリティカルパス････････････････････62
クロストレーニング･･･････････････････123
グローバル管理会計原則････････････200
経営意思決定････････････････4, 99, 153
経営幹部レベル･･････････････････････74
経営陣････････････････････････････････38
経営スラック････････････････････････40
コア・コンピタンス･･･････････････････90
公認管理会計担当者･････････････････82
国際会計士連盟･･････････････････････5
国際統合報告評議会･･･････････････････5
国際統合報告評議会のフレームワーク
　　　　　　　　　　　　　　････165
コスト・センター････････････････････81
コスト・ドライバー･･･････････････････115
コーポレート・ガバナンス･･･12, 33, 72, 89,
　　　　　　　　　　　　143, 181, 189
コーポレート・コミュニケーション････61
コーポレート・ベンチャリング･･････156
コミュニケーション･････････････････152
コール････････････････････････････････9
コンプライアンス･･････････････････3, 87

［さ　行］

最高財務責任者･･･････････････････････4
財務資源････････････････････････････25
財務資本･････････････････････25, 172, 189
財務報告 2.0････････････････････77, 81
サイロ･･････････････････････････61, 69
サステナビリティ･･･････････14, 33, 92,
　　　　　　　　　　　　152, 179, 189
サステナビリティ・イニシアティブ
　　　　　　　　　　　　･･････16, 33, 180

サステナビリティ会計基準審議会…14, 46, 163, 176
サステナビリティ報告書……………42
サーベンス・オックスレイ法………13
GMI レーティングス……………144, 163
シェアリング・エコノミー（共有型経済）
　……………………………………108
視覚化………………………………131
時限組織……………………………157
思考様式……………………………17
実施項目……………………………62
自然資本……………………171, 186, 189
持続可能な開発……………………154
資本……………………………25, 168
社会・関係資本……………170, 183, 189
社会資本………………………170, 183
社会的責任…………………………43
社会的責任会計……………………47
社内カンパニー……………………88
受託責任……………………………143
市場ニーズ…………………………40
10-K…………………………………18
10-Q…………………………………18
主要業績指標……………………27, 43
重要業績検討事項………………27, 70
情報の価値…………………………4
職能別サイロ………………………23
新規事業分野………………………20
人的資本……………………170, 183, 189
ステークホルダー………………1, 90, 143
ステークホルダー・グループとの対話
　……………………………………95
ステークホルダー志向の報告書……192
ステークホルダーとの意味のある対話
　……………………………………187
ステークホルダーの要請……………100
ステークホルダー報告……………7, 98
ストーリー性のある説明……………26
スマートデバイス……………………91
スマートプロセス……………………91
製造資本……………………168, 183, 189
説明責任……………………………33
説明的手法…………………………132
戦略…………………………………10
戦略思考………………………11, 24, 92

戦略思考の管理会計……………36, 38
戦略的意思決定…………………34, 159
戦略的意思決定者…………………11
戦略的意思決定プロセス……………9
戦略会計担当者……………………155, 156
戦略的管理会計……45, 65, 86, 159, 173, 191
戦略的管理会計担当者…………76, 93
戦略的計画……………………4, 10, 98
戦略的実施項目……………………10
戦略的情報……………………160, 162
戦略的な賭け………………………159
戦略パートナー……………………88
戦略的ヘッドセット……27, 39, 53, 176, 196
戦略のポジション…………………27
創造的会計…………………………192
ソーシャルメディア…………………94
ソートリーダー…………………15, 65, 94

［た　行］

ダウ・ジョーンズ・サステナビリティ指数
　……………………………………46
探索的手法…………………………132
知覚価値……………………………84
知的資本……………………169, 185, 189
チャートフィールド…………………120
定性的情報………………………9, 27
定量的情報………………………9, 27
テスラ…………………………141, 186
データ・アナリティクス………………52
データエキスパート…………………58
データ・クリーニング………………135
データサイエンス……………………101
統合報告………………38, 91, 139, 173, 198
統合報告書…………………………165
投資家………………………………(12)
投資評価……………………………154
投資利益率…………………………3
ドッド・フランク法…………………13
トリプルボトムライン………………42

［な　行］

ナイキ………………………………141
ナラティブ………………………26, 87, 91

[は　行]

破壊的イノベーション…………………10
パラダイム………………………………3
パラダイムシフト………………………17
バランスト・スコアカード……………165
比較可能なデータ………………………101
ビジネスプロセス・マネジメント
　……………………………45, 84, 119
ビッグデータ……………………51, 85
フォルクスワーゲン………………3, 149
フォロースルー…………………………133
複数の資本………………………172, 199
複数の資本モデル…………23, 92, 105,
　　　　　　　　　　　159, 174, 189
プーマ……………………………171, 180
ブルーオーシャン戦略…………………10
フレキシブル生産………………………158
プレゼンテーション……………………148
プロジェクト ID………………………120
プロセス改善……………………………84
米国公認会計士協会……………………200
ベネフィット・コーポレーション……140
ベライゾン………………………………12
ボーイング………………………………8
報告基準……………………………14, 97
簿記屋………………………………9, 75
保証基準……………………………14, 97

[ま　行]

メンタルマッピング……………………194
メンタルモデル…………………………194
目的適合性…………………………26, 97
モート……………………………………108
物語………………………………………87
モノのインターネット…………………107

[や　行]

ヤフー………………………………12, 144
ユーザーフレンドリー…………………18

予測的アナリティクス…………………112

[ら　行]

ライフサイクル会計……………………171
リアルタイム・コミュニケーション……13
利害関係者………………………………1
リスクと機会……………………………25
リスクマネジメント……………………92
リーダーシップ…………………………83
リブランディング………………………93
利用可能な資源…………………………25
レピュテーション………………96, 170
レベニュー・ドライバー………………115
ロバート・エクレス………………15, 176

[わ　行]

ワークフロー……………………………18
ワードコム………………………………2
ワン・レポート…………………………6

（頭字語）

ABC………………………………………115
BSC………………………………………165
BYOD……………………………………122
CFO………………………………………4
CSP………………………………………46
DJSI………………………………………46
GMAP……………………………………200
GMAs……………………………………82
GMI………………………………………36
IoT…………………………………………107
IR……………………………………………18
IIRC…………………………………5, 165
ISS…………………………………………182
KPI……………………………………27, 43
KPQs…………………………116, 130
LIBOR……………………………………2
ROI…………………………………………3
SASB……………………14, 46, 163, 176
SMA…………………………………45, 86

執筆・翻訳分担一覧（＊印は監訳者）

監訳者序第1節から第3節まで	伊藤 和憲＊	（専修大学商学部）
第4節	小西 範幸＊	（青山学院大学大学院会計プロフェッション研究科）
概要・目次・はじめに	伊藤 和憲＊	
謝辞・重要な概念とテーマ	伊藤 和憲＊	
監訳者による概念の追加	伊藤 和憲＊	
第1章	伊藤 和憲＊	
付録1	伊藤 和憲＊	
第2章	小西 範幸＊	
付録2	小西 範幸＊	
第3章		
第1節から第2節1項まで	﨑 章浩	（明治大学経営学部）
第2節2項から4項まで	長屋 信義	（産業能率大学情報マネジメント学部）
付録3	長屋 信義	
第4章	関谷 浩行	（北海学園大学経営学部）
付録4	関谷 浩行	
第5章		
第1節から第3節	小酒井正和	（玉川大学工学部）
第4節から第5節	梅田 宙	（高崎経済大学経済学部）
付録5	梅田 宙	
第6章		
第1節から第2節まで	西原 利昭	（専修大学経営学部）
第3節から第9節まで	奥 倫陽	（東京国際大学商学部）
付録6	奥 倫陽	
第7章		
第1節から第2節まで	谷守 正行	（専修大学商学部）
第3節から第5節まで	岩田 弘尚	（専修大学経営学部）
付録7	岩田 弘尚	
第8章	内山 哲彦	（千葉大学大学院社会科学研究院）
付録8	内山 哲彦	
第9章	青木 章通	（専修大学経営学部）
付録9	青木 章通	

〈著者紹介〉

ショーン・スタイン・スミス（Sean Stein Smith）

　本書の原著者であるスミス氏は，ラトガー大学実務専門（professional practice）の専任講師である。現職以前は，営利・非営利のいくつかの私的セクターで働いており，技術改善，報告の改良，経営変革を支援する主要な役割を担っていた。同氏は，統合報告のインプリケーションに関するIMAとAAAの年次大会で報告している。学位論文は「財務業績におよぼす統合報告の影響」であり，統合報告を用いた上場企業の財務業績と上場していない企業を比較したものである。同氏は，ニュージャージー公認会計士（NJCPA）誌の内容項目運営委員会（Content Advisory Board）のメンバーであり，また，Accounting Today，Strategic Finance，Industry Weekなど多数の学界と実務界の出版物がある。

《監訳者紹介》
伊藤　和憲（いとう・かずのり）
専修大学商学部教授，博士（経営学）玉川大学工学部講師，助教授，教授を経て，現職。
日本公認会計士協会学術賞（2015），日本管理会計学会文献賞（2015），日本原価計算学会著作賞（2015）を受賞。
〈主要著書〉
『グローバル管理会計』同文舘出版, 2004年，『ケーススタディ　戦略の管理会計』中央経済社, 2007年，『BSCによる戦略の策定と実行―事例で見るインタンジブルズのマネジメントと統合報告への管理会計の貢献―』同文舘出版，など，主な論文に，Managerial Accounting as a Tool for Corporate Strategy : Synergy Creation and Anergy Inhibition, *Journal of International Business Research*, Vol.11, No. 1, pp.63-72,「バランスト・スコアカードの現状と課題：インタンジブルズの管理」（『管理会計学』Vol.20, No. 2, pp.109-122, 2012年），「管理会計における統合報告の意義」（『會計』Vol.185, No. 2, pp.160-172, 2014年）などがある。

小西　範幸（こにし・のりゆき）
現在　青山学院大学大学院会計プロフェッション研究科教授，博士（経営学）南山大学
専門領域：キャッシュフロー会計，サステナビリティ会計
〈主要著書〉
『キャッシュフロー会計の枠組み―包括的業績報告システムの構築―』岡山大学経済学研究叢書第31冊, 2004年，『日本経済―社会的共通資本と持続的発展―』（分担執筆）東京大学出版会, 2014年，『利用者志向の国際財務報告』（分担執筆）同文舘出版, 2015年

平成30年11月1日　初版発行　　　略称：戦略管理会計
《検印省略》

戦略的管理会計と統合報告

監訳者　ⓒ　伊　藤　和　憲
　　　　　　小　西　範　幸
発行者　　　中　島　治　久

発行所　**同文舘出版株式会社**
東京都千代田区神田神保町1-41　〒101-0051
電話　営業 (03)3294-1801　編集 (03)3294-1803
振替 00100-8-42935　http://www.dobunkan.co.jp

Printed in Japan 2018　　　印刷・製本：萩原印刷

ISBN 978-4-495-20861-5

JCOPY 〈出版者著作権管理機構 委託出版物〉
本書の無断複製は著作権法上での例外を除き禁じられています。複製される場合は，そのつど事前に，出版者著作権管理機構（電話 03-3513-6969, FAX 03-3513-6979, e-mail: info@jcopy.or.jp）の許諾を得てください。